深入高校探析辅导员工作课程化建设

刘丽娟　著

北京工业大学出版社

图书在版编目（CIP）数据

深入高校探析辅导员工作课程化建设 / 刘丽娟著．—北京：北京工业大学出版社，2021.10 重印
ISBN 978-7-5639-6454-3

Ⅰ. ①深…　Ⅱ. ①刘…　Ⅲ. ①高等学校—辅导员—工作—研究　Ⅳ. ①G645.1

中国版本图书馆 CIP 数据核字(2018)第 226688 号

深入高校探析辅导员工作课程化建设

著　　者：刘丽娟
责任编辑：刘子阳
封面设计：王　斌
出版发行：北京工业大学出版社
（北京市朝阳区平乐园 100 号　邮编：100124）
010-67391722（传真）　bgdcbs@sina.com
经销单位：全国各地新华书店
承印单位：三河市元兴印务有限公司
开　　本：787 毫米×960 毫米　1/16
印　　张：13.5
字　　数：241 千字
版　　次：2021 年 10 月第 1 版
印　　次：2021 年 10 月第 2 次印刷
标准书号：ISBN 978-7-5639-6454-3
定　　价：52.00 元

前 言

自 1952 年国家提出设立高校辅导员制度以来，高校辅导员制度得以不断完善。辅导员作为高校从事思想政治教育工作的骨干力量，逐渐演化成了学生人生发展的导航者、心理辅导者以及成长的指导者。党和国家历来特别重视对辅导员队伍的建设，并出台了很多政策，采取了多项措施，进一步明确辅导员的角色定位、工作职责以及要求，不断推进辅导员队伍的专业化、制度化进程，辅导员工作也取得了显著的成效。

本书共分六章，对高校辅导员工作课程化建设进行具体、细致地分析研究，第一章的主要内容为高校辅导员工作的发展脉络，涉及高校辅导员制度的建立与形成、高校辅导员工作的发展与创新等两方面内容；第二章重要分析高校辅导员岗位内容及队伍建设现状，涉及高校辅导员岗位职责、高校辅导员的专业化与职业化、我国高校辅导员队伍建设的特点等具体内容；第三章着重探究高校辅导员的工作课程化模式，主要涉及基于理论与实践的高校辅导员工作课程化模式、高校辅导员工作课程化模式下的课程体系、高校辅导员工作课程化模式的运行情况概述以及高校辅导员工作课程化模式下的绩效考核及创新等四方面内容；第四章主要分析大学生日常事务管理与心理健康教育课程化研究，前者涉及具体内容与概念分析以及班级建设，后者则涉及心理健康教育概述、团体辅导、深度辅导以及心理危机等多方面内容；第五章开始分析大学生思政党建教育与社会实践指导的课程化，一方面论述了有关党建与思想政治教育的意义、党建与思想政治教育之理论基础、党建与思想政治教育内容课程化的做法、形式、途径等内容，另一方面则包括社会实践概述、社会实践课程化的做法、形式、途径两方面内容；第六章把最后的论述重点放在了大学生就业指导及职业教育课程化研究上，主要分析包括生涯规划教育、就业指导以及创业指导。

本书逻辑清晰，内容丰富，具有重要的理论价值，其中提出的一些对于辅导员工作的有关意见和建议契合了当今高校教育发展的需求，体现了本书的科学性和时代性。理论的发展最终是为了指导实践，希望本书能够在人们探索高校辅导员工作建设的道路上尽到微薄之力。

本书在撰写过程中，对前人有关高校辅导员工作的资料进行了借鉴和吸收，在此对其作者表示诚挚的谢意。由于时间仓促，水平有限，书中难免会有遗漏之处，恳请广大读者朋友批评指正。

作者

2018 年 6 月

目　录

第一章　高校辅导员工作的发展脉络

作为一名高校辅导员，在掌握工作所需要的各种能力之前，需要对这份岗位的发展情况有所了解，即掌握高校辅导员工作的发展脉络。本章主就将具体介绍高校辅导员制度的产生、高校辅导员工作的发展两个方面的内容。

第一节　高校辅导员制度的产生

政治辅导员制度，是一个在清华大学发源，后扩展到全国的高校德育工作制度。早在20世纪50年代初，因为想培育一支又红又专的干部队伍以此来达到增进学生的思想政治工作的目的，清华大学在发展前期就率先建立了学生辅导员制度。

几十年来，在清华的政治辅导员队伍里面，产生了不少共和国建设的专业人才，甚至涵盖党与国家领导人等。正是在清华学习的过程中做过一段时间政治辅导员，让他们获取了不小锻炼，为日后的人生道路打了坚实的基础。

一、政治辅导员的开建

新中国成立后，国内各大高校在党委领导下，形成了以学校行政为基本要求，以政治理论课为重要渠道，各大学生组织，如青年团、学生会积极参与、分工明确的高校德育工作体系。

与此同时，结合不同高校的实际发展情况以及德育实践的具体要求，各大高校也逐渐建立起具有中国特色的德育队伍、德育机构以及德育制度。下面具体论述我国政治辅导员的发展历史。

1951年11月30日，教育部长在《关于全国工学院调整方案的报告》中倡议各院校试行政治辅导员制度，专门进行教师与干部选拔，进行对学生的思想教育工作，主动地了解学生的思想状况，管理学生的学习、生活、社会活动以及完成学业之后的分配。后由部分工学院试点，政治辅导员制度后被证明有效。

1952 年 10 月 28 日，教育部在概括上述经验的情况下，公示了《关于高等学校有重点地试行政治工作制度的指示》。

首先，《指示》对政治辅导处的工作相关目标提出相应要求，具体包括如下几个方面。

（1）和教务处一起对马克思列宁主义理论课程的教学进行相应指导和帮助。

（2）管理教职员工与学生的历史、政治资料。

（3）进入完成学业的学生的分配工作里面。

（4）帮助引领监管全校教职员工与学生的社会活动。

（5）帮助引领监管全体教职员工的政治理论学习活动。

（6）了解教职员工与学生的政治思想状况。

（7）进入并参与教职员的聘任、升迁、奖惩等。

（8）主持完成学业的学生的评价工作。

其次，《指示》明确了其政治辅导员的构成，具体内容如下。

（1）政治辅导处的正副主任最好可以参加校务委员会及教务会议，并担当教师政治理论学习组织的领导职务。

（2）政治辅导处设辅导员若干人，最好可以在教师与学生中选取具有一定理论水平与政治品质优良者充任。

（3）政治辅导处设主任一人，必要时设副主任一人，在校长领导下开展工作。主任由政治理论水平较高，斗争经验丰富的干部担任。

（4）政治辅导员中最好可以选择若一部分人同时当政治理论课助教，以便慢慢地培育成为政治课教员。

除此之外，《指示》提出了如下关于政治辅导员的基本任务。

（1）组织促进教职员的政治理论学习与社会活动。

（2）在政治辅导处主任领导下辅导一系或几个系学生的政治学习与社会活动。

最后，《指示》积极鼓励国内各个大行政区在当年下半年率先选择几所拥有资格的学校展开重点试验，无资格者暂缓实行，不要立刻全面铺开，以免造成形式主义。

同时需要知道：这是新中国组建后在高校建立常设性德育管理机构的第一个重要尝试，它为后来我国对高校德育机构与制度建设的探究打了很好的基础。

根据前文所论述的先关指示精神，清华大学于 1953 年开建了政治辅导员制度。

二、辅导员工作制度的形成

为了弥补反右派斗争以来高校工作里面产生的部分严重问题。这时候，每个级别的教育部门及每个高校党委也在总结历史经验的情况下上，主动展开高校学生工作的新途径的研究，于是清华的学生辅导员制度被又一次提起，并在新的历史中产生新的突破。

（一）“清华模式”推广

清华大学在 1953 年开设了学生政治辅导员制度，也就是从高年级优秀党员学生里面挑出很多核心，并开展一、二年级学生的思想政治工作。

“清华模式”具体是怎么做的呢？下面进行具体说明，即从学习成绩优良、思想觉悟高的学生里面挑出半脱产的政治辅导员，半脱产期间，课程减少差不多 1/3，每周专业学习 24 到 28 小时，每周工作 16 到 20 小时，学习的时间延长一年，上完所没有上的课程，考试达标，按原班次发给完成学业证书。该手法和学校办学实际与学生思想实际很相符，实施后立刻在学生思想政治工作方面出现了很好的效果。

“清华模式”可让高校建设一支比较不那么松散的学生工作队伍，以推动学校的思想政治工作。这里边的奥妙也非但是产生了一支稳定的工作队伍，更打紧的是该思想政治工作的手法可提高学生工作的针对性、深刻性与实效性。正因如此，这一模式确立后便引起了党与政府的高度在乎，部分学校也开始观察是怎么做的并学着做。

1957 年反右斗争后，考虑到国内的政治各种状况，不少高校都开建了政治辅导处。1958 年公布的《中共中央、国务院关于教育工作的指示》也表示：“学校党委最好可以配备党员去领导级与班的工作，配备党员去做政治思想工作”。

自此之后，全国高校都着手开建学生专职政治辅导员。1961 年，教育部颁布“高教六十条”，表明“为推动思想政治工作，要在大学一、二年级设政治辅导员或班主任”。这可以说是对“清华模式”的肯定。

（二）政治辅导员的制度化

即便是辅导员的工作对推动学校的思想政治教育很有帮助，不过当时对于要不要开建专职的学生政治辅导员还缺乏统一的看法。清华的经验也只是挑出高年级学生与青年教师兼任辅导员工作。但是 1961 年出现新的情况。

1961年1月，中共八届九中全会通过了“调整、巩固、充实、提高”字方针。为落实八字方针，同时也是想要达到概括新中国组建十几年来高等教育事业的经验的目的，中共中央在1961年9月试行《中华人民共和国教育部直属高等学校暂行工作条例》，也就是前文提到的“高教六十条”。

这是中共中央文件首次正式确定要在高等学校设置专职政治辅导员。“高教六十条”的公示能够说是学生政治辅导员专职化的真正开端。

“高教六十条”对高校学生思想政治工作做了细说。并表示下述观点：想要达到推动思想政治工作目的，需要在一、二年级设政治辅导员或者班主任，从专职的党政干部、政治理论课教师与其他青年教师中找到有一定政治工作经验的人担任。同时，要慢慢地培育与配备需要专职的政治辅导员。

1964年6月10日，中共中央公示了高等教育部党组《关于加强高等学校政治工作和建立政治工作机构试点问题的报告》，这个报告在倡议高校建立政治部的基础上，愈加明确班级要配备学生政治辅导员，以推动学校的思想政治工作，还对政治辅导员的来源与编制等问题提定了详细的要求。

1964年6月24日，中共中央又发布高等教育部党组《关于高等教育部直属高等学校（扩大）领导干部会议的报告》。报告表示“高等学校思想政治工作必须和教学、科学研究等业务工作紧密地结合起来……”。按照这一倡议，教育部在1965年8月20日发布了《中华人民共与国高等教育政治工作条例（草案）》。而《高等学校学生班级政治辅导员工作条例（草案）》是新中国组建以来第一个特别研究高等学校学生班级政治辅导员工作的文件，该文件对政治辅导员的含义，对政治辅导员的任职资格与具体工作开展都进行了明确，这代表我国高校的学生政治辅导员工作从今往后迈入制度化的新方向。

第二节　高校辅导员工作的发展

一、高校辅导员工作发展的曲折之路

经过全党全国各族人民的携手奋斗，1965年年底，我国国民经济调整工作基本结束。经由《高等教育六十条》落实，高等教育事业也迈进相对

健康的路途。按照以前的设想，从 1966 年起，我国将开展国民经济与社会发展第三个五年计划。不过很不幸，因为“左”倾错误指导思想的出现，出现了“文化大革命”。

“文化大革命”的十年为共和国历史发展非常曲折的十年。同党和国家的其他方面相同，“文革”期间，高等学校辅导员工作也艰难发展。

“文化大革命”起源于文化方面，高等学校为“文革”的萌发地，青年学生为“文革”的急先锋。政治辅导员是校党委政治部分配到学生班级并开展思想政治工作的干部，应在校党委、系党总支（或支部）、系政治处（或政治协理员）的统率下，对学生开展思想政治工作。“文革”出现后，高校党团组织及其领导干部被污蔑成“黑帮分子”最先遭到迫害，政治辅导员也在其中，不过又不算重要的“革命”对象，只是被推向政治运动的浪尖。

那会儿全国基本上所有的党员干部、人民群众对忽然的“文革”都缺乏心理准备，对“文革”的理论、动机等都不了解，涵盖政治辅导员在内的高校干部、教师只可一边对党的文件与最高指示进行学习，一直增进自己的认识，努力跟上各时状况；一边恍惚地看着事态如何发展。

从 1967 年 1 月始发的夺权运动，全国局面落入没有过的混乱开始，到 1967 年 7 月，中共中央、国务院、中央文革小组颁布了很多指示，倡议学生“复课闹革命”，直到 1968 年春学生基本回到学校那段最混乱的时间力，学校管理机关不能运行，不少管理干部与教师，要么遭批斗，要么“被排挤”，少数人成为造反派，政治辅导员工作处于停顿状态。

为了使社会与学校秩序得以稳定，推动工人阶级对高等学校的统率，由“主席思想宣传队”进驻高校，对高等学校一定得突出无产阶级政治，一定得以阶级斗争与两条路线斗争为主进行重点说明后，高等学校一直就笼罩在阶级斗争的环境里面。

从军队对高等学校进行军管起，高等学校的政治辅导员被军队的政治指导员替代。高等学校的革命委员会由革命的领导干部、军队代表等组成。从新中国组建初期起试行，1965 年形成体制的高等学校政治辅导员制度基本上不复存在了。

二、高校辅导员工作的恢复与调整

（一）辅导员制度的再次确立

1. 高等教育面临着改革开放与现代化建设新状况

教育为“文化大革命”的被重点破坏的领域。高等学校辅导员制度在

“文革”中被破坏殆尽。后在改革开放与现代化阶段得到了恢复，并出现初步的前进。

不过，由于新的不同状况，高等学校思想政治教育工作即便经由努力有了部分成绩，依旧无法很好地适应新的状况，无法很好地应对新的挑战，无法很好地达到党与政府的新要求。

2. 高校辅导员的再次确立

高等学校思想政治工作的推动与发展，得有一支有用的思想政治工作队伍。辅导员队伍是这支队伍的重要构成之一。新的状况与任务非常用得着使高校辅导员制度重新出现，高校辅导员队伍重建。

1980 年 4 月，教育部与共青团中央一起颁布了《关于加强高等学校学生思想政治工作的意见》。

《意见》提出的主要内容有以下几个方面。

（1）政治工作队伍建设。推动学生的思想政治工作，必须构筑一支有力量的政治工作队伍，每个学校要依照具体状况构筑政治辅导员制度或班主任制度。

（2）政治辅导员选择。政治辅导员最好可以从政治、业务都不错的完成学业的学生或从教师中找。

（3）政治辅导员职责。①做学生思想政治工作。②一直进行业务学习。③一些教学任务。

（4）政治工作队伍的价值

高等学校的学生政治工作干部队伍，一方面为党的政治工作队伍的一部分，另一方面还为师资队伍的一部分，并承担着全面培育学生的工作任务。他们与教学人员相同，为办好高等学校必要的生力军。学校党委最好可以在看文件、听报告等方面给予优惠条件，为他们建构提供较好的工作环境。

依照不同状况的发展与文件的倡议，每个高等学校先后恢复开建了辅导员制度：一般是以系为单位，一个年级设一名辅导员；辅导员通常为专职的，每个班级再配一名班主任；班主任通常为由在该班任课的某一位教师兼任的。有了辅导员制度之后，其成为学校思想政治工作制度里面的重要内容之一。

1981 年 8 月，教育部召开了全国学校思想政治教育工作会议，研究了《高等学校学生守则》（试行草案）等会议文件（该守则于 1982 年 2 月颁发）。

1981 年 12 月，某省省委文教部制定并公示了《关于加强高等学校政治辅导员工作的暂行办法》。

《暂行办法》表示："想要达到推动高等学校学生的思想政治工作目的，在高等学校一定得构筑一支学生政治辅导员队伍。"该措施是依照教育部召开的学校思想政治教育工作会议精神，搭配该省高等学校的实际状况制定的。

《暂行办法》对政治辅导员的职责、队伍建设、待遇、工作概括等问题提出了具体的要求。

《暂行办法》倡议学校每个级别的领导都最好可以对政治辅导员队伍的建设工作重视一些。要找寻政治觉悟高的、有一定的思想理论水平与政治工作能力、达到大学文化程度的干部、教师担任。

教育部与共青团中央一起颁布的《关于推动高等学校学生思想政治工作的意见》与某省《关于加强高等学校政治辅导员工作的暂行办法》的公示，可以证明高等学校辅导员制度基本恢复。

（二）高校辅导员工作中的状况与问题——"自由化"思潮对辅导员工作的冲击

高等学校辅导员制度重新确立之后，辅导员们在开展思想政治工作的过程里，面临着新的状况与新的问题。

总结一下为以下几点。

1. 体制转换

新旧体制持续展开转换，市场取向的经济体制持续慢慢地取代计划经济体制，而在政治体制、文化体制与社会体制等领域也在出现着变革。

2. 外来思潮

对外开放范围扩大，不同外来的思想文化进入大学校园中。在这一系列外来思想文化冲击下，国内产生"资产阶级自由化思潮"。

这股思潮对高校辅导员所并开展的思想政治工作产生了不小的冲击与影响。

3. 组织调整

高等学校领导体制持续开展调整与改革，在部分高校开始进行校长负责制试点。

综上，在这一时期的高校辅导员发展可以说为以下三点。

（1）这阶段为传统辅导员工作思路转轨期、新的建设思路探索期。

（2）该阶段的辅导员工作及队伍建设的缺憾和经验将为下一阶段高校辅导员工作及建设探索给了很好的参考。

（2）高等学校的辅导员工作不易，这一系列工作为高等教育的改革与前进作出了贡献。

三、高校辅导员工作的创新探索

高校辅导员工作并非单独的社会现象，且为一个开放性的历史进程。在这个历史进程中，它不仅要符合中国及其发展的实际；还要和世界历史进程彼此相连。

20 世纪 90 年代到 21 世纪初，世界出现了史无前例的变化。从世界历史进程看——世界处于大变动的历史时期；从中国实际及其进程看，中国特色社会主义事业进入了新时期。新时期，党与国家高度在乎思想政治教育工作面临的新状况，对辅导员工作提出了新的倡议。全国高校依照新状况，按照中共中央的精神为辅导员工作提供新的发展方向。

（一）新时代的高校辅导员工作探索

20 世纪 90 年代后，“世界处于大变动的历史时期”。全球化已是世界前进的差不多做重要的特征了，发达资本主义进入繁荣时期，社会主义却有落后态势。

不过，以南方谈话与党的十四大为标志，中国特色社会主义事业迈向了新道路。这也对高校辅导员工作提出了新的挑战与新的要求。

1. 全球化对辅导员工作的新挑战

20 世纪 80 年代末 90 年代初，全球化的第三次趋势向全世界发展。站在经济方面而言，全球化是世界每个国家经济活动从彼此封闭迈进彼此依赖、由机械组合衍变为有机整体的阶段。

这个阶段既是生产力跨过国界向全世界拓展的客观阶段，含高度的开放性；又为不同思想文化思潮在彼此对撞中对话与交流的阶段，具有强烈的渗透性；同时又与资本主义生产手法相连，到现在还是由西方发达国家主导的阶段，具有很深意义上的排斥性。

在这样的情况下，发展中国家一方面会排斥全球化，另一方面又不可不融入全球化。全球化在改变着全球交往实践结构与人们的物质生存手法的同时，也急切地改动着全球文化，变革人类的思想交往关系，也促使着大学生的思想认识、价值取向与道德观念不断发生改变，这是对高校辅导员工作的新挑战。

2. 中国社会的深刻改动与高校辅导员工作的价值诉求

以 1992 年南方谈话与党的十四大为标志，中国特色社会主义事业进入了新时期。

计划经济体制向社会主义市场经济体制的转变，非但是社会生活手法与社会结构的深刻改动，也还急切地变革着人们，尤其是大学生的思考结构与思维手法。

新变化希望高校辅导员工作能有科学地应对。

（二）改革创新的精神与辅导员工作

以改革的精神深化高校辅导员工作，前期得正确测评辅导员工作的状况，肯定成绩，找出差距，推动建设，增进工作质量。

1. 准确了解高校辅导员工作的基本状况

在党中央统率下，高校辅导员工作在概括经验的条件上一直不间断地发展。

面对世界局势的变化，基本所有辅导员都有不可动摇的社会主义信念，明确且相信国家领导人建设有中国特色社会主义理论与党的路线的正确性，对改革开放发展予以重视，拥护党中央第三代领导集体。

他们经由思想政治工作与管理工作，确保了党的教育方针的全面落实，他们在转变大学生思想，引导与帮助他们形成与确立科学的世界观、人生观、价值观的阶段中充分利用主动性，并有部分很好的成果。

2. 构筑与健全规章制度，科学规范辅导员工作

科学的规章制度为有效率开展高校辅导员工作的第一前提与本质保证。全国每个高校都按照本校辅导员工作的实际状况，按照《中共中央国务院关于进一步加强和改进大学生思想政治教育的意见》的精神，一方面建制立章，另一方面修订辅导员制度，形成了涵盖岗位职责、人员激励、工作交流与考评等在内的制度化的工作要求与管理。

3. 促使高校辅导员工作素养增进

辅导员的语言素养很大程度上对其工作的成果能否取得与说服力都有很大影响，关系着教育有没有实际效果。基于此，不少高校都非常重视辅导员语言素养的增进。

四、以“课程化”为标志的新时代高校辅导员工作

21 世纪以来，我国的国内环境以及国外环境都发生了深刻的变化，无论是大学生的思想观念，还是道德价值取向也深受环境的深刻影响，在发生质变的过程中还衍生出许多新的问题，可见 21 世纪的社会环境与状况向

高校思想政治教育工作发展提出了更高的要求。

对于高校辅导员工作课程化而言，其在东西方都是新生事物，不仅尚无可以拿来借鉴的丰富经验，而且也没有具体、专门的论述，因此，高校辅导员工作就是辅导员工作发展的最新产物。

（一）课程化的概念界定

探究课程一词的起源，其产生于我国古代唐朝。在著作《诗经·小雅·巧言》中，唐朝的学者在对“奕奕寝庙，君子作之”这一句话进行注释的时候，第一次使用了“课程”一词。

在英语中，课程（curriculum）一词来自于拉丁语，人们将其往往理解为“学习的进程”“学习的路线”，也就是“学程”。无论是在不同的历史时期，还是相同的历史时期，都具有不同的，或者是对立的课程观。由此可见，截止到今天，课程这个词汇尚未获得学术界将其确定的具体定义。而《中国大百科全书（教育卷）》对课程的定义是：课程是指所有学科（教学科目）的总和以及学生在教师指导下各种活动的总和，这通常被称为广义的课程；狭义的课程则是指一门学科和一类活动。

（二）高校辅导员工作课程化教学模式的发展实例

随着课程改革的深入、课程理念的更新，原有的课程观——课程即学科的概念已经被突破。国内外学者提出了诸如德育工作课程化、社会实践课程化、素质拓展课程化的新论断，这为高校辅导员工作课程化奠定了基础。

2009 年，在学习实践科学发展观的过程中，为了实现高校辅导员队伍建设的可持续发展，努力践行科学发展观，以教育部《普通高校辅导员队伍建设规定》提出的高校辅导员 8 项工作职责为框架，国内某高校开始进行辅导员工作课程化的探索。

1. 课程化教学方法正式提出

借鉴国内高校辅导员队伍建设的一些成功经验，该校党委学生工作部部长最初提出了辅导员工作“教分化”，即以高校辅导员 8 项工作职责为框架，把辅导员工作职责进行具体化，细分为 6 类 36 项，每一项规定了具体的教分，通过绩效考核的方式，与辅导员的工作酬金挂钩。随着认识的深入，再加上基层院系在量化教分时出现的新问题及与学生第二课堂素质拓展学分化的矛盾，比“教分”概念更宏观的“课程”概念被引入。后经过校内很多学生工作专家、学者和基层院系的讨论，一致认为：“辅导员工作课程化”概念更科学、更准确。它既适应学校第二课堂素质拓展学分化的需要，又符合学校辅导员队伍建设的实际实况，也与国内其他高校提出的辅导员工作课程化相区别。

2009 年 12 月，作为学校学生工作学习实践科学发展观的创新性成果，辅导员工作课程化正式提出。

提出和实施高校辅导员工作课程化新模式的目标定位如下。

（1）用课程的形式规划辅导员的工作内容，用教学的标准要求辅导员的工作行为，用科学的方式评价辅导员的工作效果，促进辅导员履行教师的角色，发挥教育的功能，优化工作方式，提升工作效果。

（2）创新辅导员队伍职业化、专业化、专家化建设的途径，破解辅导员队伍建设的难题，实现辅导员队伍建设的可持续发展。

（3）扩大大学作为省高校辅导员培训与研修基地的影响力，构建辅导员工作的长效机制，在全省乃至全国起到示范引领作用。

2. 高校辅导员工作课程化模式的推进

该大学辅导员工作课程化模式的推进过程具体可以分为以下 3 个阶段。

（1）理论研究阶段

2009 年，该大学提出辅导员工作课程化模式后，为了明确辅导员工作课程化的相关理论问题，在国家教育部、省委高校工委、省教育厅的积极支持下积极进行辅导员工作课程化模式理论研究，取得了丰厚的成果。共立项了 6 项省部级课题，在省级及以上刊物上发表论文 7 篇。

（2）课程体系构建阶段

2010 年，该大学组织相关部门和人员，根据教育部规定的辅导员工作职责，构建辅导员工作课程化体系。

这一阶段的成果主要有以下几个方面。

①明确了课程构成

将辅导员工作课程化模式的课程分为两大模块，即基础指导课模块和专项指导课模块。

其中，基础指导课模块分为 6 个单元，每个单元设置若干子课程。

专项指导课分为 9 个单元，每单元也设置若干子课程。例如，在基础指导课模块中设置的思想政治教育单元，包括“三观”教育、“主旋律”教育、形势与政策教育、道德修养教育、安全法制教育 5 个子课程，5 个子课程每学期授课共计 40 学时。

②编制了教学大纲

制定辅导员工作课程化模式教学大纲，包括《基础指导课教学大纲》《专项指导课教学大纲》。

对课程的每一单元都规定了具体的教学内容、教学要求、教学学时、教学重点、教学目标、教学形式、教学考核等内容。

③构建了推进机制

系构建辅导员工作课程化模式的推进机制。以思想政治教育单元为例进行说明。

学期初，辅导员制订本学期本人所带学生的思想政治教育单元5个子课程的教学计划。辅导员在一个学期的时间内，选择适当的时机，通过主题班团会、校园文化活动、社会实践活动等载体，开展教学工作，完成教学任务；辅导员所在院系的学生工作领导负责对辅导员履行课程化职责情况进行过程管理和绩效考核；

学期末，根据考核结果，辅导员获得相应的教分，并依据教分发放辅导员教学工作酬金；学校把辅导员履行课程化职责情况与辅导员评职、晋级挂钩。

④制定了考核办法

辅导员工作课程化模式采取绩效考核办法，学校量化了专兼职辅导员的教学工作量及教分，制定了《院系学生工作书记、副书记履行辅导员工作职责绩效考核主要观测点及考核方式》《专职辅导员履行工作职责绩效考核主要观测点及考核方式》。

同时，学校严格了考核程序，专兼职辅导员考核分为个人总结、学生评议、院系考核、校党委学生工作部审核4个步骤进行。

（3）实验推广阶段

2011年初，在完成辅导员工作课程化模式相关理论研究和课程体系构建的基础上，该大学辅导员工作课程化模式进入到试验推广阶段。

2011年3月，学校下发相关文件并确定两个院系作为试点单位，进行辅导员工作课程化模式实验。

2011年10月，学校总结试点单位的经验，编印了校本教材，分层次举办辅导员工作课程化模式专题辅导，并增加了试点单位。

2012年3月，学校编印了辅导员工作课程化模式教案模板和教学计划进度表，全面推进辅导员工作课程化模式。

（三）高校辅导员工作课程化教学模式的教学实例

1. 贯彻课程化教学原则

（1）以人为本的原则

大学生是课程化模式中的主体，而辅导员则是课程化模式中的评价的对象是。在课程化模式中，其核心为大学生与辅导员双方的全面发展。在这里大学生与辅导员双方的全面发展是指大学生与辅导员的在各个方面的需要都可以得到满足，同时两者的素质可以进一步得到提升提高，潜力不仅可以被充分挖掘出来与发挥出来等。由此可见，大学生与辅导员的全面发展在本质上是多方面、多层次的重要问题，

对于高校辅导员工作课程化而言，无论是出发点还是归宿，终究要落在人身上。可见，高校辅导员工作课程的重点就是为大学生和辅导员的全面发展创造有利的条件，完善的结构，通畅的机制以及良好的发展环境。所以在发展课程化教学的时候，应该将以大学生与辅导员发展为本的重要原则进行充分的体现。

（2）导向性原则

导向性原则也是高校辅导员工作课程化教学所应该体现的基本原则之一，这是由于辅导员工作课程化必须经过评价这个过程，而评价也需要通过客观的评价来完成，将辅导员的工作积极性充分地调动起来，进而形成一定的激励效应。想要达到激励效应需要将定量与定性进行结合并以此作为基本导向，从而建立起具有如下特征的课程评价指标体系以及标准，即科学、适用以及规范性，与此同时，积极、全面地收集来自不同方面的信息，开展多层次、多渠道、全方位的评价活动，避免主观臆断的出现。只有站在客观的立场，以公平的态度，以合理的方法来评价，才能起到充分调动辅导员的教学积极性的作用。

（3）可比性原则

对于高校辅导员工作课程化教学来说，可比性原则也是必须遵守的基本原则，具体如下：①根据辅导员工作的基本特点以及具体的工作要求来制订课程评价指标，从而让教学在时间或空间范围上都可以体现可比性；②在工作质量方面也应该体现可比性，从而直接打破以往定性指标多，定量考评缺乏的局面。把定性的指标进行定量研究，尽可能地避免评价主体在考评过程过度主观，防止如下现象的出现：因为感觉评价，导致首因效应、近因效应和晕轮效应的出现。

2. 把握课程化教学特点

（1）发展性

实践—认识—再实践—再认识，这是先进认识论的基本原理，高校辅导员工作课程化教学是新生事物，需要遵循先进认识论的基本原理，需要反复实践，不断认识，不断发展。

推出高校辅导员工作课程化模式，实现辅导员教学科学化、规范化、制度化，很多问题需要在发展中解决，最终才能有助于辅导员队伍的进一步建设。

(2) 科学性

积极开展与深化高校辅导员工作课程化模式，应该通过课程的形式来将高校辅导员的日常工作的具体内容进行详细的制订与规划，并且积极采用之前所规定的确切的教学标准来监督以及要求辅导员的日常教学工作的一切行为，通过合理、科学的方式来评断高校辅导员开展工作后的实际效果，同时监督辅导员在工作中积极、全面地履行高尚的教师角色，上述内容的落实就是我国辅导员队伍建设在内容方面的创新。

从某种程度上来说，辅导员的工作过程等同于教学过程，其实这也从理论层面上将辅导员没有具体的上课时间的问题予以解决，并且将辅导员履行自身教师岗位职责的切实地落到实处，由此可见，高校辅导员工作课程模式的重要性以及科学性。

(3) 普适性

高校辅导员工作课程化模式具有普遍适用性，主要在于它是高校辅导员工作方式、工作途径的创新，适用于不同层次学校辅导员的需要，无论是高职高专学校的辅导员，还是本科院校的辅导员都可借鉴。

同时，各个学校还可根据本校实际情况，对课程体系进行整合。即使原封不动地复制，也可起到事半功倍的效果。从国内推行辅导员工作课程化模式协作学校的应用效果看，辅导员工作课程化模式的普适性很强。

3. 清楚课程化教学意义

(1) 贯彻落实教育部〔2017〕43 号令，明确辅导员自身定位的需要

2017 年，教育部修订《普通高等学校辅导员队伍建设规定》，第六条明确指出："辅导员具有教师和管理人员双重身份。"从相关规定，可知教育部对辅导员的角色和工作定位进行了明确的规定。时至今日，纵观国内各大高校辅导员的队伍建设现状，见到的是各大高校都出现了不同程度的角色不清、定位不准的现象。

在多数高校中，辅导员就是"边缘人"。"边缘人"受到来自学校与院系两个级别的领导，需要按时完成学校各级党政管理职能部门布置的工作以及本院系布置的各项事务，从这个现象，可以看到高校辅导书已经化身为学生的"保姆"、校职能部门的"勤务兵"、院系的"办事员"，是"万金油"式的管理人员。另外，辅导员无法像专业任课教师一样对自己的工作有理想的价值归宿。如今，高校辅导员依旧面临出路窄、待遇差、地位低的现象。

除此之外，辅导员承担了教师与管理者两个岗位的工作需要承担"教书育人，管理育人，服务育人"等工作职责，但因为辅导员每天都将精力花在了"管理者"这个岗位的工作任务上，而无法分出精力给教师所需要

做的工作，即教书育人，上述内容已经变为阻碍辅导员队伍积极发展的突出问题。

而规划、开展辅导员工作课程化教学，应该将辅导员日常所做的具体工作通过课程的形式来完成整合，充分利用课程和教分，与考核专业课教师一样来对辅导员的日常工作进行考核。如此一来，辅导员所承担的双重身份——教师与管理人员就可以达到强化，从而进一步加强学校职能部门和院系组织对辅导员工作的“双重领导”，实现辅导员教师、管理人员“双重待遇”，以便全员、全程、全方位育人格局的构建。

（2）具体落实新课程观的需要

21 世纪，随着教育领域的不断发展，课程改革日益深入，课程理念的创新与发展，课程即学科的传统课程观早已被突破。新时期的课程观认为，课程即知识，课程即经验，课程即学校有组织、有计划的所有教育、教学活动。如今，我国各大高校积极开展的课程改革进一步展现了以学生发展为主的教育教学的发展趋势，同时也展现出综合化、社会化、生活化的发展新特征。

为了与课程改革和发展的趋势相符合，高校辅导员工作进行课程化改革也深化了对课程观的新认识，并将辅导员日常需要做的具体工作，根据课程理念进行整合，使之成为领域广泛、复合交叉、点面结合的若干模块课程以及稳定，且方便落实、开展的课程。

（3）高校辅导员职业化、专业化建设的需要

根据相关学者的思想观点：“社会职业有一条铁的定律，即只有专业化，才有社会地位，才能受到社会的尊敬。如果一个职业是人人都可以担任的，则在社会上是没有地位的。”而职业化、专业化具有如下的含义。

①指一个普通的群体通过自身的努力，逐渐走向成熟，并且符合职业标准，成为专门职业并获得相应专业地位的过程。

②该群体从业的重要依据为一个职业群体的专业性质和发展状态处于应有的水平，具备一套完善的专门知识和技能体系。

③具备一定的社会声望以及经济地位。对于辅导员职业而言，这指的就是辅导员队伍在发展过程中将专业素质提高到一定水平，并产生了鲜明的专业标准，具有稳定的专业地位的具体过程。

伴随高等教育改革的深化，高校辅导员队伍建设的职业化、专业化的道路也走向明朗。但毋庸置疑的是，目前我国高校辅导员队伍依旧没有完全展现职业化与专业化，也就是说，高校辅导员队伍始终处于有职业，无专业，传承师徒式；缺大师，少成果，工作事务性；有功劳，无成就，地位边缘化；有队伍，不稳定，发展离散型的状态。归根究底，辅导员专业

化知识体系和专业化课程体系滞后才是问题的关键。

站在职业发展的角度分析，实现辅导员队伍专业化的基础正是辅导员工作职业化。如果辅导员职业想要变为可以长期从事的稳定职业，就需要创造条件，让辅导员能够通过工作获得一定的成就感以及事业感，并自觉地将其视作奋斗一生的伟大事业。而辅导员工作课程化恰好迎合了辅导员职业发展的需要，即得到职业声望、专业地位。由此可见，辅导员工作课程化是辅导员踏实做好本职工作的基础条件，课程化便是高校辅导员职业化、专业化、发展的根本需要。

（4）增强大学生思想政治教育工作实效性的需要

大学生思想政治教育是大学育人的重要环节，它既包括大学生思想道德发展，又涵盖大学生学习、身心、生活发展，涉及多个专业领域。我国高等教育的迅速发展对高等院校思想政治工作提出的新要求，也使高校辅导员面临新挑战。但是，目前高校辅导员队伍客观上存在的种种问题，严重影响了大学生思想政治工作的实践效果。

由于队伍的非专业性，很难保证工作的规范性与有效性；由于角色的不确定性，学生思想政治工作不到位现象时有发生；由于队伍的不稳定性，严重影响高校的思想政治工作水平的提高。

上述现象促使大学生思想政治教育工作实效性大打折扣，可见进行辅导员工作课程化建设，借助课程和教分，像考核专业课教师那样来考核辅导员的具体工作，有利于提高辅导员队伍职业地位和整体素质，有利于形成思想政治教育的长效机制，有利于增强思想政治工作的实效性。

第二章　高校辅导员的岗位内容及队伍建设现状

通过上一章，我们已经熟练掌握高校辅导员的产生与发展这部分内容。接下来我们就将真正进入高校辅导员的“工作世界”，了解其主要的岗位内容以及现阶段我国高校辅导员队伍建设的基本情况。本章旨在帮助教师对该岗位有更加深入的认知，加强责任感与使命感。具体来说，本章就主要从如下几个方面进行论述：高校辅导员岗位职责、高校辅导员的专业化与职业化、我国高校辅导员队伍建设的特点。

第一节　高校辅导员的岗位职责

近年来，辅导员的岗位职责发生了大变化。之前仅仅负责思想政治教育方面的工作，现在需要负责政治教育、日常工作管理、学生心理健康、建设班风学风等多种工作。更加详细地明确了辅导员的岗位职责，也让辅导员知道自己工作内容。对于西方国家的经验，我们也可以借鉴其成功的地方，这样可以帮助辅导员把工作做得更好，为国家培养更多更全面为社会所需要的人才。高校辅导员的岗位职责为：忠诚党的教育事业，遵纪守法，为人师表，教书育人，恪守职业道德，维护学校荣誉，勇于创新，能够承担并完成受聘岗位条件。

一、高校辅导员工作职责课程化的主要内容

贯彻落实教育部〔2017〕43号令，明确辅导员职责所在。其中将高校辅导员的主要职责分为九个方面，具体如下：

（1）思想理论教育和价值引领。引导学生深入学习总书记习近平一系列的重要讲话所传达的精神以及新的想法和新的治国策略，深入开展宣传中国特殊社会主义和中国梦的宣传教育以及社会主义核心价值观教育，帮助学生不断加强他们的信心在道路和中国特色社会主义的理论。帮助学生

始终坚定中国特色社会主义道路的信心、理论自信、制度自信、文化自信。牢固树立正确的世界观、人生观和价值观。

（2）党团和班级建设。开展学生骨干的选拔、培养和激励，开展学生党员教育活动积极分子的培养，开展学生党员的发展和教育管理服务，指导学生党支部和班级组织建设。

（3）学风建设。熟悉学生专业基础知识，不断激发学生学习兴趣，促进学生良好学习习惯的养成，熟练掌握正确的学习方法。积极开展课外科技学术实践研究，创造良好的学习氛围。

（4）学生日常事务管理。开展招生教育、研究生教育及相关管理服务工作。组织实施学生军训。组织评选各种奖项和奖学金。指导学生申请助学贷款。为学生提供生活指导，促进学生之间的和谐相处。

（5）心理健康教育与咨询工作。积极配合学校心理健康机构开展心理健康教育，对学生心理健康问题进行初步调查和指导，做好学生思想工作。培养学生理性和平、乐观、健康的状态。

（6）网络思想政治教育。

运用新媒体技术进行思想政治工作的推进。不断加强学生网络素养教育，引导学生创作网络文化作品并积极传播正能量，探索发展新的工作路径。运用新媒体引导学生思想、指导学习、引导生活以及心理咨询等。

（7）校园危机事件应对。组织基础安全教育。参与学校、院（系）危机事件预防措施的策划和实施。对校园危机事件进行初步处理，稳定局势，控制事态发展，及时掌握危机事件信息，并按程序进行汇报。参与危机后的处理和分析。

（8）职业规划与就业创业指导。帮助学生树立正确的就业方向，引导学生走向基层，并为学生提供职业生涯规划、就业指导等服务。为祖国的建设做努力。

（9）理论实践研究。学习思想政治教育的基本理论和相关学科知识，参加相关学科的学术交流活动，参与校内外思想政治教育的学习。

二、高校辅导员工作职责课程化的具体范围

（一）高校辅导员课程化地对学生开展多方面的发展辅导

1. 辅导员课程化地进行关于学生的全面发展

高校学生在德、智、体、美等方面的发展，就是所谓的全面发展。《国家中长期教育改革和发展规划纲要（2010—2020年）》指出“全面贯

彻党的教育方针，坚持教育为社会主义现代化建设服务，为人民服务，与生产劳动和社会实践相结合，培养德智体美全面发展的社会主义建设者和接班人”。辅导员应彻底理解这一教育方针，并充分落实这一方针。

教育学生始终坚持社会主义核心价值观，培养大学生热爱党、热爱祖国、热爱人民的品质，逐步树立中国特色社会主义理想信念和正确的世界观、人生观、价值观。坚持以改革创新为动力，遵循教育、教学、人才发展的规律，贴近学生的学习和生活，根据不同学生的特点创新不同的方法，挖掘每一个大学生的无限潜能，全面提高高校大学生综合素质来促进大学生全面的发展。要按照社会主义培养新一代人才的要求，其基本的途径是体验式教育，通过精心的设计和组织，开展主题鲜明、内容新颖、形式新颖、吸引力强的教育活动，提高学生的社会责任感、创新精神和实践能力。

2. 辅导员课程化地进行关于学生的个性发展

高校学生在需求、生活习惯、性格、能力、兴趣、价值观念等方面形成稳定的心理特征，就是所谓的个性发展。高校辅导员应该遵循“保持个性，彰显本色”的原则，把每个大学生的个性发展重视起来，使每个学生的个性得到充分的展示。要发展每个学生的个性，首先要承认每个学生的个性都是不一样的，都是有差异的。针对不同的学生的个性区别对待，不能用一种方法来发展所有学生的个性，要用不同的方法对待不同学生的个性。发展学生的特长，特别是有特殊的技能和特长的大学生，更应该想尽一切办法，创造一切条件，搭建适合的平台，使那些有着特殊技能的大学生的特长得到充分的发展。针对“保持个性、彰显本色”这一问题，辅导员要引导大学生正确处理全面发展与个性发展的关系和正确处理个人、集体、社会的关系。对于全面发展与个性发展的关系：全面支持学生的个性发展并不意味着放弃学生的全面发展。个人、集体、社会的关系：积极的引导高校学生能够与其他人很好地相处，能够很好地融入集体和社会中去。

3. 辅导员课程化地进行关于学生的可持续发展

高校大学生作为一个个体在大学生涯以及毕业以后走向社会漫长的职业生涯中是不断发展的，其目的是使学生的个体素质得到不断完善。这就是所谓的可持续发展。高校辅导员要积极引导大学生树立可持续发展的理念，把职业生涯规划与发展作为着手点，协助大学生制定科学合理的人生规划。把大学生可持续发展的能力作为重点，把第二课堂的作用充分发挥起来，培养大学生的创新、实践以及社会适应能力。只有不断进行挫折教育和心理健康教育，才能培养出大学生健康的心理和健全的人格，养成大学生顽强的意志和百折不挠的精神。

（二）高校辅导员课程化地对学生进行有效的生活指导

1. 辅导员课程化地对学生开展权益和安全教育

权益指的是在校大学生理应享受到的权益；安全是指大学生自身及其他人的人身安全。

（1）权益

权益是一种受法律保护权利和利益。大学生在上大学的过程中应享有的权利，就是所谓的大学生权益。大学生的主要权益有七种，它们分别是使用权、知情权、选择权、监督权、奖贷权、就业权、申诉权。

①使用权是指大学生在受教育的过程中使用学校的教室、教学设施、教学设备、图书馆的电脑、图书、报刊等权利。

②知情权是指大学生对学校的前身及以后的发展、学校的师资力量、在校生人数、自己所在专业的发展方向等情况都有知悉的权利。

③选择权是指按照学校招生简章和学校有相关规定，大学生可以任意选择自己喜欢的专业、任意选择自己喜欢的课程等权利。

④监督权是指大学生学校教师的教学质量、对学生的负责任的程度等情况进行监督的权利。

⑤奖贷权是指大学生符合国家规定而获得的奖学金、助学金等的权利。

⑥就业权是指修完学业、修满学分，不违反学校规章制度，允许毕业，应当享有大学生该有的就业权利。

⑦申诉权是指因违反学校规章制度，对学校给予的处决有异议，可以向学校提出申诉，这是每个犯过错误的大学生该享有的权利。

为了让大学生能够正确认识权益和使用权益，高校辅导员应该让大学生意识到：权益和义务是相对应的；必须在社会和所在学校的制约下才可以享用权益；当权益受到冲突时，权益的享受是相对的。

（2）安全

通过安全教育课让大学生意识到“安全”的重要性。让学生掌握一些基本的安全常识和基本的防身技能，在关键时刻起到拯救自己以及拯救他人的作用。让学生了解基本的法律常识，帮助学生在面临突发事件时可以临危不惧，以正确的心态去处理突发事件，以减少对自身对他人的伤害。

2. 辅导员课程化地对学生进行关于合理的消费与正确理财的教育

合理的消费与正确的理财对大学生健康的成长起着至关重要的作用。

因此，辅导员现在的工作重点是帮助大学生进行合理的消费和正确的理财使其健康成长。

（1）合理的消费

大学生的消费心理及消费观念随着社会经济的发展和所处的社会环境的变化而不断变化。尽管大部分的大学生的消费心理及消费观念都是合情合理的，但仍存在一部分的大学生为了满足其“好面子”的虚荣心、攀比的心理、炫富的心理、提前消费的心理而进行一些不合理性的消费行为。因此为了杜绝上述那些不合理性消费行为的发生，辅导员应帮助学生树立正确的消费观。到底怎样帮助学生树立正确的消费观呢？要从以下几个方面做起。

①加强在校大学生关于消费心理上的教育，使他们拥有健康的消费心理。

②对大学生进行合理引导，帮助他们制定合理的，适合他们自身的消费原则。

③通过相关的教育，引导大学生树立正确的消费观，帮助大学生进行合理的消费。

（2）正确的理财

对于大学生扣除本月的基本生活消费以后所剩余的钱该怎样处理呢？有的大学生进行过度的消费，把这一学期的家里父母给的生活费在本月一下子挥霍完，造成了后面的几个月没有基本的生活费。为了防止上述现象的发生，辅导员应引导大学生要有正确的理财观念，帮助大学生进行正确的理财。在校大学生一般的理财方式是把钱存进银行。

3. 辅导员课程化地对学生进行关于学会独立与融入社会的教育

（1）学会独立

当大学生踏入社会时，社会不会像父母和老师一样处处包容着他们。踏入社会就意味着作为一个全方面的人才来为社会服务，来回报社会。人才就意味着拥有独立的思想，独立的人格，独立的个体。对于刚踏入社会的大学生，一下子失去了大家的呵护，短时间之内会很不习惯，出现各种各样的问题，严重者也许会有可能危机人的性格。造成这一系列的问题都是由于大学生的独立性不够引起的。为了让大学生更快更好地适应社会、融入社会，更好地为社会服务，大学生在校期间，辅导员就应该帮助大学生培养其独立性。

针对怎样培养在校大学生的独立性这个问题，辅导员应该对于不同的学生进行不同的教育：对于缺乏自信的学生，辅导员应该帮助他们在与老师、同学相处过程中感受到真挚的感情，从而慢慢地建立起自信，这样有益于接下来培养其独立性；对于太自信的以至于自负的学生，帮助他们认清自己，认清别人眼中的自己，不可盲目的太过自信，不可目中无人。能够更好地认识自己，才能与他人更好地相处，才能更好地培养其独立的能力。

（2）提高社交能力

不要以为踏入社会以后才需要提高其社交能力，请不要忘了，学校也是个“社交圈”。在大学时期，学生与学生之间、学生与老师之间都构成了不同的社交圈。

在刚踏入社会时，之前是被社会保护的对象，现在变成是保护社会了，这身份的一大转变，让他们很是不习惯、很难适应，这个时候就渴望被在一起工作的同事和领导接纳。怎样才能更快的被接纳，更好的融入到社会这个大集体中呢？这时候就需要很好的社交能力了。对于社交能力好的人能够使一些难办的事情事半功倍，而社交不好的人就有可能事倍功半，可见社交能力的重要性。那么对于在校的大学生到底怎样培养其社交能力呢？首先帮助大学生树立良好的形象，引导他们穿适合他们的衣服和适合的发型来增加个人的魅力；然后辅导员模拟一定的环境，培养学生的说话技巧来提高他们的社交能力。

（三）高校辅导员课程化地对学生开展 组织管理的教育

组织管理分为学习方面（适应学习、指导选课、制定人生规划）的管理、日常方面（班级干部、奖助贷）的管理和活动方面（社团活动、生活园区活动、勤工助学活动、社会实践活动）的管理。

1. 辅导员课程化地对学生进行关于学习方面的教育

学习管理指的是对于刚进入大学校门的大一的学生，辅导员帮助他们更快地适应新的学习环境、新的学习方法、新的学习目标。针对这个问题，辅导员应从以下几个方面着手。

（1）适应学习

在大一新生刚进入学校后，辅导员应该立即引导大学生把学习作为大学期间的最重要的任务。对此可从以下方面做准备：首先，辅导员应该帮助大一的新生熟悉大学的学习环境和氛围，让他们尽快适应新的学习方式，制定新的学习计划；然后，辅导员帮助他们尽快找到适合自己的学习的方法，提高学习效率，树立更大更远的学习目标。

（2）指导选课

对于那些刚进入大学的大学生而言，选修课通常会让人手足无措，不知道如何选择了，这个时候辅导员就发挥了极大的作用。辅导员首先让每位大一的新生根据自己的学习目标圈出自己应该选择的课程，然后再根据自己的兴趣爱好再一次进行筛选，最后选出来的课既是自己喜欢的又是学习任务上所必需的。这样的话学生就会对这些课会更加感兴趣了。

（3）制定人生规划

未来想成为什么样的人，想从事什么样的工作。大学生的人生规划就是为了实现人生的目标而制定的计划。目标的实现是与大学生在学校期间所修的课程、所制定的学习目标以及自己的兴趣爱好、性格等有着紧密关系。因此，辅导员在帮助大学生制定人生规划时，一定要根据他们学习的专业情况，人生的目标以及对自身的认识来制定属于他们个人的未来的人生规划。

2. 辅导员课程化地对学生进行关于日常方面的教育

辅导员既要帮助学校搞好关于学校教育等一切相关的大小事务，还要做好自己所在班级关于学生档案、宿舍、健康、干部等日常事务的相关事件。尽管辅导员的工作非常繁忙，但对大学生的日常方面的管理不可小觑。对大学生的日常方面的管理从对班级干部的管理和对奖学金助学贷的管理这两方面展开具体的论述。

（1）对班级干部的管理

班级干部的作用是帮助辅导员管理班级和组织班级活动的，班级干部关系着班级的未来。因此，班级干部的选择不容小觑。班级干部并不是先天就具有这种管理能力的，这就需要我们在学生中挑选 些先进分子作为班干部，然后再进行专门的培养和加强管理。

①精心选拔

班级干部是为他人服务的，是为大集体服务的，因此要选取那些不仅具有管理能力强、领导能力强、凝聚力强的，还要具有能吃苦耐劳、有责任心的、有奉献精神的、能为他人着想的学生才可以当选为班干部。

②注重培养

班干部经过层层筛选选出之后，为了更好地协助辅导员的工作，选出更好地为班级服务，开始进行一些技能学习、方法学习、强化学习、实践锻炼等措施来提升班级干部的综合素质，培养使用好学生干部。

通过强化学习、技能培训、方法指导、实践锻炼等措施提升学生干部的综合素质，培养使用好学生干部。

③加强管理

辅导员可以通过制定《班级干部培训手册》《班级干部职责手册》《班级干部管理条例》等手段，给班级干部提供一个可以锻炼的平台，让他们有一个施展自己能力的空间，打造出凝聚更强、战斗力更强的班级干部的队伍。

（2）对奖助贷的管理

奖助贷指的是国家奖学金、专项奖学金、三好学生、优秀学生干部、和助学金、助学贷款、勤工助学、困难补助。前四个的对象是对所有优秀大学生的奖励，后四个的对象是家庭经济困难的大学生。

①评优评先

国家奖学金、专项奖学金、三好学生、优秀学生干部的评优评先直接与大学生的个人利益有着紧密的关联，对培养大学生学习的激情有着不可小看的作用。辅导员在进行评优评先工作时要秉着公平公正的原则，否则后果不堪设想。

②贫困生补助

助学金、助学贷款、勤工助学、困难补助是对家庭经济困难学生的奖励和鼓励，对帮助贫困大学生顺利完成学业起着十分重要的作用。辅导员在进行贫困生工作时，要按照国家规定的相关条例严格做好贫困生的筛选工作，要做到公平公正。

3. 辅导员课程化地对学生进行关于活动方面的教育

除去大学生在教室里进行的课堂学习活动以外，剩下的就是我们今天所要讲述的活动，也就是我们经常所说的课外活动，课堂以外的活动均称为课外活动。课外活动有着促进学生健康成长、锻炼交往水平、培养组织能力、提高综合素质、丰富大学生的课余生活的优点。接下来要说的课外活动包含：社团活动、生活区活动、文体活动、勤工助学活动以及社会实践活动。对于上述那些有益身心健康的活动，既要鼓励大学生参加，又要有一定的管理。

（1）对于社团活动的管理

学校的社团活动虽然是由学校各个团组织和社团联合主办的，对于社团活动的管理，辅导员也发挥着十分重要的作用。辅导员对于学生社团活动的方向是不是积极的，程序是不是齐全的，质量是不是过关的这些一定要进行严格的把关。

（2）对于生活园区活动的管理

生活园区活动指的是除了在学校里面进行班级活动之外，仍在学校里举行的活动。生活园区活动也是由辅导员组织管理的。辅导员通过组织积极向上的各种各样的生活园区活动，为大家塑造一个良好的生活环境，为大家提供更优质的服务。

（3）对于文体活动的管理

文体活动分为文娱活动和体育活动两种。文娱活动指的是为了丰富学生的业余生活而举行的活动，体育活动指的是为了使学生劳逸结合而开的一门正式的运动的课。

①对于文娱活动的管理

首先，对于文娱活动的组织、策划和指导这方面要加强，开展丰富多彩、积极向上、健康的文娱活动。

其次，让大学生通过参加文娱活动来帮助他们提高陶冶情操的能力、培养健康情趣、树立正确的观念。

最后，要坚决抵制各种低级无趣的、思想不健康的有害于大学生身心健康的文娱活动。

②对于体育活动的管理

其一，为了增强大学生身体体质，为每一位大学生建立起属于他们自己的健康档案，有针对性地对每一位大学生进行不同的健康教育，使每一位大学生都能健康成长。

其二，对于体育课和课外活动的管理，通过每次体育课都要进行签到、对体育课也进行考试等方式来增强管理，使体育课和课外活动发挥到它们应有的作用。

（4）对于勤工助学活动的管理

针对大学生勤工助学活动中遇到的问题，辅导员要及时给予解决。这样更有利于大学生勤工助学活动的顺利进行，从而有利于大学生的健康成长。

（5）对于社会实践活动的管理

社会实践活动指的是大学生利用节假日进行的作为志愿者为他人服务的活动、到校外进行的专业实习、为训练学生的某项机能而举行的校外实践活动等各类活动。对于社会实践活动的管理要从以下几个方面做起。

①全方位开展，人人参加。

②周密的计划，用心的组织。

③目标的明了，原则的坚持。

④认真的总结，加强交流。

第二节 高校辅导员岗位的基本特征：专业化与职业化

一、“专业化”与“职业化”的目标诉求

我国高校辅导员是大学生思想政治教育的重要组成部分。其工作涉及面很广，包括学生教育、管理、服务等日常工作以及学生思想政治教育、心理咨询、职业咨询、职业发展教育等方面的工作。辅导员素质和工作质量对大学生思想政治教育效果具有很大的影响。思想政治教育工作队伍是加强和改进大学生思想政治教育的组织保障。辅导员、班主任是大学生思想政治教育的中坚力量。应采取一定的措施建立高水平的辅导员和班主任队伍。

目前，我国大学生辅导员仍存在着专业化程度不高、职业意识薄弱、模糊的角色定位和单一的职业发展通道等各种问题，这不仅限制了团队的稳定发展和业务质量的提高，而且还严重影响大学生思想政治教育的效果。因此，辅导员专业化成为解决问题的关键。打造一支高素质的辅导员队伍，就是要努力做到专业化职业化和专家化。接下来，我们主要围绕辅导员职业化、专业化的目标诉求展开具体讨论。

（一）职业与职业化的概念界定

“职”具有“社会责任”“权利义务”的含义，“业”是一种特殊技能，“从事某项业务”和“完成某项业务”。美国学者舒尔茨认为，职业是一种以持续获得个人收入为目的而持续从事的具有市场价值的特殊活动。从实用主义哲学的角度来看，杜威认为职业是一种人们可以从中受益的生活活动。从社会生产的角度来看，一定的社会分工或社会角色的持续实现，就形成了职业。职业一般是指人们为了获得报酬而从事社会生活中的工作。也可以理解为人们在同一行业中从事不同职位的各种工作的过程(即职业=职位+行业)。

在《美国传统词典》中，“职业化”（Professional）一词有如下几种解释：“遵循某种专业标准开展工作；具有某种特长或是某一领域的专家；全身心投入到给定的工作并视之为职业或靠它维持生计。”职业化，其实质就是一个职业从非职业状态向职业状态发展的过程，即某种劳动岗位变

为社会所承认的职业并形成体系的过程。它包含国政策体制、市场机制、组织环境和人才素质等内容。

（二）从个人素质角度看辅导员职业化的目标诉求

从人力资源管理的角度来看，职业化具体可以分为以下三种含义。

（1）从业者应该表现出一种专业精神，而不是按照自己的意愿行事。良好的职业素养是职业化的基本特征，它包含着职业态度和职业精神。只有具备良好的职业素养，才能对自己选择的职业有强烈的认同感，进而对整个人生有职业归属感。如果对工作没有强烈的认同感，恐怕会对工作没有任何兴趣。只是敷衍了事，很难取得好的工作成果。

（2）从业人员应具有一定程度的专业技能。掌握专业知识和技能是专业素养的基本要求，也是做好工作的基础。

（3）专业人员在行业中应该有特定的行为准则或行为标准，从业人员应该按照行为准则或标准要求行事。按照既定的行为准则工作是专业精神的具体体现。专业人员按照规定工作，以确保少犯或不犯错误，提高工作效率，保证工作质量。

结合我国高校的实际教育情况，辅导员职业化的要求辅导员具有以下三个基本素质。

1. 术业有专攻

“术业有专攻”是专业人员和业余人员之间的区别。专业辅导员应具备专业的知识和技能。随着信息社会科学技术的迅速发展，不同文化之间的交流、煽动和相互渗透，要求辅导员在理论与实践相结合的基础上令人信服地回答各种热点问题，总是坚定地和有效地引导学生的思想在社会主义市场经济背景下成为主流意识形态的，以提高学生思想政治素质为核心的素质教育。

因此应从思想政治教育专业或相关专业、优秀毕业生或在职优秀教师、管理干部中选拔辅导员，并进行必要的培训，其教育要求与其他专业教师相近。他们必须有坚定的政治立场和敏感性，教育和引导学生牢固树立中国特色社会主义信念和共产主义信念，保持政治稳定。必须具备良好的道德素质和渊博的知识，才能获得学生的尊重和信任；必须有辩证唯物主义的思维方法；培养学生正确的世界观和思维方式；必须具备良好的沟通技巧、管理技巧，并充分了解学生关注的问题，以引导和激励学生积极主动的进行学习。辅导员应该努力成为大学生思想政治教育领域的专家。

2. 举止有方寸

“举止有方寸”是指大学生思想政治工作的开展应遵循职业道德规范

和职业道德规范。辅导员应坚持马克思列宁主义的指导、毛泽东思想、邓小平理论、“三个代表”重要思想和科学发展观，彻底实现中国共产党第十七次全国代表大会的精神，全面贯彻党的教育方针，紧密结合全面建设小康社会的实践。按《意见》所说的，将“以理想信念教育为核心，以爱国主义教育为重点，以思想道德为基础道德建设为基础，以大学生全面发展为目标，解放思想、实事求是、与时俱进，坚持以人为本，贴近实际、贴近生活、贴近学生，努力提高思想政治教育的针对性、实效性和吸引力、感染力，培养德智体美全面发展的社会主义合格建设者和可靠接班人”作为工作的指导思想。

3. 处世有追求

“处世有追求”是指辅导员职业化精神应有以下几种表现。

(1) 敬业：其核心是热爱学生，热爱工作，热爱学生思想政治教育事业。

(2) 责任：具有强烈的社会责任感和事业心。

(3) 团队：具有良好的合作精神和团队，善于沟通和协调。

(4) 创新：适应新的教育形式，并努力探索大学生思想政治教育工作的新途径、新方法。

(5) 学习：不仅要勤于思考和解决问题，还要善于总结经验，不断提高自己的终身就业能力，树立终身学习的理念。

因此，教师应该具有的思想政治教育专业或相关专业的知识和丰富的经验在思想政治工作中可以做到高效、专注，能够与辅导员工作为依托，职业发展辅导员工作为重点，成为《意见》提出的“政治强、业务精、纪律严、作风正”的思想政治教育工作队伍，成为教师的重要力量。

（三）从组织环境视角看辅导员职业化的目标诉求

从组织环境视角来看，辅导员职业化意味着以下三点内容。

(1) 辅导员成为一种社会认可的、具有很强专业性的社会职业。作为一种科学性、专业性很强的社会职业，必须形成其特有的职业体系、行为规范、就业标准和职业成就的评价方式，并得到社会的广泛认同。

(2) 辅导员有特定的从业资格，有相应的社会角色标准和压力约束，培训、考评和晋升机制健全，内部管理完善。

(3) 整个辅导员队伍实现了相对的稳定性，其职业可以成为从业人员的事业。

1. 广泛的社会认同

实际上，辅导员制度的建立源于对学生进行思想政治教育和政治学习的需要。然而，随着阶级斗争为纲领的结束，思想政治教育在人们心中的重要性逐渐减弱。在市场经济条件下，人的个性得以扩展，个人的兴趣和欲望得以释放和满足，生产力迅速提高，科学技术迅速发展，科学主义和功利主义得以盛行和蔓延。在科学主义浪潮的冲击下，人们追求物质财富，却忽视了精神文化需求的满足。习惯于从功利主义的角度来看待世界，却无法从人文主义的角度来看待自己的精神家园。因此，大学生思想政治教育的必要性在科学主义的潮流中被埋没和蒙蔽。社会经常追求一元论的成功，人们渴望追求能在短时间内给自己带来好处的知识和技能。

在高校中没有对辅导员给予足够的关注。由于一些历史和社会原因，大学作为教学和科研的重要场所，往往在政策和制度上重视教师和机构的建设，轻视学生管理团队的建设。许多教师、领导的传统观念中，辅导员只是管理人员从事学生管理工作，由此使高校对辅导员团队的建设只停留在表面，只是根据上级的指示和要求，辅导员队伍建设符合规定，没有从根本上认识到辅导员队伍建设的重要性和系统性，并积极给予关注，进行专业化的建设。

在新时代背景下，辅导员工作被赋予了新的意义，不再仅仅局限于政治教育，而是延伸到涉及大学生成长的思想教育道德教育、心理辅导、职业辅导和生涯发展教育等各个方面，体现的是大德育的内涵。随着经济体制转型、高校扩招、就业体制改革，独生子女和困难学生增加，大学生当中出现许多学业困难、经济困难、就业困难、情感困扰、人生发展困惑、网络游戏成瘾的现象，学生思想压力加重、心理问题涌现。同时在全球化语境当中，中西文化的交流和碰撞对大学生思想影响甚大。因此，对大学生进行思想政治教育的需要非但没有削弱反而愈发增强，辅导员的思想政治教育工作日趋重要。

人们的广泛认可是一切职业的基础。此外，任何职业都是以人的广泛认同为基础，以人的广泛认同为其最终形成的重要标志。辅导员专业化的广泛社会认同需要社会和高校的共同努力，在政府主导的同时营造积极的舆论氛围，使人们对辅导员的心理认同明显增强。

2. 规范的职业资格认证体系

社会学家马克斯·韦伯曾指出了职业资格认证在现代社会职业形成过程中的重要性。这种资格鉴定的过程源于职业对人类生活的重要性以及其技术获得的非自然性。导师工作的重要性不言而喻，学习教育、管理和组织技能也是如此。辅导员作为一种独立的职业，其确立的基础首先在于其专业技术体系，该体系以集体记忆的形式延续，形成集体的职业意识。职业技术体系的获得、集体职业意识的培养、职业观念和道德规范的构建必须以思想政治教育专业为基础，通过职业教育来实现。不经过一定的专业培训和学习，就不可能成为一名合格的辅导员，也不可能对学生的思想政治工作进行细致的研究。

教师工作的专业性质和职业教育的认定需要通过职业资格认证来实现。职业资格认证体系的建立意味着对从业人员的保护和对非专业人员的排斥，从而建立职业权威。另一方面，可以提高行业从业人员的门槛，规范准入渠道，增加专业声望。显然，职业资格认证体系的建立应该得到国家的承认和支持，相关行政部门的政策指导和措施，社会和大学的充分合作。

3. 明确的角色定位和岗位职责

角色定位是指与人的社会地位和身份相一致的一套权利、义务和行为模式。明确角色定位，明确权力和责任体系，是科学评价辅导员工作的前提和基础，是提高辅导员工作效能的重要保证。关于辅导员的角色定位，长期以来，在理论和实践上存在着争议。1995 年 12 月国家教委颁发了《中国普通高等学校德育大纲（试行）》其中做了明确的规定：“辅导员属于学生专职政工人员，即专职从事学生思想政治教育的人员，并且和‘两课’教师一并同属于德育专职教师。”2006 年 5 月教育部颁发的《普通高等学校辅导员队伍建设规定》又指出：“辅导员是高等学校教师队伍和管理队伍的重要组成部分，具有教师和干部的双重身份。”

辅导员作为大学生全面发展的助手，决定了其作为教育者、组织者、管理者和服务提供者的多重角色。正因为这样的角色定位，更是德才兼备的教师。由于这一角色定位的特殊性——双方均等，它决定了一个职业作为一个职业的“功能自主性”。这种“功能自主”构成了辅导员职业的独特性，在辅导员专业化中起着至关重要的作用。具有独特的作用和自主功能的专性，获得长远发展，并不是单纯的依赖教师或政工系列，而是在与辅导员自身的职业发展，包括职业准入制度、操作管理系统、工作评价管理体系、薪酬福利体系，促进消除系统的建立和完善。

4. 通畅的职业发展通道

职业的稳定性要求辅导员工作要成为一门职业，必须提供通畅的职业发展通道和乐观的职业发展前景。只有这样，才能吸引从业人员长期稳定地投入其中，并以此为事业不懈奋斗。目前对辅导员队伍的激励，是借助于行政系列或教师系列的晋升机制。行政管理职位的稀缺往往束缚了辅导员的发展，不能起到很好的激励作用。教师职称评定体系中重科研轻工作实绩的特点，也置辅导员的发展于不利境地。为了实现对辅导员队伍的有效激励，可开辟双重职业生涯晋升阶梯，也就是说，组织为不同的辅导员建立相应的职业晋升阶梯，总结各类辅导员成长的内在规律，明确其发展方向，让辅导员看到自己的职业前景，避免优秀辅导员出现只能通过单一的行政或教师晋升系列来实现自身的发展。除此之外，还可建立一种独特的辅导员职业发展通道，不依赖于行政或教师系列现有的晋升机制。而这种独特的晋升机制和职业发展通道的建立，需要制度性的保证和各方的配合，还需要各种体制的建立与完善，包括培训考试制度、考核监管制度、薪酬福利制度等。

二、高校辅导员自我发展与提升的课程化研究

辅导员作为最直接的组织者和实施者对学生进行思想政治教育工作，作为一个引导和指导大学生在学校学习和生活的角色，不断提高自己的质量是一个坚实的基础，并不断促进教育的发展。新形势下，辅导员工作的复杂性不断增加，专业化程度不断提高，对辅导员素质的要求更加全面。一些辅导员对大学生思想政治教育工作的要求不同程度的不适应。辅导员综合素质的提高不仅需要各级系统的培训和学习，而且最根本的是发挥辅导员的主观能动性，进行自我完善。自我完善和发展是辅导员更好地履行职责、完成使命的重要手段。这也是个人不断成熟和畅通“出口”的前提，也是适应时代发展的必然要求。党和政府高度重视辅导员队伍建设，辅导员要抓住机遇，规划好自己的未来，更好地提高和发展自己，实现个人和事业的共同成长。所以，辅导员自我发展与提升的课程化是十分必要的。下面，我们主要围绕辅导员自我发展与提升课程化展开具体论述，内容包括辅导员自我发展与提升课程化的必要性、意义以及基本途径。

（一）辅导员自我发展与提升课程话的必要性与意义

辅导员自我完善与发展是整个社会形势发展变化以及大学生性格发展变化的客观要求也基于辅导员队伍建设的现状，并根据辅导员专业化和职业化的趋势提出了必然的要求。

经过长期的研究与分析，我们对辅导员自我发展与提升课程化的必要性与意义做出了总结，主要归纳为以下三个方面。

1. 是适应和推进时代发展与学习型社会建设的必然要求

辅导员从事的大学生思想政治教育在整个高等教育体系中具有重要地位，并在学生综合素质的培养中具有重要作用。随着社会形式的发展变化对辅导员的自我完善也有了新的要求，主要体现在以下三个方面。

（1）是国家进步、社会发展的需要

国际国内政治经济形势的深刻变化，对大学生思想政治教育提出了更加严峻的考验，对辅导员素质和能力提出了更高的要求。这使得高校辅导员在面对环境变化的挑战时，必须有更加坚定的政治立场、更加敏锐地洞察力、更加科学的文化知识、更加全面的综合素质。

（2）是信息时代思想政治教育工作的需要

随着时代的进步和信息技术的发展，大学生接收信息的渠道日益多样化和复杂化，辅导员不再具有信息的主导性。一定程度上逆转了传统意义上管理者、教育者和被管理者之间信息不对称的状况。越来越多的信息可以让大学生与社会环境有更紧密的联系，这往往导致重要的信息被学生广泛传播。然而，辅导员却没有及时发现和处理这种情况。此外，网络技术的发展和普及为大学生的思想政治教育工作提供了新的机遇，同时也产生了许多挑战。

（3）是高校教育管理体制改革的需要

随着不断推进的高校教育管理体制改革，深化改革的重点逐渐放在制度创新、体制改革和机制创新上。“依法治校”“以人为本”的教育理念在高校教育教学管理中逐步贯彻，对辅导员提出了更高的要求，主要体现在以下三个方面。

①辅导员作为高校管理体制改革的主体之一，必须适应新制度新环境，面临比以往更加激烈的竞争。

②新教育理念要求辅导员具有较强的服务意识和奉献精神，以学生为中心，为学生成长服务。

③管理工作的逐步规范化使得辅导员工作需要有章可循，必须按章办事。

2. 是促进大学生全面成长成才的必然要求

众所周知，大学生是存在于校园中的社会群体，不仅具有学生群体的独特性，而且具有社会单位的广泛性。他们的思想行为更加多样化和复杂，人格特征不成熟。这对辅导员工作提出了更高的要求。主要体现在以下两个方面。

（1）准确把握大学生思想特点的需要

大学生的思想特征主要包括理想信念、民族精神、公民道德、心理健康等方面。影响大学生思想特征的因素是多样而复杂的，既包括时代背景、家庭环境、地域特征等客观因素，也包括不同年级、不同专业、学业成绩、社会工作经历、自身特点等主观因素。

大学生正处于形成理想信念、民族精神和道德品质的关键时期，心理也处于走向成熟的过渡阶段。一些大学生的判断力和自控能力较差，迫切需要正确的引导。辅导员自身必须有良好的思想政治素质和相应的心理咨询技能，掌握正确的方法，提高他们的观察能力和分析能力，善于分析，抓住主要因素影响学生个体思想特点，因人而异采取合适的治疗方法，帮助他们了解自己的不足，克服缺点，发挥自身优势。同时，除了年轻人普遍的心理，大学生的人格心理更加突出，这就需要辅导员以适当的沟通技巧来指导学生。

（2）做好大学生教育、管理、服务工作的需要

除了政府支出，高等教育的成本补偿也应该由受教育者支付一部分。因此，学生和家长对学校的教育、管理和服务工作有了更高的要求。

从目前来看，一些深层次的社会问题，如青少年犯罪问题、青年恋爱观及性观念问题、诚信危机问题等，给高校的思想政治教育工作带来更大的难度，需要辅导员不断学习相关理论知识，采取有效的教育方法和途径，在大学生中开展丰富多彩的主题活动。与此同时，网络的出现既给大学生的学习生活带来了极大便利，也产生了部分学生网络道德失范甚至是沉溺于网络等现象。如何加强对大学生网络行为的规范和引导，是当前大学生思想政治教育面临的问题之一。

学生的管理工作，如学校风格建设，资助家庭经济困难的学生，处理紧急情况，综合评价和评价奖罚，要求辅导员熟悉工作流程，学会把握尺度，有正义感，以合理的方式公平、公正的进行处理。学生管理工作千头万绪，任务繁重，不仅需要辅导员掌握一定的工作方法和技巧，还需要树立“以学生为本”的工作理念，具有高度的责任感和奉献精神。实践表明，辅导员在学生管理中的态度和能力不仅关系到学生的切身利益，而且影响着辅导员在学生中的形象。

辅导员展开工作的主要支点是学生班级、党、团组织。培养学生骨干，加强党、团组织的建设，需要同时从制度建设和文化建设两个方面入手，不仅需要教师有相应的组织建设、管理和指导能力，还需要有一定的亲和力，甚至人格魅力。而且，随着每年毕业生人数的大幅度增加，高校毕业生就业遇到了前所未有的困难，给在校大学生带来了巨大的压力。如何加强学生社会实践指导和职业生涯辅导，引导学生正确地认识自身和社会需求之间的关系，也成为高校辅导员需要认真思索的课题以及工作内容。

3. 是加强辅导员队伍专业化、职业化的必然要求

加强辅导员队伍建设的指导思想是，建设一支高素质、专业化、职业化的指导队伍。辅导员自我发展与提升的课程化，体现了辅导员队伍专业

化、职业化发展的趋势和要求。

(1) 符合辅导员队伍专业化建设的需要

辅导员职业化程度是指辅导员的专业素质和技能水平，直接影响工作效果。好老师造就好学校，好辅导员造就一群学生的未来。要成为一名合格的辅导员，必须按照“政治强、业务精、纪律严、作风正”的要求，不断提高自己的素质。

政治实力要求辅导员具有较高的思想政治素质、坚定的理想信念和追求，符合党中央关于政治原则、政治立场和政治取向、政治坚定，政治实力要求辅导员具有爱心和责任心。业务本质是指专职或兼职辅导员工作人员，必须掌握思想政治教育相关专业知识，具备相关专业技能，熟悉工作规律。严格的纪律就是要求辅导员具有较强的组织纪律，有大局意识和责任感，能够遵守岗位规定。工作作风是要求辅导员具有良好的道德素质，具有艰苦奋斗、无私奉献的工作作风，对学生有爱心、有责任心，有激情，敢于拼搏，善于解决难题。

(2) 符合辅导员队伍职业化发展的需要

高等学校辅导员，负责学生的日常管理，思想政治教育、素质教育、就业指导等工作，扮演多个角色，即对大学学生成长最直接的指导，高校正常教学秩序的维护者，在高校校园文化建设的组织者，建设大学精神的直接实现者，建设大学精神和交流者。高校辅导员工作的性质和任务决定了高校辅导员工作必须是一支政治素质高、理论基础强、专业能力强、专业学位高的专业队伍，才能保证高校社会主义教育的方向。

辅导员的职责主要是做好日常思想政治教育、心理健康教育、服务育人工作等，提高大学生克服困难、经得起考验和挫折的能力。密切关注大学生思想政治状况，有针对性地开展相应的课堂教育；指导和组织各种主题和任务要求的理想信念教育、爱国主义教育、公民道德教育、素质教育等。在日常的大学生学习和生活中进行实际问题思想政治工作教育，指导学生党、团支部和班级的建设。具体负责大学生思想政治教育的日常管理工作，组织开展大学生学习能力、就业指导、心理健康教育等方面的工作以及学校、社会保障稳定等方面的活动。

综上所述，辅导员队伍的专业化要求辅导员在履行工作职责的同时，也应该具有自己所擅长的专业领域，加强专业理论学习和实践，使该专业成为终身职业。例如，为学生提供职业规划和职业指导，或担任学生心理健康教育和学生群体心理研究的辅导员。

（二）辅导员自我发展与提升课程化的基本途径

经过长期的研究与分析，我们对辅导员自我发展与提升课程化的基本途径做出了总结，主要归纳为以下三个方面。

1. 通过学习全面提升自身素质

人的生存本身就是一种社会活动。随着人类意识的提高，个体不仅是教育的对象，也是教育的主体。辅导员的职责和任务决定了辅导员应该学习什么，学会什么，如何学习，以及如何有效地实施教育者的教育活动。通过学习以下内容，我们可以全面提高辅导员的素质。

（1）政治理论

辅导员要坚持学习政治理论，具备马克思列宁主义的基本理论素质，提高理论和战略思维能力。辅导员应该有政治意识和整体的观点，坚持党的路线、方针、政策，始终与党中央保持一致，并且有强烈的政治辨别能力，以便掌握和正确及时处理问题学生，促进学生的发展。

（2）政策法规

高水平的政策是教师工作的前提和必然要求。政策法规的研究是教师、正确工作的基础和保障。大学生正处于世界观、人生观、价值观的形成时期，现实社会的一些负面影响在不同程度上消解和释放了大学生遵纪守法的观念。辅导员应及时向大学生宣讲国家政策法规和学校规章制度。只有认真学习政策法规，准确把握其精神实质，才能真正贯彻以人为本的教育理念，切实保障大学生的合法权益。同时，通过对法律法规的学习，加强教师对法律法规的遵守意识，达到严格纪律和积极作风的质量要求。

（3）专业知识

大学生求知欲强、思维活跃等特点，就需要辅导员具备丰富的知识储备。教师不仅要全面掌握德育科学知识，更要涉猎广泛的教育、管理、法律、哲学、心理学、社会学、伦理学等学科。通过丰富的知识素养展现优秀的“人格魅力”，使辅导员在学生群体中享有较高的威望。

（4）工作技能

在辅导员自我发展与提升的基本途径中，除了以上三点以外，还有一点需要我们在这里进行具体论述，即学习工作技能。

学校思想政治教育突出了人的全面发展。由于工作对象的特殊性，对辅导员工作提出了更高的要求。只有努力学习基本的工作技能，创新工作艺术，更新工作技能，才能做好思想政治工作。教师不仅要具备良好的写作能力和计算机操作能力，还要具备较强的分析能力、语言表达能力、动机和感染能力。辅导员的工作是复杂的、微妙的、艰巨的。只有不断提高工作技能，才能把教学、管理、服务的理念融会贯通，做好学生工作。

2. 通过实践全面提高自身工作素质

辅导员必须进行实践锻炼。理论与实践的结合、学以致用、学用相长与全面发展是教师在实践中加强学习与锻炼的基础。

（1）通过实践养成健康的人格特质

人格特质应该通过学习和实践来发展。王国维明确指出，情感的发展是一个完美的领域，是对人格特质的审美探讨。辅导员良好的人格特质是积极的态度、良好的心理素质、诚实守信的人格等方面来体现的，还包括人格、爱好、知识、智慧、风度、勇气等。辅导员良好的个人魅力和亲和力可以激发学生参与各项活动的积极性和主动性，学生也会以优秀的辅导员为榜样。

（2）通过实践不断创新工作思路

辅导员工作重在创新。随着经济全球化的到来，人们的思想越来越多元化和复杂化，大学生在政治信仰、价值取向、人文精神、社会责任、心理发展等方面都面临着许多困惑和疑问。如何探索一种实用、创新、有效的工作思路是我们面临的一个新课题。基于以前的工作经验和实践的学生，辅导员应该有勇气不断应用新思想和新观念的实际工作，处理问题如网络思想政治教育、心理健康教育和危机干预，新形势下职业规划和就业指导。同时，在实际工作中，总结经验教训，使自己的创新意识和创造力得到了提高。

（3）通过实践来提升团队精神与交往能力

实际上，自我完善来源于社会交往，只有在社会交往中才能形成。一个人除了对生存的渴望之外，还对社会生活和智力生活有渴望，即人具有天生的道德素质和智力能力。良好的人际关系可以促进辅导员之间的经验交流、讨论、学习和帮助。辅导员要善于与领导、同事、学生进行沟通，并与学校教务处、保卫处、后勤处等相关部门进行协调，建立和谐的人际关系，形成良好的团队意识和工作氛围。

（4）通过实践来提高业务素质

辅导员的言行对学生起着潜移默化的作用。辅导员优秀的素质、渊博的知识和全面的专业素质对学生有直接的正向影响。辅导员只有全面提升业务素质，才能为学生提供“思想指导、心理指导、学习指导、生活指导、行为监督、就业指导”。学生只有具备良好的组织协调能力、观察沟通能力、研究创新能力和应急反应能力，才能在日常教育、管理和服务中做好各项工作。

3. 通过思考和总结升华思想理念

人们的思想来源于对学习和实践的积累和总结，是对自己所学、所见、所听、所做事情的理解、反思和升华。辅导员的自我完善和发展，在于明确其工作方向，在实践过程中逐步分析自我，形成习惯，改正缺点，从而使其思想观念得到升华。

（1）增强使命感

每一名辅导员都要反思自己应该做什么和该如何做。党和国家把加强和改进大学生思想政治教育作为一项重要而紧迫的战略任务，把辅导员作为大学生思想政治教育的中坚力量。辅导员不仅要理解和掌握中央文件精神的本质，还需要在实际工作中，面对日益复杂的国内外环境，面对日益多样化的学生群体，从党和国家的生存，从高度的中华民族的兴衰成败，加强大学生的思想政治教育工作，辅导员工作作为一个光荣的职业。

（2）提升责任意识

在进行与学生的切身利益，如奖评估、选择和培训学生干部、发展学生党员等工作时辅导员应坚持公平的原则，公正和开放，对自己、学生、家长、学校、党和国家负责。同时，要扎实细致地掌握每一个学生最近的思想动向和突发事件，做到及早了解情况，及早发现问题，及早预防危机，及早解决事故。提高导师的责任感和事业心，让每一个学生都朝着健康的方向成长。

（3）树立终身学习观念

辅导员必须不断学习如何去面对一群朝气蓬勃、对未来充满憧憬的大学生。要给学生一碗水，你必须先有一桶水。社会环境在变化，工作对象在变化，工作内容在变化，这促使辅导员自身不断适应。辅导员只有树立终身学习的理念，坚持在工作中学习，在学习中工作，在工作和学习中不断反思、总结和探索，提高自己的综合素质，才能适应大学生思想政治工作发展创新的需要。

（4）正确认识和发展自我

除了以上三点以外，还有一点需要我们在这里进行具体论述，即正确认识和发展自我。

以人为本的科学发展观是对人的自我意识和主体意识的认识。在新形势下，辅导员的职业前景广阔，国家和学校也为辅导员提供了施展才华、实现自身价值的舞台。通过实际工作，辅导员可以更全面地评估自己，发现不足，弥补不足。辅导员要正确认识自己，合理规划职业生涯，选择专业和专业发展道路。

第三节 我国高校辅导员队伍建设的主要特征

我国高校辅导员队伍建设的特点主要体现在：随着国内外政治、经济、文化的发展变化而变化、工作内容不断发展和丰富、地位和待遇不断提高这三个方面，接下来对它们展开详细的阐述。

一、国内外政治、经济、文化发展对辅导员队伍建设的影响

从社会主义建设初期一直到现在，关于社会主义的建设从来没有顺顺利利的进行，高等教育的发展也经历了众多困难。高校辅导员是高等教育的重要组成部分，辅导员制度的发展时时刻刻与我国经济、文化尤其是政治生活的发展有着十分密切的关系，其发展与时代背景息息相关。

在社会主义建设的前几年，国家特意注重政治的重要性是为了稳固国家新出台的政权，使其不被动摇。“文化大革命”时期，为了进行革命而听课，有着过分看重政治化、滥用政治化的趋势。20 世纪 80 年代特别着重提出把经济建设作为社会发展的核心，有着轻视政治化的趋势。20 世纪 90 年代以来经济生活的多样化导致了意识形态的多样化。进入 21 世纪，中国进入了全面建设小康社会的阶段。根据这些时期的特点，高校辅导员队伍建设经历了不同的发展阶段。

二、辅导员工作内容不断变化和丰富

新中国成立初期，辅导员的工作基本上是围绕政治进行的工作，是为国家的政治服务的。到了 20 世纪 80 年代，辅导员工作由之前的整治工作转变为基本围绕专业知识和基本技能为中心的工作，为学校的科研进步和发展服务的。到了 20 世纪 90 年代，随着品德教育这门学科的出现提出了素质教育，辅导员的工作由专业知识和基本技能为中心的工作转变为学生的全面发展服务的工作。直到现在，辅导员的工作内容又发生了变化，为了迎合为国家培育德智体美全面发展的人才这一历史重任，辅导员开始了全面为学生服务的服务者。

三、辅导员的待遇与职业形象的显著提升

在之前，并没有“辅导员”这一明确的称呼，也没有实质性的福利和待遇。80年代初期，开始给辅导员一个实质性的身份了：“既是党的政治工作队伍的一部分，又是师资队伍的一部分”，“担任教学的辅导员可以评聘教师职务，享受同等级别教师和干部的工资福利待遇”，并有了历史来的第一次申明“每月发放一定数量的岗位津贴”。80代后期，给了辅导员更加确切的身份“辅导员是教师队伍的组成部分”，“直接列入教师编制，实行教师职务聘任制”。90年代又有新的发展，“在评定专业技术职务、计算工作量和发放奖酬金等方面给予充分考虑”。21世纪，有关辅导员队伍建设的规定更加科学和合理，如辅导员职务评聘强调要占到“适当比例”，对岗位津贴要“确保辅导员的实际收入与本校专任教师的平均收入相当”。

（一）辅导员的经济待遇与同级职称专业教师相当

某大学认真贯彻落实国家和省委、省政府关于辅导员待遇相关文件精神，在经济收入方面积极为辅导员创造有利条件。自2003年开始，学校制定并实施了《某大学学生思想政治工作人员酬金发放办法》，按照学校同级职称上岗教师平均教学酬金的标准，为辅导员发放思想政治工作酬金。辅导员工作课程模式实施后，辅导员与专业教师做到了真正“平等”，辅导员享有同等职称的专业教师的平均教学工作量报酬，实现了辅导员的收入与本校同级职称专任教师的平均收入水平相当，仅此一项，学校每年专项支出200余万元，每名专职辅导员年收入可增加1万多元。

对于国家关于辅导员待遇相关文件精神、省委关于辅导员待遇相关文件精神以及省政府关于辅导员待遇相关文件精神，我们都要接受并把关于辅导员待遇相关文件精神、省委关于辅导员待遇相关文件精神以及省政府关于辅导员待遇相关文件精神真正的推行开来，为辅导员创造有利的经济收入。给辅导员发放和学校里面同一级别职称的专业教师同样的思想政治工作酬金，从而实现辅导员的经济待遇与同级职称专业教师相当的这一步的目标。

（二）辅导员的专业技术职务晋升与教师相同

要想实现辅导员的专业技术职务晋升与普通教师相同，就要做到：一、努力提高辅导员的地位，尤其是在辅导员职称评聘方面；二、要时时刻刻地把对于辅导员的培养纳入到学校师资培训规划和人才培养计划中，

把专职辅导员的进修提高与全校教师进修放到一起做共同的规划。要想关于专职辅导员的进修提高能够同全校教师一块做规划这一目标得以实现，就要从以下四个方面做起。

（1）要为大量的专业的辅导员提供提高学历的机会，而鼓励他们读更高一级的在职硕士学位或者博士学位。

（2）通过进行社会实践、岗位轮换培训、基地培训、日常培训、挂职锻炼、学习考察等方式的训练，使得辅导员队伍建设的知识结构和能力结构得以提升。

（3）要特别支持辅导员开展关于科学研究的工作。

（4）努力提高广大辅导员专业化素质。从而更有利于具有专业化素质的辅导员队伍的形成。

第三章　高校辅导员的工作课程化模式探究

随着高校教育改革的日益深入，高校辅导员的工作内容也愈发丰富。如今，高校辅导员工作的课程化模式已经成为业界众多学者所重点研究的内容。本章节就将对该模式进行多方面探索，如基于理论与实践的高校辅导员工作课程化模式、高校辅导员工作课程化模式下的课程体系、高校辅导员工作课程化模式的运行情况以及高校辅导员工作课程化模式下的绩效考核及创新。

第一节　基于理论与实践的高校辅导员工作课程化模式

掌握工作课程化的模式的相关内容，离不开对其基础层面的分析，即从理论与实践两个层面出发来探索高校辅导员工作的课程化模式。本小节将主要论述该模式的理论依据、高校辅导员工作课程化模式的政策依据以及高校辅导员工作课程化模式的内部环境条件，以便读者可以深入了解高校辅导员工作课程化的具体内容。

一、高校辅导员工作课程化模式的理论依据

（一）高校辅导员工作课程化模式的思想政治教育学依据

思想政治教育学就是以长时期的思想政治教育实践为前提不断形成和发展起来的，是研究人们思想品德形成、发展规律以及对人们予以思想政治教育的规律科学。思想政治教育学研究的内容有很多，主要包括的有四个方面，具体如图 3-1-1 所示。

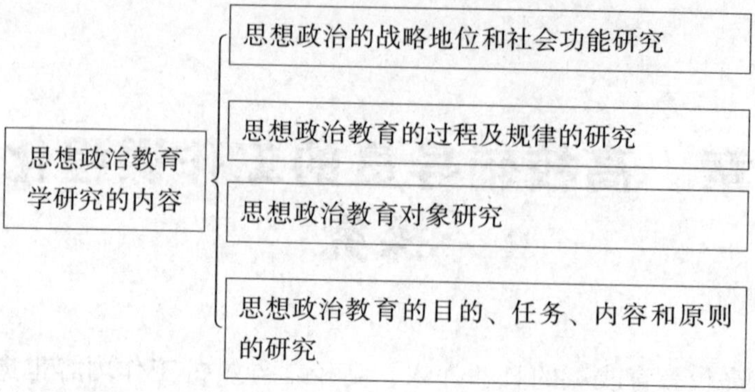

图 3-1-1　思想政治教育学研究的内容

高校思想政治教育是思想政治教育学不可缺少的一个研究方向，辅导员工作作为对大学生展开思想政治教育以及展开日常管理的一个非常基本的渠道，具有促进大学生政治素质提升和思想道德水平提升，促使大学生身心素质更加全面发展的重要职责，也在某种程度上给予了思想政治教育学发展的实践基础。同时，思想政治教育目的论、思想政治教育方法论等，也给予辅导员工作课程化理论方面的帮助。

1. *思想政治教育目的论为辅导员工作课程化模式提出了方向性要求*

思想政治教育的目的[1]是开展各种不同类型思想政治教育活动的基础和之后的“动力”，从某种程度上看，它为思想政治教育活动提供了一个确定的方向，给予了思想政治教育活动双方一定的精神力量，也为检验思想政治教育活动的效果提供了标准和依据。

思想政治教育的目的属于的是一个体系，主要构成要素有两个，一个是思想政治教育的根本目的，另一个就是思想政治教育的具体目的。对于思想政治教育的根本目的，其内容就是始终不断促进人们思想道德素质的提升，同时也让人们认识世界和改造世界的能力提升，并最终为建设中国特色社会主义社会，实现共产主义而努力奋斗。思想政治教育的根本目的为思想政治教育活动提出了根本性的方向要求，所有的思想政治教育活动都要对实现这一根本目的提供帮助，都一定要把根本目的当成行为指南，坚持它而不能够抛弃它，指向它而不能偏离它。

思想政治教育在进行具体实践的时候，如果想让根本目的得以实现，通常还得有一个相对而言较具体的目的。思想政治教育的具体目的随着时

[1] 是指通过思想政治教育活动，在教育对象的思想和行为以及社会生活的有关方面所要达到的一种未来状态。

间、领域的不同而有所不同，随着时代的变化而在不断变化，具有与时俱进的品质。现在高校思想政治教育的具体目的主要可从加强和改进大学生思想政治教育的4项任务中反映出来。

（1）以大学生全面发展为目的，深入开展素质教育。

（2）以基本道德规范为基础，深入开展公民道德教育。

（3）以理想信念教育为核心，深入开展树立正确的世界观、人生观和价值观教育。

（4）以爱国主义教育为重点，深入开展弘扬和培育民族精神教育。

辅导员工作课程化如果始终坚持思想政治教育的目的指向，可以从以下几点帮助到大学生。

（1）帮助大学生养成良好的道德品质。

（2）增强大学生克服困难、经受考验、承受挫折能力

（3）提高大学生的思想认识和精神境界。

（4）帮助大学生树立正确的世界观、人生观、价值观，确立在中国共产党领导下，走中国特色社会主义道路，实现中华民族伟大复兴的共同理想和坚定的信念。

2. 思想政治教育过程论为辅导员工作课程化模式提供了重要的思想指导

思想政治教育的过程论属于思想政治教育学理论体系的一部分，而且它同样也是该理论体系的核心。思想政治教育过程有很多要素，并且，是由其内在矛盾在不断推动，并按其内在规律辩证发展的过程，有其自身的特点和发展规律。思想政治教育的过程理论主要包括两个部分，第一部分是指人的思想品德形成发展的过程及规律，另一个部分为思想政治教育的过程及规律。下面分别对其进行简述。

（1）人的思想品德的形成和发展的过程及规律

①过程。人的思想品德的形成和发展是人的心理、思想和行为3个子系统共同作用的结果，也是知、情、信、意、行五个要素均衡发展的过程。它由外化到内化，受物质环境和精神环境的影响。

②规律。就其规律而言，人的思想品德是在社会实践的基础上，在主客体因素相互作用、相互协调，主体内在的思想矛盾运动转化的过程中产生、发展和变化的。思想政治教育要在遵循思想品德形成和发展规律的基础上，研究有效的教育方法，施加有目的、有计划、有组织的教育影响，促使受教育者产生内在的思想矛盾运动，从而形成一定社会所期望的思想品德。

（2）思想政治教育过程及规律

①过程。思想政治教育过程遵循“适应超越规律”，即教育者的教育活动既要适合受教育者的思想政治品德基础和发展要求，又要超越受教育者的原有基础，体现社会思想政治品德要求的规律。教育者掌握的一定社会的思想品德要求与受教育者的品德水平之间具有矛盾，而适应超越规律从根本上推动了这一矛盾的运动发展和解决，将思想政治教育的本质反映出来，在思想政治教育过程中起一定的主导效果。

②规律。思想政治教育的具体规律，如双向互动规律、内化外化规律、协调控制规律、主体差异规律、客体诱发规律、反复递进规律、周期波动规律等，都是思想政治教育过程中需要遵循的规律。辅导员工作课程化正是充分尊重这些客观规律，自觉运用这些规律，并在此基础上有效提升教育的实际效果，最终实现育人育德的目的。

（二）高校辅导员工作课程化模式的教育学依据

高校辅导员作为高校教师队伍的重要组成部分，是大学生政治上的引导员、学业上的辅导员、生活中的指导员（图 3-1-2）。

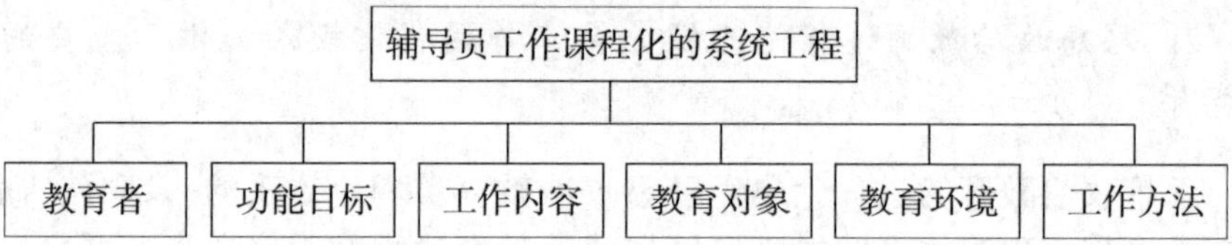

图 3-1-2　辅导员工作课程化的系统工程的组成

在这个过程中，教育学相关理论和原则成为有效指导辅导员工作课程化的重要基石。其中核心的有以下两个方面。

1. “以人为本，身心全面和谐发展”原则与辅导员工作课程化模式

教育要坚持“以人为本[1]”。人的发展目标一般由以下两部分组成。

（1）就教育所要培养出的人的身心素质做出规定[2]

（2）就教育所要培养出的人的社会价值做出规定[3]。

所以，以人为本的教育理念，尽量可从自然、社会和人的本质来寻找

[1] 就是教育要着眼于人的发展，承认人有巨大的发展潜能，肯定人的价值，确立人的主动性，重视人的能动性、创造性、身心和谐性，并希望通过教育使人得到全面自由的发展。

[2] 指明受教育者在知识、智力、品德、审美、体质诸方面的发展，以期使受教育者形成某种个性结构。

[3] 指明这种人符合什么社会的需要或为什么阶层的立场和利益服务。

教育的规律和内容。教育应是顺应人的禀赋，提升人的潜能，完整而全面地关照人的发展。随着教育在经济社会发展中的地位越来越高，作用越来越明显，教育内容也有机会一直进行扩充。教育从一般角度来说，基本上都是以全方位的教育内容，把人塑造成品德高尚[1]、身心健康、学识素养丰富[2]、具有创新能力和国际视野[3]的现代综合型、适应型、发展型人才。

高校辅导员工作课程化一定要坚持以人为本的理念和原则。这既是由大学生发展现状决定的，也是以人为本思想引导的必然结果。

2. 因材施教原则与辅导员工作课程化模式

因材施教原则是教育中非常重要的原则之一，可以说，如果教育的个性缺乏，那就不是真正的教育，因材施教原则强调高校辅导员要依照不同学生的个性、特长等，从学生的实际出发，施以不同的教育内容，使用不同的教育方法，分层次、分个性地教育教学；同时也强调充分发挥学生的主体性和自主性，让每个学生都能得到充分的发展。因材施教原则是实施素质教育、并让学生可以全面发展的基础。这实际上既是对辅导员的要求，又是辅导员工作课程化的核心特征。

学生在不同的年龄阶段和学习阶段会有不同的心理特点，同一年龄段的学生，因为遗传因素、环境条件和所受的教育不同的缘故，又会具有不同的个性特点。所以实施辅导员工作课程化，开展教育教学，首先可以从某种程度照顾到学生的不同年龄特点以及他们的个性特点。

现在大众化高等教育已经非常普及，学生的思想差异、行为差异、习惯差异也很大，如果家庭不同，那么本身的社会地位以及一些价值标准，日常的生活方式，教育孩子的方法等方面都不可避免地出现很大的差异，而这种差异，也一定会在某种程度上影响学生的社会化过程，并让他们在进入专门的教育机构时带有不同的状况，他们构成了学生在校接受社会化的基础。由此可见，辅导员一定要以差异化的、发展性的眼光看待学生的特点，既看到学声心理的共同特征，更应关注学生心理及行为方式的差异性。因材施教就是依照学生的不同需求，可以很快地变换工作的方法和手段，然后在工作中掌握主权，并适当地给予他们人生指导。

要想进行因材施教，进行层次教育，要熟悉和了解学生，将对学生的

[1] 品德高尚应是具有社会主义核心价值观念、道德修养和民主精神，具有高尚精神境界和良好个人品位，具有良好的身体素质、心理素质和社会适应承受能力。

[2] 学识素养丰富，应该具有广博的、综合性的科学和人文知识技能和文化、思想、活动经验，具有学习能力、解决问题的能力、组织交往协作的能力、自我管理能力等。

[3] 国际视野是指具有文化自信、平等尊重、差异包容和精神超越的国际理念、国际交往和国际合作能力，具有全球化视野和多元化交流能力。

深入了解和研究作为教育学生的前提和手段，让辅导员在今后的教育工作中有的放矢，弥补其薄弱环节，改变其发展不平衡的状况。它一方面要求辅导员自身克服主观主义，应该从学生出发，另一方面强调要深入了解学生的个性特点和内心世界，依照学生特点有明确的目的性和针对性地展开教育，并依照学生年龄特征有计划地予以教育。在整体教育目标指导下，对大学生开展层次教育，并在此基础上搭建学生一支持续向上发展的阶梯。

综上而言，要促进全体大学生的全面发展，就要坚持因材施教的原则，它既是辅导员工作课程化中的重要的教学原则，又是教育本质的内在规定。

（三）高校辅导员工作课程化模式的心理学依据

心理学是研究人的行为与心理过程的一门学科。它的研究对象是人，除了会注意到人们在各种情境下行为方式的特点与规律，又研究该部分外显行为内在的心理过程与规律。所以作为学生健康成长的知心朋友，高校辅导员想要了解学生的心理发展规律和它们心理发展的特点，就得要做好学生的心理咨询和辅导工作，其采取课程化形式开展工作也一定要遵循心理学原理。

1. 掌握学习规律，对学生学习进行正确引导

学习是个体在一定情境下，因为某些反复的经历而产生的行为或行为潜能的比较持久的变化。大学生的学习包括态度、行为、知识和技能等多方面的学习内容，是广义上的学习，而不是只有专业知识的狭义层面的学习。大学生自己参与志愿者活动，能够体验到助人的乐趣，并在此基础上经常从事助人的工作，这也是一种学习。

学习的相关理论主要包括两个，第一个是联结主义的学习理论，第二个是认识的学习理论。联结主义的学习理论的重点主要在于学习中的刺激与行为反应，所以又称为“刺激—反应”理论，而认知的学习理论的重点主要在于学习发生的内在机制。

联结主义的学习理论由两个主要的理论构成，即经典性条件作用和操作性条件作用。在操作性条件作用中，行为带来的结果——“强化”是影响学习的主要因素。美国行为主义心理学家斯金纳将强化分为正强化[1]和

[1] 是指人们的某种行为带来令人愉快的结果，人们通过增加这种行为使得这种令人愉快的结果得到进一步强化。

负强化❶。除了强化之外，行为还可能带来惩罚，惩罚将降低行为再次出现的概率。大学里设立的各种奖学金，都可视为大学校园里的正强化物，而各种违纪处分都可视为惩罚。操作性条件学习理论为我们提供了一个分析奖罚工作的不同视角，即设立各种奖学金，促进学生好好学习，并对违纪学生施以处分，从而有效减少了学生违纪行为。

心理学家班杜拉认为，许多行为是通过观察学习得来的。观察学习是形成社会行为的基础，如用成语来概括，那就是“见贤思齐”“言传不如身教”。观察学习是在社会环境中，经过对别人的行为表象及其行为后果的观察而间接学到的。比如，看到别人上课迟到被老师点名很难堪，所以就要求自己不能迟到，这就是观察学习。在观察学习中有两个重要因素，一个是自我规范❷，另一个是自我增强❸。辅导员在工作中常常应用这个理论，那就是树立榜样，通过树立各种榜样，让更多的学生了解、观察到优秀者的行为特点而加以学习。

2. 了解大学生心理发展规律，对学生进行个性化辅导

人的发展是指人类身心的生长和变化，如同一条蜿蜒的长河，时而激流勇进，时而平静流淌。人的心理发展是人类发展的一个重要部分。研究者们一直在关注：在人的发展的各个阶段，心理是怎样发展变化的？在社会性方面和认知能力方面各有什么特点？这些发展变化在人的生活、教育和工作中具有怎样的意义？

美国著名心理学家埃里克森将个人的整个发展历程分为 8 个阶段：婴儿期、儿童早期、学前期、学龄期、青年期、成年早期、成年中期、成年晚期（表 3-1-1）。

---

❶ 是指人们的某种行为带来令人厌恶的结果，人们通过增加另外某种行为使得这种令人厌恶的结果不再出现。比如“上课点名”可被视为“负强化”：上课迟到会被老师点名，这种点名让迟到者很不舒服，那么迟到者就增加准时出勤的行为。两种强化都会增加行为再次发生的概率。教师通过对强化方式的不同选择，可以精确地调节学生的行为。

❷ 指学习者在模仿别人时，给自己定一个标准，用来自我考量、自我修正。

❸ 是指自我规范的结果会让自己很满足，会进一步模仿这种行为，这种心理效应称为自我增强。某个大学生看到其他人每天锻炼很健康，也给自己制订了锻炼计划，这就是自我增强。

表 3-1-1 人发展的 8 个阶段

阶段	心理危机	发展顺利	发展受阻
婴儿期	对人信赖 VS 不信赖	对人信赖，有安全感	缺乏安全感，焦虑不安
儿童早期	活泼自动 VS 羞怯疑虑	能自我控制，行动有信心	自我怀疑，行动畏首畏尾
学前期	主动自发 VS 退缩内疚	有目的方向，能独立进行	畏惧退缩，无自我价值感
学龄期	勤奋进取 VS 自贬自卑	有求学、做事、待人能力	缺乏生活能力，多失败感
青年期	自我整合 VS 角色混乱	自我概念明确，方向确定	生活缺乏目标，彷徨迷失
成年早期	亲密友爱 VS 孤独疏离	情感满足，奠定事业基础	孤独寂寞，无亲密关系
成年中期	精力充沛 VS 颓废停滞	热爱家庭，培养后代	自我放纵，不顾未来
成年晚期	完美无憾 VS 绝望厌倦	随心所欲，安享天年	悔恨往事，徒然悲叹

埃里克森认为，青年期是发展过程的关键时期。这一时期的青年第一次独立面对人生很多重大问题：专业学习、职业选择、交友婚姻等，同时还要承载父母高度的期望、同辈的竞争、个人理想的追求等压力，从而表现出多种角色的冲突和不确定性。角色的不确定性导致自我概念和同一性混乱，从而出现埃里克森所说的同一性危机。因此，埃里克森指出，个体进入青年期的发展课题是自我同一性的确立，防止同一性混乱。

处于自我同一性边缘时期的大学生，即便拥有很多社会责任与义务，但因为还在学习期的缘故，并没有完全地尽到责任和义务，所以属于一种边缘人。在延缓所承担的义务和责任的同时，青年在学习的同时，也在实践着很多其他角色，目的就是形成各种本领。对辅导员而言，这个理论的启示是：学生在自我同一性形成的过程中，因为角色冲突和自我发展需要的缘故，他们在行为和思想上与规则、伦理甚至法律产生不同程度的冲突，对此要有一定的宽容性。最重要的是，辅导员要尽可能地给予丰富多彩的、积极健康的活动，给学生充分的探索空间，让他们有机会在正面的探索活动里慢慢地认识自我。在这个认识自我的过程中，也能渐渐让学生制订自己的人生规划，并为之后的就业做准备。

（四）高校辅导员工作课程化模式的管理学依据

高校辅导员是高等学校的基层管理者，承担着对高校学生的教育管理任务。面对一群高素质的管理对象，辅导员必须非常熟悉并且能够掌握管理学的基本原理，在日常工作里要将管理学的思想贯彻下去，坚持管理学的基本原则，同时可以运用科学的管理方法和技巧完成对大学生的教育管理工作。

1. 管理者的概念与辅导员工作课程化模式

一个组织的管理者具有极其重要的作用。经典管理学的著作都指出：一个组织的生存发展、兴衰存亡在很大程度上取决于管理者的决策；一个组织的良好发展，有赖于科学、严格的管理，而科学、严格的管理要依靠管理者设计、拟定和实施一整套符合组织所处环境的管理制度；一个组织的业绩在很大程度上依靠组织中各部门之间的协调和配合；一个组织的目标能否实现和其发展好坏，都要依靠组织中广大成员的工作热忱和奉献精神。要充分调动广大员工的积极性和创造性，需要管理者鼓足人们的干劲，开展深入细致的思想政治工作。另外，合格的管理者往往是组织创新者和改革者，带领整个组织开拓创新，指引整个团队的发展方向。

辅导员作为高校学生工作的管理者，对于班级或团队建设，对于大学生教育，对于实现学校教育目标，维持校园和谐稳定等，具有极其重要的作用。做好大学生思想政治教育和管理工作，辅导员要善于发现和总结大学生教育管理工作规律，深入研究大学生思想动态和心理变化特点，明确教育思路和目标，准确把握各种复杂局面和突发事件，灵活提出各种应对措施，成为一名有统筹组织能力，善于协调各种关系，能最大限度地调动各方面的因素，实现管理效益最大化的优秀管理者。而实施和推进高校辅导员工作课程化，能最大限度发挥高校辅导员管理者、教育者的角色，它使高校辅导员行使管理者角色的途径程序化、规范化，使高校辅导员行使教育者角色具体化、科学化。

2. 管理学的思想工作与辅导工作课程化模式

辅导员在确定自身管理者的角色定位后，要按照管理学的思想进行日常管理。所谓管理，就是在特定的环境下对组织拥有的资源进行有效的计划、组织、指挥、协调和控制，以便实现既定的组织目标的过程。对于辅导员而言，就是组织其所辖的班级或者团队，帮助其所管理的学生或团队更好地学习、生活、工作、成长和发展，对他们的日常生活和学习进行规划、组织，协调他们之间的关系和矛盾，指挥他们完成各项活动和任务，并在此过程中进行有效的控制，以实现学校教育的最终目标。为了完成管理者的使命，高校实施辅导员工作课程化模式是最佳途径。

首先，高校辅导员工作课程化模式构建需要做好充分的准备。既要论证其必要性、可行性，又要制订教学大纲，不仅要构建课程体系，而且还要进行绩效评价，是计划、组织、指挥、协调和控制等管理思想的具体再现。

其次，高校辅导员工作课程化模式实施需要精心组织，周密计划。既要考虑社会背景、组织结构、校园文化、学生特点等因素，又要考虑因时、因地、因人、因事而异的管理方式、方法，把管理置于可控范畴，充分体现了效率和效果、数量和质量的关系，是辅导员为了实现对学生的思想教育和学业帮扶，履行辅导员的岗位职责而采取的一种科学方式。不是为管理而进行管理，而是服务于高校教育目标的实现。

3. 管理的原则与辅导员的工作课程化模式

明确管理者的角色定位，具备管理学的思想后，辅导员在管理过程中要遵循管理的原则。对管理的原则，学界还没有统一的说法，目前被普遍认可的是著名的法约尔 14 项管理原则：①合理分工；②权利和责任；③纪律；④统一指挥；⑤统一领导；⑥个人利益服从整体利益；⑦合理的报酬；⑧集中统一；⑨等级制度；⑩组织秩序；⑪公平原则；⑫人员的稳定；⑬首创精神；⑭人员的团结。

这些管理原则是指导辅导员工作的基本行为准则。贯彻这些行为准则，可以提高辅导员的工作效率，强化其工作效果。而为了贯彻这些管理原则，高校辅导员工作课程化模式实施必须遵循 4 项原则（图 3-1-3）。

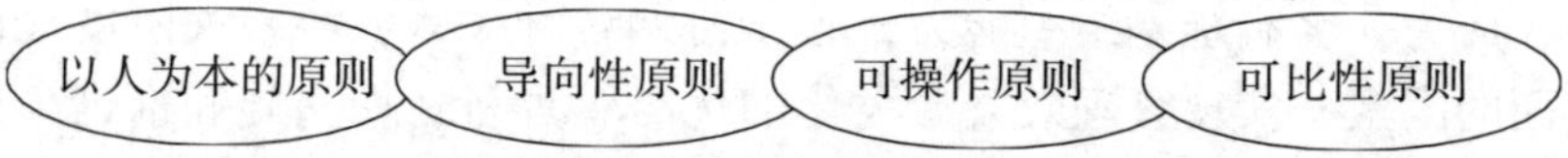

图 3-1-3　4 项原则

这 4 项原则既为大学生和辅导员的全面发展提供一切有利条件、结构、机制和环境，又建立了科学、适用、规范的课程评价指标体系及标准，也减少了评价主体在考评打分过程中过多的主观性，避免由于感觉评价带来的首因效应、近因效应和晕轮效应，这是法约尔 14 项管理原则的细化和具体化。例如，辅导员工作课程化模式实施中，合理分工是十分必要的，它包括两方面内容：一方面是辅导员自身的合理分工，即辅导员工作的专业化划分，有专门做思想工作的辅导员，有专门负责学生事务的辅导员，有专门负责学生职业规划和心理咨询的辅导员。这种分工使得辅导员工作规范有序且能发挥每个人的专长，因此设置了基础指导课，另一方面是指辅导员在大学生日常活动管理中，要对学生工作进行合理分配，不同任务由不同人来完成，取长补短，分工合作，促进工作的有效进行，因此设置了专项指导课。

4. 管理者的素质与辅导员工作课程化模式

管理学对管理者的素质有具体要求，主要包括以下三个方面。

（1）品质方面。首先，要有强烈的管理意愿和责任，这样才能最大限度地调动和发挥管理者的主观能动性；其次，要求管理者具有良好的心理素质，良好的心理素质是现代管理者能力的内在基础，对管理活动效能影响极大，作为一个现代管理者，要培养自己健全的心理素质。

（2）知识方面。现代管理是一项复杂的系统活动，它要求管理者既谙熟管理的职能和原理，又掌握管理的方法和技术，这就需要管理者具备深厚的专业知识和足够的知识跨度。具体地说，就是要求管理者具有“三维知识结构”，即知识的深度、广度和时间度。深度指管理者对知识精通而不是一知半解，能系统深入地掌握知识的理论框架和实务操作。广度指管理者的知识面宽，即不仅掌握本专业或本岗位的系统知识，还应熟悉现代化管理知识和各种相关知识。就管理者而言，需要掌握的相关知识有心理学、社会学、人际关心学、公共关系学、营销学、谈判学、历史学等。时间度是指管理者的知识要适应经济时代的要求，要不断地进行知识更新、补充。

（3）实际技能方面。现代管理者很多时候是一种艺术，它需要管理者掌握各种技能，娴熟、平稳地解决各项问题，这些技能不仅包括相关专业技术层面的技能，还包括处理人际关系的人际技能以及可将问题提升、提炼的概念技能等。

由此可见，为了实现大学生思想政治教育目标，提高高校教育水平，高效地完成自己的管理使命。在课程化模式下，高校辅导员需要从各方面提升自己的素质，加强责任感与管理意识，培养健全的心理素质，学习、拓展和补充各种知识，锻炼和提高自己各方面的技能。

管理学的概念、思想、原则及管理者素质，要求高校辅导员工作课程化模式具有重要指导意义。课程化模式下，高校辅导员在日常工作中需要确立管理者的角色定位，树立科学的管理思想，坚持正确的管理原则，同时注重自身管理素质的提升，实现管理效益的最大化。

二、高校辅导员工作课程化模式的政策依据

（一）《关于加强高等学校辅导员班主任队伍建设的意见》

2005 年 1 月，教育部出台《关于加强和改进高等学校辅导员、班主任队伍建设的意见》，为高校辅导员工作课程化又一次提供了政策依据。

1. 强调加强辅导员队伍建设的重要意义

该文件指出："加强辅导员、班主任队伍建设，是加强和改进大学生思想政治教育和维护高校稳定的重要组织保证和长效机制，对于全面贯彻党的教育方针。把大学生思想政治教育的各项任务落到实处，具有十分重要的意义。要从战略和全局的高度，充分认识新形势下加强辅导员、班主任队伍建设的特殊重要性和紧迫性。"

2. 确立了辅导员选聘原则，明确了辅导员培养、工作发展以及与学生的配备比例

该文件指出："高等学校要高度重视辅导员、班主任的选聘工作，必须坚持政治强、业务精、纪律严、作风正的标准，把德才兼备、乐于奉献、潜心教书育人、热爱大学生思想政治教育事业的人员选聘到辅导员、班主任队伍中来。""专职导员原则上要从党员教师和党政干部中选聘。专职辅导员应关心热爱学生，善于做大学生思想政治工作，具备较强的组织管理能力、群众工作能力以及语言和文字表达能力。有条件的高等学校可以根据工作需要，从本校免试推荐的硕士生、博士生中择优选聘专职辅导员，专职从事辅导员工作一段时间后，再攻读研究生学位。班主任应从思想素质好、业务水平高、奉献精神强的教师特别是中青年教师中选聘，原则上应具备相关学科专业背景和较强的组织管理能力。""辅导员、班主任的选聘工作要在学校党委统一领导下，采取组织推荐和公开招聘相结合的方式进行。要在保证数量的基础上，不断优化结构，提高辅导员、班主任的工作能力和水平。""高等学校广大教师特别是党员教师要把担任辅导员、班主任工作作为教书育人应尽的责任，积极主动承担这一光荣任务。"在此基础上，该文件进一步指出："高等学校要根据实际工作需要，科学合理地配备足够数量的辅导员和班主任。专职辅导员总体上按 1∶200 的比例配备，保证每个院系的每个年级都有一定数量的专职辅导员。"

3. 明确了加强和改进大学生思想政治教育的主要任务，为高校辅导员工作指明了方向

该文件指出："加强和改进大学生思想政治教育的主要任务，一是以理想信念教育为核心，深入进行树立正确的世界观、人生观和价值观教育。二是以爱国主义教育为重点，深入进行弘扬和培育民族精神教育。三是以基本道德规范为基础，深入进行公民道德教育。四是以大学生全面发展为目标，深入进行素质教育"。

4. 强调了辅导员在大学生思想政治教育队伍中的地位

该文件指出："大学生思想政治教育工作队伍主体是学校党政干部和共青团干部，思想政治理论课和哲学社会科学课教师，辅导员和班主任。辅导员、班主任是大学生思想政治教育的骨干力量，辅导员按照党委的部署有针对性地开展思想政治教育活动，班主任负有在思想、学习和生活等方面指导学生的职责。"

5. 首次强调高校辅导员的配备和待遇问题

该文件指出："要采取有力措施，着力建设一支高水平的辅导员、班主任队伍。院系的每个年级都要按适当比例配备一定数量的专职辅导员，每个班级都要配备一名兼职班主任，鼓励优秀教师兼任班主任工作。辅导员、班主任工作在大学生思想政治教育第一线，任务繁重，责任重大，学校要从政治上、工作上、生活上关心他们，在政策和待遇方面给予适当倾斜。"

（二）《关于加强高等学校辅导员班主任队伍建设的意见》

2005 年 1 月，教育部出台《关于加强和改进高等学校辅导员、班主任队伍建设的意见》，为高校辅导员工作课程化又一次提供了政策依据。

1. 强调加强辅导员队伍建设的重要意义

该文件指出："加强辅导员、班主任队伍建设，是加强和改进大学生思想政治教育和维护高校稳定的重要组织保证和长效机制，对于全面贯彻党的教育方针，把大学生思想政治教育的各项任务落到实处，具有十分重要的意义。要从战略和全局的高度，充分认识新形势下加强辅导员、班主任队伍建设的特殊重要性和紧迫性。"

2. 确立了辅导员选聘原则，明确了辅导员培养、工作发展以及与学生的配备比例

该文件指出："高等学校要高度重视辅导员、班主任的选聘工作，必须坚持政治强、业务精、纪律严、作风正的标准，把德才兼备、乐于奉献、潜心教书育人、热爱大学生思想政治教育事业的人员选聘到辅导员、班主任队伍中来。""专职辅导员原则上要从党员教师和党政干部中选聘。专职辅导员应关心热爱学生，善于做大学生思想政治工作，具备较强的组织管理能力、群众工作能力以及语言和文字表达能力。有条件的高等学校可以根据工作需要，从本校免试推荐的硕士生、博士生中择优选聘专职辅导员，专职从事辅导员工作一段时间后，再攻读研究生学位。班主任应从思想素质好、业务水平高、奉献精神强的教师特别是中青年教师中选聘，原则上应具备相关学科专业背景和较强的组织管理能力。""辅导员、班主任的选聘工作要在学校党委统一领导下，采取组织推荐和公开招聘相结合的方式进行。要在保证数量的基础上，不断优化结构，提高辅导员、班主任的工作能力和水平。""高等学校广大教师特别是党员教师要把担任辅导员、班主任工作作为教书育人应尽的责任，积极主动承担这一光荣任务。"在此基础上，该文件进一步指出："高等学校要根据实际工作需要，科学合理地配备足够数量的辅导员和班主任。专职辅导员总体上按 1∶200 的比例配备，保证每个院系的每个年级都有一定数量的专职辅导员。"

3. 规定了高校辅导员培养、培训途径和内容

该文件指出："建立分层次、多形式的培训体系，做到先培训后上岗，坚持日常培训和专题培训相结合。要重点组织辅导员、班主任学习马克思列宁主义、毛泽东思想、邓小平理论和"三个代表"重要思想，学习时事政策，学习管理学、教育学、社会学和心理学以及就业指导、学生事务管理等方面的知识。要适时安排辅导员进行脱产、半脱产或在职培训进修，选拔优秀辅导员定向攻读学位。教育部将会同有关部门组织开展高校辅导员示范培训，各地教育部门也要开展多种形式的辅导员、班主任培训。通过培训，不断提高辅导员、班主任的思想政治素质和业务素质"。

4. 明晰了辅导员工作和发展的政策保障

（1）解决好辅导员职称评审问题

该文件指出："要切实解决好辅导员评聘教师职务问题，根据辅导员岗位职责要求，进一步完善相应的专业技术职务评聘标准。各地教育部门和高等学校要按学校教师职务岗位职数的适当比例评聘专职辅导员的教师

职务”。

（2）统筹规划了辅导员的发展

该文件指出：“要统筹规划专职辅导员的发展。鼓励和支持一批骨干攻读相关学位和业务进修，长期从事辅导员工作，向职业化、专家化方向发展。要把专职辅导员队伍作为党政后备干部培养和选拔的重要来源，根据工作需要，向校内管理工作岗位输送或向地方组织部门推荐。高校选拔党政领导干部，要重视专职辅导员的经历。根据本人的条件和志向，也可向教学、科研工作岗位输送”。

（3）规划了辅导员发展的激励机制

该文件指出：“要完善辅导员、班主任评优奖励制度。各地教育部门和高等学校要将优秀辅导员、班主任表彰奖励纳入各级教师、教育工作者表彰奖励体系中，按一定比例评选，统一表彰。要树立一批辅导员、班主任先进典型，宣传他们的先进事迹，充分肯定辅导员、班主任在大学生思想政治教育中的贡献”。

（4）规定了辅导员队伍的管理内容

该文件指出：“要加强对辅导员、班主任队伍的管理。制订高等学校辅导员、班主任工作条例，进一步明确其工作职责和工作要求。要完善辅导员、班主任的考核制度，定期对辅导员、班主任进行工作考核。考核结果要与职务聘任、奖惩、晋级等挂钩。对工作不称职的要进行批评教育，仍无改进的应调离工作岗位。在事关政治原则、政治立场和政治方向问题上不能与党中央保持一致的，不得从事辅导员、班主任工作”。

（5）规定了辅导员的经济待遇

该文件指出：“高等学校要根据实际，将辅导员、班主任的岗位津贴等纳入学校内部分配体系统筹考虑，确保辅导员、班主任的实际收入与本校专任教师的平均收入水平相当”。

（三）《普通高等学校辅导员队伍建设规定》（教育部43号令）

2017年8月31日，教育部出台了《普通高等学校辅导员队伍建设规定》（教育部43号令），成为全国高校辅导员队伍建设的纲领性文件，以法规的形式为高校辅导员工作课程化提供了政策依据。

1. 确立了辅导员的角色定位

该文件指出：“辅导员是开展大学生思想政治教育的骨干力量，是高等学校学生日常思想政治教育和管理工作的组织者、实施者、指导者。辅导员应当努力成为学生成长成才的人生导师和健康生活的知心朋友。”

2. 明确了辅导员的要求

该文件指出："辅导员工作的要求为恪守爱国守法、敬业爱生、百人为本、终身学习、为人师表的职业守则；围绕学生、关照学生、服务学生，把我学生成长规律，不断提高学生思想水平、政治觉悟、道德品质、文化素养；引导学生正确认识世界和中国发展大势、正确认识中国特色和国际比较正确认识时代责任和历史使命、正确认识远大抱负和脚踏实地，成为又红又专、德才兼备、全面发展的中国特色社会主义合格建设者和可靠接班人"

3. 规定了辅导员主要的工作职责

（1）思想理论教育和价值引领

该文件指出："引导学生深入学习习近平总书记系列重要讲话精神和治国理政新理念新思想新战略，深入开展中国特色社会主义、中国梦宣传教育和社会主义核心价值观教育，帮助学生不断坚定中国特色社会主义道路自信、理论自信、制度自信、文化自信，牢固树立正确的世界观、人生观、价值观。掌握学生思想行为特点及思想政治状况，有针对性地帮助学生处理好思想认识、价值取向、学习生活、择业交友等方面的具体问题。"

（2）党团和班级建设

该文件指出："开展学生骨干的遴选、培养、激励工作，开展学生入党积极分子培养教育工作，开展学生党员发展和教育管理服务工作，指导学生党支部和班团组织建设。"

（3）学风建设

该文件指出："熟悉了解学生所学专业的基本情况，激发学生学习兴趣，引导学生养成良好的学习习惯，掌握正确的学习方法。指导学生开展课外科技学术实践活动，营造浓厚学习氛围。"

（4）学生日常事务管理

该文件指出："开展入学教育、毕业生教育及相关管理和服务工作。组织开展学生军事训练。组织评选各类奖学金、助学金。指导学生办理助学贷款。组织学生开展勤工俭学活动，做好学生困难帮扶。为学生提供生活指导，促进学生和谐相处、互帮互助。"

（5）心理健康教育与咨询工作

该文件指出："协助学校心理健康教育机构开展心理健康教育，对学生心理问题进行初步排查和疏导，组织开展心理健康知识普及宣传活动，培育学生理性平和、乐观向上的健康心态。"

(6) 网络思想政治教育

该文件指出："运用新媒体新技术，推动思想政治工作传统优势与信息技术高度融合。构建网络思想政治教育重要阵地，积极传播先进文化。加强学生网络素养教育，积极培养校园好网民，引导学生创作网络文化作品，弘扬主旋律，传播正能量。创新工作路径，加强与学生的网上互动交流，运用网络新媒体对学生开展思想引领、学习指导、生活辅导、心理咨询等。"

(7) 校园危机事件应对

该文件指出："组织开展基本安全教育。参与学校、院（系）危机事件工作预案制定和执行。对校园危机事件进行初步处理，稳定局面控制事态发展，及时掌握危机事件信息并按程序上报。参与危机事件后期应对及总结研究分析。"

(8) 职业规划与就业创业指导

该文件指出："为学生提供科学的职业生涯规划和就业指导以及相关

服务，帮助学生树立正确的就业观念，引导学生到基层、到西部、到祖国最需要的地方建功立业。"

(9) 理论和实践研究

该文件指出："努力学习思想政治教育的基本理论和相关学科知识，参加相关学科领域学术交流活动，参与校内外思想政治教育课题或项目研究。"

4. 明确了辅导员的配备比例

该文件指出："高等学校应当按总体上师生比不低于1：200的比例设置专职辅导员岗位，按照专兼结合、以专为主的原则，足额配备到位。专职辅导员是指在院（系）专职从事大学生日常思想政治教育工作的人员，包括院（系）党委（党总支）副书记、学工组长、团委（团总支）书记等专职工作人员，具有教师和管理人员双重身份。高等学校应参照专任教师聘任的待遇和保障，与专职辅导员建立人事聘用关系。高等学校可以从优秀专任教师、管理人员、研究生中选聘定数量兼职辅导员。兼职辅导员工作量按专职辅导员工作量的三分之一核定。"

5. 规定了辅导员选聘的条件

该文件指出："辅导员应该符合以下基本条件：（一）具有较高的政治素质和坚定的理想信念，坚决贯彻执行党的基本路线和各项方针政策，有较强的政治敏锐性和政治辨别力；（二）具备本科以上学历，热爱大学生思想政治教育事业，甘于奉献，潜心育人，具有强烈的事业心和责任感；

（三）具有从事思想政治教育工作相关学科的宽口径知识储备，掌握思想政治教育工作相关学科的基本原理和基础知识，掌握思想政治教育专业基本理论、知识和方法，掌握马克思主义中国化相关理论和知识，掌握大学生思想政治教育工作实务相关知识，掌握有关法律法规知识；（四）具备较强的组织管理能力和语言、文字表达能力及教育引导能力、调查研究能力，具备开展思想理论教育和价值引领工作的能力；（五）具有较强的纪律观念和规矩意识，遵纪守法，为人正直，作风正派，廉洁自律；（六）选聘工作要在高等学校党委统领导下进行，由学生工作部门、组织、人事、纪检等相关部门共同组织开展。根据辅导员基本条件要求和实际岗位需要，确定具体选拔条件，通过组织推荐和公开招聘相结合的方式，经过笔试、面试、公示等相关程序进行选拔；（七）青年教师晋升高一级专业技术职务（职称），须有至少年担任辅导员或班主任工作经历并考核合格。高等学校要鼓励新入职教师以多种形式参与辅导员或班主任工作。”

6. 明确了辅导员的发展与培训方法

该文件指出：“高等学校应当制订专门办法和激励保障机制，落实专职辅导员职务职级‘双线’晋升要求，推动辅导员队伍专业职业化建设；高等学校应当结合实际，按专任教师职务岗位结构比例合理设置专职辅导员的相应教师职务比例岗位，专职辅导员可按教师职务（职称）要求评聘思想政治教育学科或其他相关学科的专业技术职务（职称）；专职辅导员专业技术职务（职称）评聘应更加注重考察工作业绩和育人实效，单列计划、单设标准、单独评审。将优秀网络文化成果纳入专职辅导员的科研成果统计、职务（职称）评聘范围；高等学校可以成立专职辅导员专业技术职务（职称）聘任委员会，具体负责本校专职辅导员专业技术职务（职称）聘任工作。聘任委员会一般应由学校党委有关负责人、学生工作、组织人事、教学科研部门负责人、相关学科专家等人员组成；高等学校应当制订辅导员管理岗位聘任办法，根据辅导员的任职年限及实际工作表现，确定相应级别的管理岗位等级；辅导员培训应当纳入高等学校师资队伍和干部队伍培训整体规划；建立国家、省级和高等学校三级辅导员培训体系。教育部设立高等学校辅导员培训和研修基地，开展国家级示范培训。省级教育部门应当根据区域内现有高等学校辅导员规模数量设立辅导员培训专项经费，建立辅导员培训和研修基地，承担所在区域内高等学校辅导员的岗前培训、日常培训和骨干培训。高等学校负责对本校辅导员的系统培训，确保每名专职辅导员每年参加不少于16个学时的校级培训，每五年参加1次国家级或省级培训；省级教育部门、高等学校要积极选拔优秀辅导员参加国内国际交流学习和研修深造，创造条件支持辅导员到地方党政机关、企业、基层挂职锻炼，支持辅导员结合大学生思想政治教育工作的工作实践和思想政治教育学科的发展开展研究。高等学校要鼓励辅导员在做好工作的基础上攻读相关专业学位，承担思想政治理论课等相关课程的教学工作，为辅导员提升专业水平和科研能力提供条件保障；高等学校要积极为辅导员的工作和生活创造便利条件，应根据辅导员的工作特点，在岗位津贴、办公条件、通信经费等方面制定相关政策，为辅导员的工作和生活提供必要保障。”

7. 制订了辅导员的管理与考核方法

该文件指出：“高等学校辅导员实行学校和院（系）双重管理；学校工作部门牵头负责辅导员的培养、培训和考核等工作，同时要与院（系）党委（党总支）共同做好辅导员日常管理工作。院（系）党委（党总支）负责对辅导员进行直接领导和管理；高等学校要根据辅导员职业能力标准，制定辅导员工作考核的具体办法，健全辅导员队伍的考核评价体系。对辅导员的考核评价应由学生工作部门牵头，组织人事部门、院（系）党委（党总支）和学生共同参与。考核结果与辅导员的职务聘任、奖惩、晋级等挂钩；教育部在全国教育系统先进集体和先进个人表彰中对高校优秀辅导员进行表彰。各地教育部门和高等学校要结合实际情况建立辅导员单独表彰体系并将优秀辅导员表彰奖励纳入各级教师、教育工作者表彰奖励体系中。”

三、高校辅导员工作课程化模式的内部环境条件

自从中发〔2004〕16号文件和教育部〔2007〕43号令颁布和实施之后，大学应该创造性地贯彻落实党和关于辅导员队伍建设的文件精神，坚持科学发展观，把辅导员队伍建设作为一项战略任务来抓，采取多项措施，着力培养一支具有马克思主义理论素养、政治可靠、业务精湛、纪律严明、师德高尚的辅导员工作队伍，为辅导员工作课程化模式实施提供了良好的内部环境条件。

（一）领导重视，队伍有力

大学应站在战略和全局的高度，认真贯彻落实中共中央、国务院16号文件，教育部43号令和省委、省政府59号文件精神。全校上下充分认识到，建设一支充满生机和活力的职业化、专业化、专家化辅导员工作队伍，是进一步加强和改进大学生思想政治教育工作和维护学校稳定的重要组织保证，是培养具有创新精神和实践能力的应用创新型人才的必然要

求，对于全面贯彻党的教育方针，培养中国特色社会主义事业的合格建设者和可靠接班人，具有十分重要的意义。学校应采取有效措施，建立健全工作体制，强化辅导员队伍建设的科学化管理。

（二）完备相关制度，有力保障

1. 提升辅导员的地位

学校应不断提高辅导员的地位，在辅导员职称评聘方面，做到单设系列，单独评聘；在专职辅导员的进修提高方面与全校教师同步规划；把专职辅导员作为提拔党政后备干部的重要来源，院系按每 500 名学生设立一名科级辅导员岗位，对表现突出、成绩显著的专职辅导员，可以破格提拔任用或破格晋升非领导职务；在辅导员评优奖励方面，学校每年进行一次优秀辅导员、辅导员谈心活动先进个人、辅导员家访活动先进个人评选表彰活动，树立先进典型，宣传先进事迹，颁发证书和奖金、奖品，使辅导员在大学生思想政治教育中的贡献得到充分肯定。

2. 提高辅导员的收入

学校应该制订一些专门性的文件，在辅导员收入方面，实现与本校同级职称专任教师的平均收入水平相当。除了为辅导员发放校内岗位津贴之外，高校还需按学校同级职称上岗教师平均教学酬金为辅导员发放思想政治工作教学酬金，全校每年为此专项支出 120 余万元，辅导员年人均获得此项收入近万元。

（三）完善体制，工作有力

1. 把学生工作理念创新，构建学生工作模式

21 世纪，大学学生教育管理工作从理念上实现了 10 个转变和创新（表 3-1-1）。

表 3-1-1　大学学生教育管理工作的转变和创新

教育管理工作	21 世纪以前	21 世纪之后
教育治理	动用大量专兼职人员开展“人治”	依法治校的“法治”
教育管理理念	堵、压或简单粗暴	以人为本的“人性化管理”
管理方式	“大一统”和只强调政治、学习	尊重学生个性、关心学生心理、全面提高学生素质
管理重点	重管理轻服务	服务型管理
	重视目标管理	重视过程管理
	“灭火式”的事后教育管理	预防为主的事前教育管理
	重视一级管理	强化二级管理
	单纯依靠学生工作干部开展学生教育管理	具体的、可操作的全员教育管理
	强调学校教育管理	强调学校教育管理与学生自我教育管理相结合
	单一的人才质量观	多层次人才质量观

在此基础上，大学应确定如下学生工作理念。

（1）以学生为本。[1]

（2）立德树人。[2]

（3）科学管理。[3]

2. 建立学生工作体系

某大学学生工作体系（图 3-1-5）和院（系）学生工作体系（图 3-1-6）。

---

[1] 把学生作为学生工作的价值主体，确立学生的主体地位，把尊重学生、理解学生、关爱学生、满足学生的需要、促进学生的全面、协调、可持续发展，作为学生工作的根本价值取向。

[2] 把社会主义的核心价值体系融入教育的全过程，提倡五育人：教书育人、管理育人、服务育人、环境育人、文化育人，引导学生树立正确的世界观、人生观、价值观、荣辱观，努力培养德智体美全面发展的社会主义合格建设者和可靠接班人。

[3] 在学生教育管理中，坚持依法管理、人性化管理、目标管理、事前教育管理、学校教育管理与学生自我教育管理相结合。

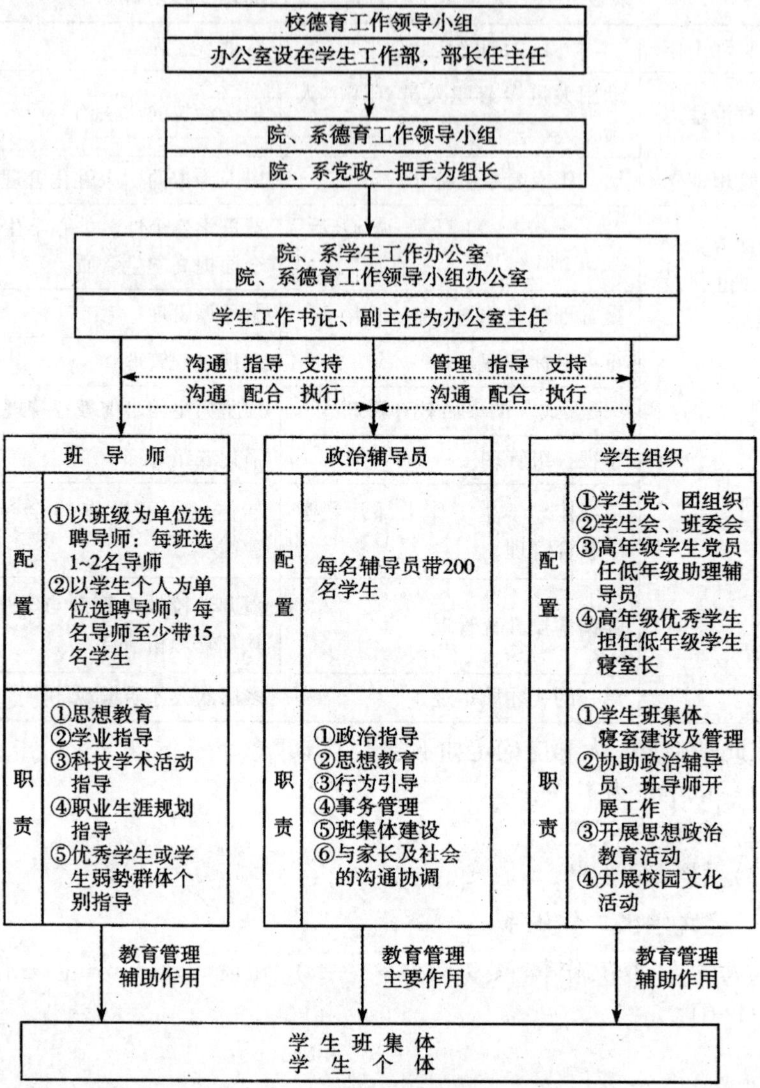

图 3-1-5　某大学日常学生工作体系

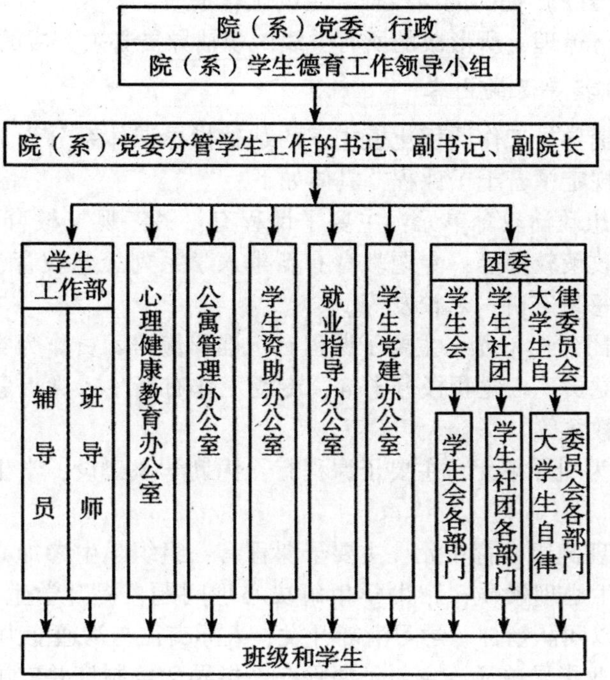

图 3-1-6　某大学学生工作体系

第二节　高校辅导员工作课程化模式下的课程体系

任何一种模式都需要完善的课程体系予以支持，对于高校辅导员来说，其工作内容与课程化模式下的课程体系有着密切的关系，下面将从课程分类以及教学大纲两大方面进行具体论述。

一、课程分类

（一）基础指导课

1. 基础指导课的概念

所谓基础指导课，是指以教育部《普通高校辅导员队伍建设规定》

（教育部43号令）提出的高校辅导员的工作职责为框架，对高校辅导员的工作职责进行梳理，所形成的所有一线专职辅导员必须完成的课程。

2. 基础指导课的内容

某大学辅导员工作课程化模式下的基础指导课体系分为6个单元，每一个单元又规定了若干子课程，具体如下。

（1）思想政治教育单元：主要子课程有："三观"教育，"主旋律"教育，形势政策教育等；专题教育有新生入学系列思想教育、"太阳石精神"教育、每班宣讲一名校友等。

（2）党团建设单元：主要子课程有：推荐优秀团员作为党的发展对象工作，学生党员、入党积极分子等；专题工作有新生入党启蒙教育、学生党员先进性教育等。

（3）行为引导单元：主要子课程有：优良学风建设，学生文明行为督导等。

（4）心理健康教育单元：主要子课程有：组织学生参加心理测评及访谈，了解学生心理素质；帮助学生解决心理问题，提升学生心理素质等；专题教育有以团队精神、学习潜能开发、人际交往与沟通能力等。

（5）就业指导单元：主要子课程有：指导学生制订并实施职业生涯规划，就业指导，创业指导，就业服务，专题工作，组织学生参加就业洽谈会等。

（6）资助与服务单元：主要子课程有：家庭经济暂时困难学生界定，各类奖助学金评选、发放，指导学生开展勤工助学工作，指导学生申请国家助学贷款等。

（二）专项指导课

1. 什么是专项指导课

所谓专项指导课是指以教育部《普通高校辅导员队伍建设规定》（教育部24号令）提出的高校辅导员8项工作职责为框架，高校专职辅导员根据工作岗位分工所必须完成的课程。

2. 专项指导课的内容

某大学辅导员工作课程化模式下的专项指导课体系分为9个单元（图3-2-1）。

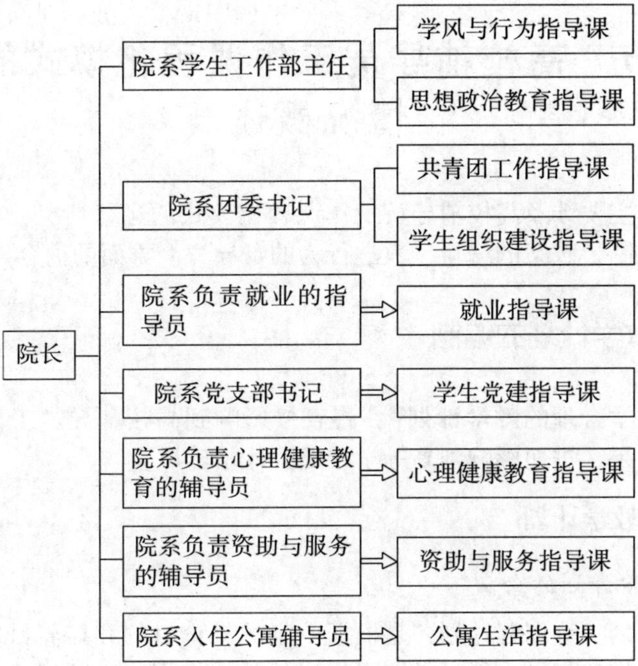

图 3-2-1　专业辅导课的具体分工

二、教学大纲

（一）教学大纲的概念

教学大纲是指学校每门学科的教学纲要。其中包括教学目的、教学要求、教学内容以及讲授和实习、实验、作业的时数分配等。[1] 有的教学大纲还包括参考书目、教学仪器、直观教具等内容。

（二）教学大纲的性质

教学大纲是编写教科书和教师进行教学的主要依据，也是检查和评定学生学业绩和衡量教师教学质量的重要标准。

[1] 根据教学计划，以纲要形式规定一门课程教学内容的文件。包括这门课程的教学目的、任务、教学内容的范围、深度和结构、教学进度以及教学法上的基本要求等。

第三节 高校辅导员工作课程化模式的运行情况概述

本小节主要涉及高校辅导员工作课程化模式的运行情况，具体包括教学计划的编制、教案的编写、教学行为的督导三个方面的内容。

一、教学计划的编制

编制科学合理的教学计划[1]，将直接影响到高校辅导员工作课程化的教学运行效果，进而影响到高等学校的人才培养质量。

（一）教学计划

1. 教学计划的含义

教学计划又称课程计划，是根据一定的教育目的和培养目标制订的教学和教育工作的指导文件，是课程设置的整体规划，它既规定了不同课程类型相互结构的方式，也规定了不同课程的学习要求及其所占比例。同时，对学校的教学、实习、课外活动等作出全面安排，具体规定了学校应设置的学科、课程开设的顺序及课时分配，并对学期、学年、假期进行划分。

2. 高校辅导员工作课程化模式的教学计划

在实施辅导员工作课程化模式的进程中，依据相关的理论、政策和学校自身的环境条件，将辅导员工作课程化模式的课程体系规划为《基础指导课》和《专项指导课》两个模块。辅导员工作课程化模式的教学计划实际上就是《基础指导课》和《专项指导课》的课程计划，是对辅导员工作内容的整体规划，是辅导员工作行为的统一规范，具体规定了辅导员工作课程的课程类别、教学内容或项目、教学形式、授课对象、学时分配等内容，并按照学期和学年进行划分。

（二）教学计划的编制

高校辅导员工作课程化模式教学计划的编制，主要是在高校辅导员工

[1] 教学计划是实现高等院校人才培养目标和基本规格要求的总体设计蓝图和实施方案，是学校组织和管理教学过程的主要依据，也是学校对教育、教学质量监控与评价的基础性文件。

作课程模式课程体系的总体框架下，具体针对《基础指导课》和《专项指导课》两个课程模块，依据高校辅导员工作课程化模式的教育目的和培养目标，根据教育部、省教育厅及学校有关文件规定的辅导员工作职责，重点结合学校的年度学生工作要点和院系的年度学生工作计划而完成的。

二、教案的编写

教案是针对一节课的具体详细安排，是教师备课工作中的最后一个环节，也是备课过程中最为全面系统、深入具体的一个环节，是保证教师有计划、有步骤地上好课的必备手段。编写教案对提高教学质量，提高教师的理论与实践教学水平有着重要的意义。

（一）教案的定义

教案是教师为顺利而有效地开展教学活动，根据教学大纲和教科书要求及学生的实际情况，以课时或课题为单位，对教学内容、教学步骤、教学方法等进行的具体设计和安排的一种实用性教学文书。教案通常又叫教学设计，包括教材简析和学生分析、教学目的、重难点、教学准备、教学过程及练习设计等。

（二）教案编写要求

（1）要以教学大纲和教材为依据，做到目的明确，要求适当。

（2）要处理好教与学的关系。[1]

（3）做到教书育人。[2]

（4）要注意学科特点，加强实践性教学。

（5）要求环节完整、结构合理、思路清晰、繁简得当、时间分配合理，使教案能对课堂教学活动起到指导作用。

（三）教案编写内容

教师必须在认真学习教学大纲、钻研教材、了解学生、考虑教法的基础上，根据授课计划，对各种教学形式编写出教案。一般说来，教案包括以下几个方面：教案封面、教案正文及课后分析。

---

[1] 教师要创造良好的学科情境，使师生共同置身于情境之中，从探索中提出问题、解决问题、总结规律。同时，教师还要研究如何设计启发和点拨学生的思维程序及要点。

[2] 教案对于开发学生智力、培养学生灵活运用所学知识解决实际问题的能力以及思想教育也应有足够重视。教案编写过程要有计划，将思想教育、能力培养融入知识传授之中。

(1) 教案封面：教案封面的内容主要包括课次、授课时间、授课班级、课题、教学目的与要求、教学重点、教学难点、课的类型、教学方法、教具、教学进程等。

(2) 教案正文：教案正文由导言、教学内容安排和课堂小结组成。正文一般以组织教学内容、设计教学程序为线索，辅以课堂活动的安排，教法、教具的运用，板书、版图的布置，新旧知识和教学环节之间的过渡等说明，并按教学步骤做出时间安排。

(3) 课后分析：课后分析是教师对教案实施后的课堂教学成败的分析。主要对教学程序的设计情况和时间掌握情况的分析，教法及重难点解决的分析，各项教学内容之间的过渡情况及板书、板图的布置情况分析。

三、教学行为的督导

(一) 高校辅导员模式培训的意义

通过专题培训，对辅导员工作课程化模式进行全面解读，详细讲解了辅导员工作课程化的内涵、意义、实施依据、内容体系等内容。使辅导员工作课程化这项工作进一步深入人心，帮助全体辅导员明确了工作课程化的内涵、课程构成、原则、意义和任务，进而促进了全体辅导员牢固树立责任意识和服务意识，积极探索和掌握学生工作的规律和方法，不断提高工作能力和水平. 努力履行学生学业的促进者、生活的指导者、思想的解惑者和人生的导航者的辅导员使命。

(二) 高校辅导员工作课程化模式落实情况督查

1. 教学计划的审核

辅导员个人的学期课程化教学计划编制完成后，交由所在院系主管学生工作的书记、副书记进行审核。院系主管学生工作的书记、副书记依据学校年度学生工作要点和所在院系年度学生工作计划，同时结合所在院系学生工作特点和学期重点工作，对每一名辅导员的教学计划进行审核，对存在问题的教学计划提出整改意见并督促辅导员限期完善，最终将审核合格的辅导员课程化教学计划上交校党委学生工作部进行备案。

2. 教学计划落实情况检查

辅导员个人的学期课程化教学计划编制完成并审核通过后，教学计划的具体，实施与落实则成为辅导员工作课程化教学运行过程的关键环节。

辅导员个人的课程化教学计划落实情况的督导与检查工作，主要由院系主管学生工作的书记、副书记来完成。院系主管学生工作的书记、副书记依据“相关学生工作计划落实情况及教学目标实现情况”这两项最重要的指标，对每一名辅导员的教学计划落实情况进行检查和考核。考核的最终结果将纳入辅导员的学期及年度绩效考核体系，直接与辅导员的思想政治工作酬金相挂钩。

第四节　高校辅导员工作课程化模式下的绩效考核及创新

绩效考核与高校辅导员工作息息相关，其包含的内容也随着我国高等教育的发展得以扩充。目前，高校辅导员工作课程化模式的绩效考核也开始迎合时代发展趋势，呈现出创新性的特征。本小节就将主要论述高校辅导员工作课程化模式下的绩效考核与工作创新两部分内容。

一、高校辅导员工作课程化模式下的绩效考核

（一）绩效考核的理论概述

据了解，高校辅导员绩效考核是最近这几个年头我们的国家高校专家、学者研析的一个比较热点的话题，各高校在结合自己具体状况的基础上，制定、实施了很多有效措施，也取得了很明显的成绩和效果。

在高校辅导员工作课程化模式下，一定得做好对辅导员的绩效考核工作，使辅导员工作的主动性、创造性得以提高，以此为基促使高校辅导员工作课程化一直向更深层次发展。

1. 绩效考核定义

绩效考核是依据一定要求实施合理措施，检、评组织员工对职务所要求的职责的履行程度，以确定其工作效果怎么样的一种很有效的管理措施。

它能体现员工的具体能力与对某类工作岗位的适应程度。

它以员工为考察点，希望通过对他们展开的全面的核准，判断他们到底是不是很称职，并以这个作为组织人力资源管理的依据之一，使员工的报酬、晋升、激励等方面得以保障，让其具有一定的合理性。

2. 绩效考核的主要内容

(1) 工作态度

工作态度主要指纪律性、主动性、团队意识等，在考核里是一个不可缺少的因素❶。

对员工的工作态度进行考核，提倡员工尽情展现现有的工作能力，最大限度地创造良好业绩。

(2) 工作能力

工作能力是个体业绩的基础和隐含条件：工作能力涵盖好几个要素，有知识、技能、工作经验等。

能力考核是希望看到员工在哪些方面还存在不足，确定哪块在将来的培训里得提高，哪些岗位的任职条件得变化。

(3) 工作业绩

工作业绩主要表示员工的工作成果与效率。一般，其能够从数量、质量和效率等进行评价。

工作业绩也可以被认为对员工职务行为的直接结果展开评价的过程，这个评价过程不仅可以反映各级员工的工作哪些完成、哪些未完成，还可以促进员工有计划地完善工作，以实现组织向前发展的目标。

(4) 工作潜力

工作潜力测评主要指的是：把握好员工的价值，针对员工在现在工作里面缺乏机会展现出来的能力评价，以便有益于规划员工的职业前进道路和方向。

(5) 适应性评价

适应性评价基本上就是为了处理好两个关系。

①人与工作的关系——人的性格能力可以达到工作的标准。

②人与人的关系——人与组织、与周围人的人际关系。

3. 绩效考核的基本原则

(1) 客观考评的原则

最基本的考核原则，一方面在考核方式的设定和要求的选取上要可确保客观性；另一方面，在考核结果的研究和谈论方面也得和实际考核结果应有的结论一样。

换言之：第一要“用事实说话”，第二要把被考核者与既定要求对比

❶ 其中缘由为：哪怕是有不弱的工作能力，缺乏良好的工作态度，往往也不能够完成工作业绩。

一下，而并非人和人彼此的比较。

（2）公开、公平的原则

绩效考核的考核要求与考核程序要对考核受众公开一下，得尽量降低考核者与被考核者二者对考评工作的不了解程度；考核最终的结果是什么样的也需要让考核者知道。

这为考核想要实现民主的重要方式。一方面能够使被考核者发现并指导自己的具体情况（优缺点），在此基础上让考核成绩好的人继续努力，让考核成绩不佳的人也无话可说；另一方面，还对避免考核里面也许产生的误解等有好处，以确保考核的科学、公平。

（3）全面性和完整性原则

这是与绩效考核的多维性脱离不了关系的。

绩效考核过程里面对被考核者的分析得从多方面展开：多方面收集信息，多角度观察各位被考核者，实现综合考评。

考评途径一般得多元化，考评方式常常需要多样化，考评结果必须得全面化，形成多途径、多样化、全面化的立体考评体系。

涵盖不同方面，如上级考核、下级评议等。

（4）常态化、制度化原则

对于组织来说，工作绩效考核并非开展一次就行了，员工的工作质量提高与工作效率的增进为一个一直都得进行的过程。

所以，组织绩效考核工作也一定要当作一项常态化、制度化的工作应对，这样才可以最大可能地展现出绩效考核的所有功能，对刺激员工提高工作、增进质量的愿望有帮助。

（5）注重沟通，迅速反馈原则

沟通对于考核效果来说不可缺少，对员工工作的情绪是高是低、对领导和下属的关系都存在不小的影响。

沟通可推动考核目标的实现：经由绩效沟通，员工不单单对自己的工作状态和问题有所认识，还会知道组织对自己工作绩效的期望和自己与实际绩效能力之间的距离到底有多大。

考核信息的迅速反馈也是不可缺少的，绩效考核的结果如果不迅速进行反馈，将丢掉考核的实际意义。在考核之后，再进行面谈，把考核结果迅速反馈给被考核对象，并看看被考核者有没有什么意见，在此基础上形成完善的方案，实现考评的最终想要达到的目的。

（6）差别原则

考核的等级彼此得有很明显的差别界限，针对不一样的考评，评语在工资、晋升等地方应体现出明显的差别，让考评有刺激性，提升员工的上进心。

(7) 可靠性与正确性

可靠性也叫作信度，是指某项测量的一致性与稳定性。

员工绩效考核的信度主要表示考核措施保证收集到的人员能力、工作绩效、工作态度等信息的稳定性与一致性。它重点说明的是不同评价者之间对同一个人或一组人评价的一致性。效度重点说明的则是内容的效度，即测评体现特定的工作内容的程度。

可靠性与正确性是保证绩效考核有作用性的充分必要条件，因此一个绩效考核体系要取得成功，就一定得拥有良好的信度与效度。

4. 绩效考核的重要功能

绩效考核作为一项不可缺少的人力资源管理职能，功能是各式各样的，基本上能够总结为以下几类。

(1) 管理决策功能

绩效考核通常为一种控制方式，是制定人事决策的基础。企业经由对员工工作绩效的考核，获得相关的信息，就能在其基础上制定相应的人事决策，经由奖惩、淘汰等，完成调整控制的任务。

除了这些，绩效考核还为开展薪酬管理的不可缺少的工具之一，按企业既定的付酬原则，通过合理的绩效考核结果对员工的薪酬等进行相应调整，能够发挥其应有的激励效果，完成增进工作绩效的任务。

(2) 培训开发功能

绩效考核能够确定培训标准，绩效考核是按制定的绩效要求展开的，考核结果的得出的缺点也可以当作员工的培训标准

管理者能够据此制定培训的相关计划，培训结束了再对员工展开绩效考核，还能够对培训计划与措施的具体效果如何展开分析。

除了这些，绩效考核也为开发人力资源的一种重要手段，绩效考核给了管理者与员工二者一个对员工长期事业目标和前进计划进行探讨的机会。这一机会是经由反馈考绩结果来确定的。在以前绩效的基础上，管理者向员工提出明确的建议，能够有益于其顺便找到提高绩效的措施。

(3) 增强沟通能力

将绩效考核的结果向员工展开反馈，能够促进上、下级彼此的顺畅沟通，使二者知道互相之间的期望，经由绩效考核展开沟通能够有效地提高现有的不错绩效。

这是由于：不管是在东方文化还是在西方文化里，差不多任何一名员工都想要知道自己何时能很好地完成了某项工作。同样，改进绩效不佳的措施不少，但最有效的措施常常得上下级彼此沟通才能更好实施和实现。

（二）高校辅导员工作课程化模式下绩效考核的基本情况

1. 高校辅导员工作课程化模式下的绩效考核概念

一般我们常说的辅导员工作绩效考核，主要表示的是利用系统的措施，对辅导员工作行为及其效果进行评测的过程。

高校辅导员工作课程化模式下的绩效考核，指的就是依照高校思想政治工作的课程化任务和标准，在高校辅导员工作特征的基础上，运用合理的评估措施，由人事部门、学生工作部门、院系和学生一起参与，对辅导员的思想道德素质、工作能力等方面展开全面评估，并将评估信息反馈到辅导员本人那儿的过程。

在进行辅导员评估的情况下，有关部门对辅导员的任一方面或任一要素展开评估的因子或项目，就构成了高校辅导员工作绩效评估体系。

2. 高校辅导员工作课程化模式下绩效考核的特点

（1）工作对象的特殊性

高校辅导员的工作对象和科学研人员、经管人员不一样，它是作用于社会生产力中最积极、最主动的因素——人的身上。

一个学生也可以被认为是一个世界，而世界上是缺乏完全一样的两片叶子的，辅导员将要面对的差不多有一二百个学生。因此说辅导员面对的是特殊的对象。

这些对象的心里想法是跟着时间的演变一直在连续变化的。辅导员要想对自己的工作客体展开有作用的引导，就一定得先去研究学生的思维活动，在研究其思维活动的基础上再由分析得出每一位学生的想法、思维模式等，在此条件下找到针对学生的最有作用的应对措施，并对其想法、行为等加以改变，让其正确的学习观、人生观、价值观等得以树立起来，成为对社会有益、健康的人。

（2）工作内容的烦琐性

从现在高校对辅导员工作的考核方面来看，辅导员工作内容特别多样，它与管理、教学等几个方面都有关系，这几个方面的任何一项工作内容差不多都是特别烦琐的，得让辅导员拥有比较宽博的知识，要涉猎科学领域的不同方面。

只要和学生的学习、生活以及课外活动相关的事情，都找辅导员；学校组织、宣传、学生工作部（处）、教务处、组织部等各个部门，只要是和学生相关，最后都得由辅导员去落实执行，其都有相应任务需要去完成。

从新生进校开始，至学生完成学业离开学校，或者离校之后的学生要办理的一些手续或相关事件等，还是得要找辅导员。

辅导员在工作里碰见的学生问题还是复杂的，一方面有学习方面、感情方面等不同地方，另一方面还有职业方面出现的有关问题。

作为一个辅导员，一定得时刻准备着去引导和帮助学生解决大量的问题，所以，辅导员被戏称为“学生的高级保姆”。

（3）工作时间的非固定性

辅导员的工作与一般的教员不一样，其工作时间不是一直不变的，没有一个固定的点，一定得整天任何时间都做好准备，手机得一直畅通，哪怕是节假日也不例外。

辅导员工作时间的非固定性主要可以从以下内容反映出来：辅导员从日出到日落，其间也许一直在处理学生的各样的问题、落实学校的各项任务而跑来跑去，特别是在新生入学的 2 个月和学生马上就要离开学校的时候，辅导员每天的工作时间基本上都要大于 12 小时。如果学生有突发事件，大半夜也要立刻起来解决问题并报告上级领导。

总的来说，辅导员好比一块会走路的砖，哪儿有问题就到哪儿去查缺补漏。

（4）工作价值的无限性

辅导员的工作成果不可以进行量化，辅导员的劳动价值也不能够拿标尺去量。可是高校辅导员的工作缺不了，具体表现在政治价值和社会价值两个方面。

政治价值。第一是高校与社会稳定的基础；第二为对现代化建设人才进行相应的培养的基地。

社会价值。一方面其可以对个别学生的思想等进行影响甚至改变，也许对其以后都有帮助；另一方面让学生树立起纪律意识，培养出很多良好的道德修养。

辅导员全部的工作价值反映在从量变到质变的过程里，反映在展开工作时的悉心和责任感。

（5）工作效果滞后性

辅导员工作的成绩和效果见效慢，反馈时间比较长。这项工作非常重要的一点是对学生开展观念类的教育，让学生的思想政治素质可以提高一些。

可是学生的思想和行为的增进不是一教育就能吸收的，它有一个从量变到质变的过程，这种量的变化是反复不定的、看不出来的，质变也许得几年或者十几年。

因此，辅导员的工作效果大多是潜移默化的，反映在日常教育与管理里。辅导员对学生的影响，也许在学生完成学业从学校离开很多年才能得以表现出来。

3. 高校辅导员工作课程化模式下绩效考核的现状

在高校辅导员队伍的一天比一天壮大的情况下，国家对辅导员队伍的建设愈发注重，提出了很多政策。在此基础上，每个高校依照国家及教育部的政策，也提高了对辅导员工作课程化模式下绩效考核的力度，依照本校的具体状况制定了各样式的辅导员课程化模式下绩效考核评估体系。

这可以充分表示辅导员工作课程化模式下绩效评估工作已经被各高校重视。虽然，很多学校都对辅导员工作展开了相应的考核评价，不过因为现在对辅导员工作的绩效还没有制度化、规范性和合理化的评价体系，造成辅导员工作不能以合理的方式展开测评，无论从评价主体、评价内容评价结果的反馈方面，都没有相应的可操作性和合理性，这在一定程度上对辅导员工作的主动性有影响。具体表现为以下几点。

（1）操作性不强

很长时间以来，高校对辅导员的考核基本上都是定性评价，考核指标操作性不具备，考核结果主观性较大。

近年来，定量考核被各高校加以在意，在辅导员考核里面通常都实施定量考核。但却产生了矫枉过正的状况，把考核内容全部都定量化。在具体时间里，辅导员的德能较难量化，过分的不合理量化只会引发考核的片面性。

（2）系统性不够

系统性是指绩效考核评估一定得涵盖辅导员工作所有过程的任一环节，内容指标体系可以包括辅导员工作绩效系统的任一方面与任一要素。

我们在设定高校辅导员工作绩效考核评估体系的时候，除了不可以遗漏任一指标和任一过程，还得使重点突显，有一定侧重，并对任一项目进行全面了解，依照所有项目的重要程度进行权重比例分配。

另外，还得看到指标体系内部的逻辑之间的关系，在指标体系里面尽量把研究对象的数量关系和内在规律也考虑进去，使任一评价内容都可以反映出对辅导员数量和质量的要求。

在辅导员工作考核内容方面，一些高校依照德、能、勤、绩 4 个方面并在辅导员工作特点的基础上展开对辅导员绩效考核具体内容指标体系的制定活动，不过该具体内容指标却不能够很好体现辅导员工作情况，有可能会使辅导员工作绩效考核不是非常符合标准。

（3）体系不够合理

考核和激励全都为对辅导员开展管理的不可缺少的方式，而对辅导员展开考核是想要能够对辅导员进行一定激励以便可以更好地履行岗位职责，推动辅导员自身素质的增进与学生工作水平的提高。

不过，很多高校还没有制定健全的辅导员工作量折算方案，在绩效考核里，只是对考核和工作结果的几个简单的硬性指标。比如，所带班级有没有学生闹事等，而不考虑对工作投入的分析评价。所以很多辅导员工作中有了“多做少做一个样，做好做坏一个样，做与不做一个样”的情况出现，从而造成辅导员考核体系不那么健全，缺乏一定程度上的相应的合理性。

（4）主、客观因素制约绩效考核结果的合理运用

如今，不少高校在辅导员绩效考核工作中不考虑对考评结果的具体分析和运用，耗费人力、物力等且没有效果；考评结果反馈不迅速，没有合理的改善措施。

除了这些，考评结果还没有变成辅导员晋升等的依据，其激励作用无法通过薪资的兑现和自我满足感等反映出来。

经过研究，有两方面的缘由造成辅导员绩效考核结果没有得到科学运用，即主观上的认识偏差与客观上的制度障碍。

主观上，考评的组织者表示，考评就是一个评定，看不到考评的引导和激励功效。

客观上，考评结果作为辅导员奖惩、晋升等方面不可缺少的参照标准，一定得有很多健全的配套制度对其进行保障。如今，基本上所有的高校辅导员激励制度都没什么用，辅导员事业的向前进化道路不通畅，培训机会很少。这些因素客观上造成考评结果和待遇挂钩实现不了。

（三）高校辅导员工作课程化模式下绩效考核的主要方式

1. 高校辅导员工作课程化模式与绩效考核

高校辅导员工作课程化模式下，绩效考核内容涵盖以下几个方面，它们分别指的是：《基础指导课》《专项指导课》、成果加分项、扣分项，计量单位为教分。辅导员学期工作绩效考核结果就是把 4 个方面得到的教分进行总和。

（1）《基础指导课》

《基础指导课》按照其教学大纲所列的基本上的观测点展开考核，并得出教分。

（2）《专项指导课》

《专项指导课》与《基础指导课》一样，也是按照其教学大纲所列的

基本上的观测点展开考核，并得出教分。

(3) 成果加分项

成果加分项依据以下内容展开考核，并得出所加教分。

(1) 辅导员辅导的班级、团体得到了哪些荣誉。

(2) 辅导员自己得到和学生工作有关的奖励等。

每项教分值由院系自己来顶，每人加分最多不超过20教分。

(4) 扣分项

扣分项依据以下内容展开考核，并得出所扣教分。

(1) 辅导员没有完成自己在学生工作方面的任务。

(2) 对学生紧急事件处理得不到位。

(3) 因自己工作过失导致的眼中事故等。

每项扣分值由院系自己把度，每人扣分最多不超过20教分。

2. 高校辅导员工作课程化模式下绩效考核的程序

(1) 个人总结

辅导员核准课程化教学大纲，对自己一学期的工作概括一下，并向所在院系提交相关的需要用到的材料。

(2) 学生评议

即各院系组织被考核辅导员所带班级的学生展开工作满意度测评（参加测评学生人数原则上不少于所带班级学生总数的10%）。

(3) 院系考核

院系学生工作相关的负责人按照辅导员工作绩效考核内容对辅导员的工作展开考核。

一般情况下，考核结束也还需要在院系党政负责人同意之后，才可以对院系考核结果进行确认。

(4) 校党委学生工作部审核

各院系将本院系辅导员工作绩效考核结果教导校党委学生工作部进行接下来的审核流程，审核通过后就可以得出最终的考核结果。

二、高校辅导员工作课程化模式下的工作创新

法国有位杰出的方法论者曾表示：最有价值的东西就是方法。

随着时代的演变，高校辅导员工作方法、措施等也在一直持续变化，高校辅导员工作课程化模式下，更应持续展开对辅导员工作方法的探索、创新。

（一）高校辅导员工作课程化模式下的辅导员工作方法

1. 高校辅导员工作课程化模式下辅导员工作办法与基本分类

（1）辅导员工作方法

一般我们常说的高校辅导员的工作方法，也可以被认为是辅导员依照大学生的各种特点，坚持从实际出发，结合课程化模式标准，有针对性地对学生展开教育、管理工作中所采取的一系列措施。

它是高校大学生思想政治教育成败的重要部分，更是大学生成长成才的保证。

（2）辅导员工作方法分类

高校辅导员采用的工作方法各式各样，每一种措施、方法都并非万能的，都有一定的适用范围和使用条件。依据范围、条件，能够把辅导员工作的措施、方法划分为不少类型。

依据教育职能划分，涵盖理论教育法、实践教育法等，其为辅导员工作的基本方法。在整个辅导员工作阶段，都是很重要的，而且不能彼此替代。

依据教育方法划分，涵盖疏导教育法、对比教育法等。其方法适用于各种教育内容和教育受众，是辅导员工作往往会实施的方法。

依据受教育者自身展开教育的方法划分，有自我修养法、自我管理法等。这些方法是辅导员工作一直需要关注、提倡和发展的方法。

不考虑教育方法的选择，或在辅导员工作过程中盲目使用某一教育方法，都会使辅导员工作朝不利的方向发展。

所以，辅导员在选择教育方法时，必须看所选择方法的适用范围和条件到底是不是和具体状况相适应，合理地选择工作方法。

2. 高校辅导员工作课程化模式下选择工作方法的要求

高校辅导员在课程化模式下，在进行具体工作过程中，要依照教育目标的各个标准，教育内容的不同特点，以及教育受众的性质等，选择合适的方法，得按照以下标准展开。

（1）针对性

针对性即从具体出发，用不同的方法实现不同的目标，处理不同的问题。

其根本上是要求辅导员工作方法的运用要符合思想政治教育过程的客观规律，符合人的思想品德培养的客观规律，这为现代思想政治教育合理发展的重要反映。

有针对性地运用辅导员工作方法，具体需要得要求做到以下几点。

①依照课程化模式下思想政治教育的目的和具体内容选择和运用方法

方法是人们实现目标、达到目的的工具，是为目的和任务服务的，受到目的和任务的约束。

在课程化模式下思想政治教育过程里，一些目的和任务总得有某些特定的方法来完成，方法也总是在适应某些特定的目的和任务时，才会表现出其独特的效果。

依照课程化模式下思想政治教育的目的任务，选择和运用方法，正是目的任务与具体方法彼此的辩证关系的要求，反映了思想政治教育方法的目的性特征。

②针对课程化模式下教育受众的实际特征选择和运用方法

教育受众有个体和群体的不同，更有年龄、职业等的差异。

辅导员在课程化模式下选择运用工作方法时，一定要具体问题具体的分析，一方面得思忖教育受众的家庭环境、个性特征等，还要考虑不同的人在思想道德水平方面的不一样之处与思想道德活动特征方面的差异。

(2) 综合性

在现实生活里面，因为大学生自身需求的多元化不断加深，因为社会环境影响的复杂多变性，大学生的思想问题常常十分复杂且处在持续变化之中，只依据单一的方法很难非常有作用地处理掉问题，一定得综合运用多种方法。

这就需要辅导员在实际的工作里面，综合分析课程化模式下思想政治教育体系内部各要素的特征，综合将多种教育方法运用于教育过程，并在了解不同教育方法各自特征及趋向的基础上，协调方法体系，形成整体性优势和综合性效果。

(3) 创造性

在课程化模式下，创造性地运用工作方法，是辅导员认识能力、实践能力向前进步的实际反映。需要辅导员尽量做到以下几点。

第一，坚持实事求是，与时俱进，自觉对新情况进行分析探讨，并处理好新问题，寻找新方法。

第二，吸取和运用现代合理（科学）研究成果，创新工作方法。坚持一直不断地综合运用相关学科新研究成果，使辅导员工作的科学方法论体系变得愈加丰富。

（二）高校辅导员工作课程化模式下的工作策略

随着我国工业化、信息化、市场化、国际化进程的快速发展，以及高等教育大众化、社会生活网络化和建设社会主义和谐社会的新要求，大学生思想政治教育有着新的机遇与挑战。

要想从更深层次分析教育环境、受众、途径和社会需求等多方面的很明显一眼就可以看出来的变化，高校辅导员工作课程化模式一定得使用全新的工作策略。

1. 更新工作理念

（1）树立以学生为本的理念

大学是培养人的机构，这是它存在的最重要的意义，没有这个意义，它就没有存在价值。其拥有教育职能，该职能的关键为把人当作目的，以培养“人”为天职。

在高等学校的不同工作里，学生工作以“人”为对象的特性表现得尤为明显。所以，要做好学生工作，就一定要抛掉过去的将学生作为被管理者，对其主体地位忽略的方式，树立起以学生为本的理念，把关心爱护学生当作课程化模式下学生工作的基本，把鼓舞学生当作学生工作的根本措施，把学生成才当作学生工作的目的。

在工作观念方面，完全丢掉以工作为主、以教师为主，实实在在树立以学生为主的教育理念。

在工作内容方面，要由原来的以“事”为主，前进到以“人”为主。

在工作模式方面，要对学生的主体性给予必要的尊重，尊重其前进道路中的自我选择，推动其个性化发展，这也可以被认为是我们进行工作的基础。

（2）树立可持续发展的理念

古人说“不谋全局者不足以谋一域，不谋万世者不足以谋一时”。

大学教育关注学生的整个人生发展，所以得在课程化模式标准下树立学生可持续发展的理念，让学生工作含有连续性、层级性。

尽情展现高校的育人功能，带领学生在向前进步的同时，对他们树立远大理想和长远的发展目标也有一定帮助，树立终身学习的观念和善加创新的精神，努力为以后的人生之路打好坚实的基础。

（3）树立服务的理念

一般来看，高校的建设目标有以下几点，它们分别是：教学、管理、服务。

如今，学生一方面在学业上，另一方面在就业方面等上一直都不免存在一些很大压力，所以，我们得树立服务至上的理念。

具体上讲，我们得从思想方面将学生当作是被服务的人，要从根本上改变一些部门和在和学生打交道时，不能耐心细致做工作，却对学生各种刁难的不好的现象。

(4) 树立创新制度、规范管理的理念

创新为一个民族、国家、政党赖以生存和向前进步的推动力，这已被历史规律所证明。

如今，学生工作制度的创新应在健全原来规章制度的情况下，把近年来新使用和贯彻的工作理念、工作方法等创新成果用制度予以确立并着实推广和传承，建立一系列与学校特征和当代大学生实际相匹配的学生工作制度。

在此条件下，还要对现有的各样规章制度的执行力进行再次加强，防止将个人主观放到学生工作中，实现用制度规范管理的目的，让学生可以尽情感受到学校工作不同方面的公正面貌。

除了这些，高校辅导员工作课程化模式下，还特别倡议辅导员去树立协同创新的理念等，也提出了一些配套建议。

①鼓励辅导员得去擅长用现代管理措施和信息方式，创造适合学生向前进步的、与学生身心特征相符的工作方法，让工作更动、更有前景。

②要常常渗入更深层次的学生的学习与生活里面，尤其要注意学生里面的特殊群体。

③要从更深层次中发现青年学生中的优秀典型，并树立可学的道德榜样，让工作的吸引力变得显而易见。

④要增进学习与研究，定期展开学生状况的调查分析，目的是希望可以为文件制定与措施研究提供一定帮助，迅速总结新做法，推广新经验，且一直不断地进升工作能力的提升努力，让工作进一步有影响力和源源不断的创造性。

2. 实施深度辅导

一般我们常说的深度辅导，也可以被认为在更深层次了解大学生具体状况的基础上，按照教育规律和大学生成长发展的需求，运用合理的措施，有目的地对学生展开思想、学业、心理等方面的深入辅导。

显而易见，深度课程化辅导既并非很普通的师生交谈，也并非求新，而是有着相当专业化、科学化要求的思想政治类的相关的教育活动之一。

高质量地做好深度课程化辅导工作，把思想政治教育工作实实在在贯彻下去，我们得在实践的过程里面，依照科学的原则，进行前期准备，并实施适当措施，做好跟进式的教育。

(1) 深度辅导的前期准备

细致的前期准备是深度课程化辅导取得成绩和效果的基础，是把握好辅导思路、选择辅导方式的必要环节。

①了解被辅导者

首先得尽情了解被辅导者，做到心里有底。

在深度辅导前，辅导员能够经由电话家访、看学生资料、经由其宿舍同学侧面对其进行认知等，更深层次调查了解被辅导者的思想、学习、生活等状况与个性特征，分析其现在存在的基本上的思想问题和产生问题的缘由，从而把控谈心的主动权，也为以后的深度辅导打好必要基础。

②制定辅导提纲

调查了解环节之后，一般辅导员得需要针对被辅导者的具体情况制定一个合理的、有针对性的辅导提纲，其应依照辅导的具体的进程灵活修改。

制定提纲一方面得结合学生的具体特征，另一方面得找到切入点，如大一谈“适应”、大四谈“就业”等，尽量和学生各时期的不同需求相匹配，提高深度辅导的吸引力与现实价值。

不过，辅导提纲仅仅为深度辅导时的一个借鉴，不应成为约束性的一个思想牢笼。

③选择适当时空

谈话的时空还为对深度辅导效果非常有影响的不可缺少的因素。辅导员应该依照谈话对象的性格特征和谈话的主题找一个恰当的时间、地点。

A. 表扬性的谈话

应当在事件一经发生就进行，地点没有太大要求。

B. 问答类的谈话

因为谈话时间也许并不短，应找一个在学生有充裕的时间时展开，地点应当找一个在相对安静的环境。

C. 批评性的谈话

最好是在学生情绪波动不大，地点最好选择非公开场合，让学生思忖道辅导员对自己的一定程度上的尊重，并更好地去接受批评。

(2) 深度辅导的措施

进行深度课程化辅导最好可以找准学生的主体地位，思忖学生的实际情况，采用合适的措施。常用的措施含以下几种。

①面谈法

当面谈话往往为深度辅导中最常见的措施。在面对面谈心时，采取以下方式能够得到好的效果。

A. “听”的方式

在谈心时，聆听为对学生的起码的尊重。辅导员细心听学生讲话，往往会拉近二者的情感距离，可以让学生说出自己的确切感受。

所以谈心的过程里得用心去听，还要配以主动的回应，给学生以主动的反馈，提升他们说话可持续性并不断进行下去，以此为条件让辅导员可很好了解学生的思想状况，找出学生已有的思想方面的问题。

B. “说”的方式

在深度辅导里面，辅导员不单要会“听”，更得会“说”。

首先，得对谈话节奏相当有控制力。一次非常愉快的谈话一方面除了要了切入点、重点，另一方面还需要慢慢展开，有序进行。

其次，要充分拿捏好自己的语气。辅导员真诚、柔和的语气能够让学生感受自己受他人的关爱，更容易使学生认可教育里的具体内容。

最后，要有恰当的措辞。措辞得当能够让学生更快知道辅导员想要干什么，从细节上让学生可以更快思量自己接下来的言行。

C. “看”的方式

辅导员在与学生谈心时，“看”也非常重要，除了得擅长观察学生的反映，猜度其心里感受，迅速调整谈话的措施等，还得正确利用好我们目光，这样能够有作用地促进二者的沟通，拉近二者的心理距离。

所以，辅导员得拥有眼睛会“说话”的能力，并以此为条件使谈心展开得顺当。

除了这些，在谈心时辅导员表情、动作等体态语言的运用，全得配合谈话的主题，恰当表达沟通的意图，以达成相对不错的谈话效果。

②网聊法

当代大学生是运用网络的基本群体，其对网络通讯往往也是非常熟悉。深度辅导类教育活动的进行当然也可以通过网络媒体进行，企业为深度辅导提供了一个更加灵活的时空选择，变为面谈之外的又一个不可缺少的方式。

网聊法的展开，能够尝试的具体手法涵盖以下几点。

第一点，建立辅导员校内网主页，经由对学生日志等的浏览和查看对学生具体状态更加了解，作为有针对性地进行深度辅导的参考依照。

第二点，经由QQ，微信等不同类型的交流媒介，用学生常用的、不会排斥的方式展开对话。

第三点，开设辅导员博客，把本人工作里的心得、深度辅导的主题内容以文章的形式让学生阅读。

③体验法

如果站在部分心理方面有自闭倾向的学生的角度来说，仅仅凭简单的说教也许并不能完全有益于他们的心理问题处理，辅导员后续都难以与之展开有作用的沟通。

对于这些个案，在进行深度辅导的过程中最好找一个“体验法”这种特殊的方式。

一般我们常说的体验法，也可以被认为是让学生经角色扮演、素质拓展训练等亲身体验的活动，获得教育的一种教育手段。

这种措施依据思想政治教育内化与外化辩证统一的规律：第一，辅导员得主动促使内化过程，经正面教育灌输和社会实践活动让学生有相对正确的自我认知和了解；第二，辅导员还得擅长引导外化过程，经各样形式引导学生陶冶情操、磨炼意志、展现才能，以此为条件培养学生不错的适应社会的能力。

运用这种方式的过程中，首先要为学生创造或者找一个恰当的场所，其次得在学生体验时进行亲身引领，最后还得要有对学生解决具体问题的能力的注重。

④深入学生生活，增加和学生接触的可能

作为辅导员经常与学生展开一定活动，能够对学生的兴趣、爱好等有所把握。

尤其是对大一学生，熟悉学生的兴趣、爱好，对更好培养学生很有帮助。

生活区往往为学生可以表现出真实一面的环境，辅导员对生活区的深入，如和学生在宿舍这样相对比较自由的环境里面面对面谈话，并进行好相应的记录，对找出深层次问题也会有一定好处，更有益于使工作变得更加主动。

⑤经常与专业课教师交流，从课堂侧面了解学生

辅导员应多与第一课堂的专业课教师交流，从专业课教师的立场对学生更加把握，对学生的全面了解很有效果。且对教师思想政治工作的顺利展开来说是不可缺少的。

⑥经常与家长沟通，达成共识

孩子进入大学后的具体情况，家长并非特别清楚。作为辅导员有时可以把学生在学校的具体情况反映给家长，这是对家长负责的反映。

与家长进行沟通能用电话沟通，也能用电子邮件或开家长会等进行，方式只要合理都可以，最终一个目的，就是家长与学校一起努力，将孩子造就为国家需要的栋梁。

得提到，以上仅仅是深度课程化辅导里常用的措施。在实际课程化工作里面，只要能达到深度辅导的做到，措施的选择往往没有太大限制。

（3）深度辅导的跟进教育

辅导员经每一年对所有学生至少展开一次深度辅导，能够达到课程化

的教育要求，但一次辅导的作用太小。除此之外，深度辅导里察觉到的问题，也得跟进解决。

因此，深度课程化辅导之后还得进行必要的跟进教育，才能确实巩固辅导的成绩和效果。

①有益于学生解决实际困难

《中共中央国务院关于进一步加强和改进大学生思想政治教育的意见》提出思想政治工作者得“努力解决大学生的实际问题”。

如今，大学生出现的实际问题非常多样和实际，辅导员在深度辅导里注意到学生在学习、生活里面的实际问题后，要迅速给予应对。

比如，若注意到某学生性格孤僻是由于家庭条件不太好造成的，就可以利用学校的资助体系或者勤工助学活动减轻学生的经济压力，以此为基并利用自强教育培养学生健康积极的思想品格。

②指导学生提高相应能力

如今的大学生往往对自身发展问题尤其关注。如果注意到学生的烦忧基本上都是缘由部分能力或素质的不足，辅导员即应在之后的工作里面为学生创造恰当的锻炼机会，并主动给予提倡与帮助。

比如，一些学生团队意识不强，辅导员能够将其安排到部分团队项目的活动里；一些学生组织能力较弱，辅导员能够鼓励其竞选班委或参加学生会，并下意识让其组织部分活动。

③开展针对性的主题教育

在一定时期，学生里面会已有一些常见关注的共性问题，辅导员能在学生里进行相应的主题教育活动，确保目的明确的同时还可以使效率增加。

例如，大一学生对于怎样去适应大学的学习生活全都会很迷茫，辅导员能够召开主题为“识读大学”的主题班会，有益于新生尽快适应大学生的角色。又如，在了解学生对就业文笔特别注意时，辅导员可以开设职业生涯规划方面的主题讲座等。

综合来说，尽量把以前辅导员工作里面常用的工作方式和深度辅导的跟进教育联系起来，展现更好的教育效果。

④持续关注学生改进效果

在进行跟进教育时，辅导员还得一直对学生的变化予以重视，需要的时候能够加强对学生的深度辅导。

对于深度辅导后开展的主题活动，辅导员也要迅速调查研究，主动收集学生对该类活动的评价，并迅速制定并落实改进相应措施，确实满足学生的具体需求，以增进深度辅导作用的延续巩固。

（三）高校辅导员在课程化模式下应具备的主要教学技能

1. 课程化工作模式下的普适性技能

（1）教学技能的含义

教学技能基本上表示的就是教师在各教学环节里面，依照课程化教学理论对学科知识展开相应的思考，在课程化教学经验基础上结合教学措施，将知识教给学生，让学生了解知识和使素质上升所实施的相关教学行为方式的总和。

课程化模式下的教学技能反映在教学的全部过程，反映在教学的各个环节，是教学理念的最直接反映，也是使教学水平上升、教学风格形成的基础。

课程化模式下的教学技能强，教学氛围就好，教学效果就会好，教学目标达成得就好。所以，教学技能常常被认为是教师最不可缺少的一个素质，在教学时可展现出必要的功效，对教学质量有直接影响，关系到教育质量和人才培养的好坏。

（2）教学技能分类

课程化模式下教学技能的分类研究随着时代和教育理论的向前进步而一直向前发展。一些按教学环节，一些按教学功能，还有一些按传统教学方式，都有其各自的分类要求。

总的而言，基本上会把课堂教学技能分为以下几种。

①演示。

②讲授。

③导入。

④提问。

⑤诊断。

⑥结束。

⑦讨论。

⑧补救。

从其实际内容方面看，基本上还是按照教学的层面来分类的。《教师教学基本功全书》对教师教学技能的分析重点在教学期间的学生和老师的沟通上，以沟通的想法、措施作为教学技能分类的参考，把沟通时的各要素确立为不同的教学技能。

其具体内容如下。

①导入方面的技能，引起关注、阐明意图、进入沟通。

②教学语言方面的技能，用适宜的语言描述事实、合理论证，进行

沟通。

③板书的技能，有重点有脉络、对语言沟通进行辅助。

④教态变化技能，活跃气氛、提升感情、辅助语言沟通。

⑤教学演示技能，提升感知、加强沟通。

⑥讲解技能，形成概念、了解原理和规律、认识沟通本质。

⑦提问技能，获得沟通反馈。

⑧反馈强化技能，巩固沟通成果。

⑨总结技能，总结归纳，结束沟通。

⑩组织教学技能，保证沟通顺利展开。

2. 课程化工作模式下的特殊专业技能

除了基本教学技能外，课程化工作模式下，还要求辅导员有一些特殊的专业技能。

各项特殊专业技能是高校辅导员工作课程模式平稳进行的保障，一定程度上可以最有作用地带动辅导员工作课程化模式的施行，推动辅导员队伍的不断建设和发展。

下面我们对其内容展开具体论述。

（1）心理咨询技能

心理咨询是指咨询者和来访者在拥有不错的人际关系的基础上，通过专业咨询者的专业技能更好地去应对来访者本人及其生活里遇到的有关难题。

心理咨询技能珠宝表示的是在进行心理咨询时，咨询者经由与来访者建立一种非常适宜的人际关系，对来访者产生某些影响的技能。

高校辅导员日常管理工作的基本上的对象全都为学生，这是一种既一般又很不一般的人际关系。因为心理咨询技能在高校辅导员谈话时在某些层面会产生深刻的影响。若辅导员能从心理咨询技能里获得灵感，将会使辅导员谈话工作的困难降低很多，使辅导员工作效率上升，对建立并改善师生关系也非常有帮助。

（2）心理行为训练技能

心理行为训练是以特定的心理特征为目标，营造某类情境，依靠不同刺激方式，对人的生理、心理有针对地刺激，以挖掘其心理潜能、达到最佳心理状态的活动过程。

心理行为训练的产生非常有用，为高校心理健康教育提供了一种可行而高效的方式措施。心理行为训练的特征基本有以下几个方面的内容。

第一，心理行为训练以综合体能活动为导引。行为训练的项目不管是地面还是高空项目，对学生都会产生一定的体能要求。

心理行为训练重点从学生的一些生活经验开始说明，带动学生心理共鸣的产生，使心理学知识内化为学生本人的内在感受，以此为条件正确地面对生活与心理方面出现的各种困难，达到“助人助己”的目的。

它参考了国际教育界最新的体验式学习的理念，为一种以前未曾有过的新的教育教学模式。

第二，心理行为训练注重心理挑战和冲击。心理行为训练的内容各式各样都不相同。学生在完成训练项目时会碰见来自心理上的紧张、失意等，为了改善这种情况，学生需要尽量克服心理障碍，坚定信念与毅力去摆脱困难。

第三，心理行为训练以改善人际关系、团队意识、健全人格为目标。训练实行分组活动，经由多样而又困难的活动，提升学生彼此之间的信任与配合。

而训练时找一个优美的环境，则可使学生放松心灵，真实地反映本人，使学生在训练里面感受意想不到的快乐，尽情体验集体的力量、智慧和合作带给人的快乐，提升彼此之间的信任感。

（3）学习指导技能

学习指导的思想观点早在20世纪50—60年代就出现了。美国心理学家哈鲁通过对动物实验的分析，认为在学习进行的阶段里，我们能够学会去如何学习；其又从认知策略的视角对学会学习进行说明，表示学会学习的根本是有效处理解决的策略。20世纪50年代以来，对学习指导的研究成为教育理论研究里不可缺少的一部分。

①学会学习

可表示成一个由不会到会的过程，其是学习的高级阶段，表达的是学习过程，反映的是学习的状态和动态。

②学习指导

A．学习指导简述

一般我们常说的学习指导，也可以被认为是教师指导学生学习，教师应用有关学习研究的基本理论对学生的学习实践活动进行一系列指导，解决学生学习时出现的各种各样的实际问题，也就是我们一般讲的教会学生学习，让学生爱学、会学，培养出良好的学习素质。

B．学习指导的功能

学习指导是提高教与学互动、促进教学改革的非常有效的方式。

实践证明，提升对大学生学习的指导力度、优化大学生的学习素质是使全体学生素质上升的基础性工作，是不用加大教育投资就能直接使大多数学生质量上升的有效措施。

C. 学习指导的目的

学习指导的根本目的是指导学生学会学习，使学生的学习方面的效率和学习方面的质量可以迅速上升。

(4) 职业指导技能

职业指导随着社会经济及职业的向前发展出现，但什么是职业指导，不少学者从不同的角度出发展开了分析，总结后主要有以下几种。

①“选择论”

指出职业指导也可以被表示成对个人职业选择的指导。

这种观点重点说明每个人都有本人与他者不一样的人格特征和能力特征，且可以和社会上的相应职业相匹配。职业指导也可以被认为是帮助个人找到和其心理特性相一致的职业，以完成人和职的合理匹配。下面举几个相关观点。

观点一：职业指导是有益于个人成功获取职业并取得职业成功的所有方法的概括。

观点二：职业指导是指导者依照社会需要和职业结构对劳动者素质的需要，在每个人的个性特征基础上帮求职者找一个适合的职业和专业，开展相应的定向培养，有益于用人单位找到一个适合的劳动者，完成人和职业优化组合的指导过程。

②“服务论”

把职业指导当作是一种帮助求职者的社会服务活动，把为企业推荐人才、向求职者介绍恰当的职业当作职业指导的核心目标。

其主要涵盖以下内容：对人才需求动态进行研究观察；组织人才与人才之间的沟通；组织各样式和劳动就业有联系的综合性社会咨询服务活动；汇总并传递就业方面的信息。下面举几个相关观点。

观点一：对职业指导包含种类的介绍：一方面包含学校内的职业定向指导，另一方面包含学校外的社会方面的职业指导；既包含升学指导，也同样包含就业指导；除了对一般人的指导，还有对残疾人的指导。

观点二：前苏联的社会学家指出：职业指导是由职业咨询服务、人员选择、职业信息服务、职业适应等几部分构成。

③“过程论”

认为职业指导是一个非静态的过程。倡议得有意识地使学生的职业方面的意识、能力等得到锻炼，并经系统地教育，使学生可以依照社会需要和个人特征自觉地找到自己的生活目标，找准自己的升学就业方向，并在毕业前打好升学就业的基础。

④“发展论”

指出职业指导是有阶段性的，认为职业指导是一个很长时间的、系统的工程，并贯穿人生的任一时期。把人的职业意识、职业选择、职业适应等当作是连续时间很长的阶段，而并非面临择业时的单一事件。

职业指导和学校教育联系特别密切，但并非只有学校才有职业方面的指导，职业指导涵盖学校在内的全部的社会的和社会职业指导相互对比后可以发现，高校的大学生职业指导特别在乎的是育人的功能，不单单是对求职者的实际困难的解决，更在乎的是给大学生必要的择业、就业、创业的措施，最终目的是希望可以使大学生的综合素质和能力得到质的提升。

高校辅导员的职业指导工作是一架桥梁，起着联系毕业生、用人单位和学校彼此的相应作用，具有指导咨询、沟通学校和社会需求、信息传递的功能。

第四章 大学生日常事务管理与心理健康教育课程化研究

对于在高校就职的辅导员来说，日常事务管理与心理健康教育都属于重要的工作内容。其中前者主要涉及新生入学以及校园日常生活管理，而后者主要为大学生心理健康状态的关注与管理。上述两方面的管理工作以及课程化研究都是高校辅导员的职责所在，本章将针对这两个方面开展论述。

第一节 大学生日常事务管理课程化研究

学校管理的日常事务中大学生的管理是重要部分，所以大学生日常事务管理课程化研究对于高校辅导员来说具有重要影响，对于管理大学生的方法直接影响学校是否可以培养出优秀的学生。高校教导员对于如何探讨大学生日常事务管理及管理的目的和意义，甚至是具体内容，都属于辅导员在促进学生管理和学生教育，实现工作科学化、现代化、规范化和系统化等无法回避的基本问题。

针对我国的国情对于大学生日常事务管理课程化进行研究，我国的高校事务管理具有一定的本民族特色，总体来说各国的国情不同，管理方法也不同，通过各国的高效管理，我国从中认真总结工作经验，从各国不同的管理吸取先进的思想和经验，实现与国际我接轨的目的。

我国的高校事务管理相对来说，涉及面比较广，涉及学生日常生活的各个方面，内容复杂。在这个基础上就要求高校辅导员全面了解每位学生，提高我国高校辅导员的管理理念。让学生形成正确的教育观和人生价值观，对于发展我国高素质人才有重要意义，体现了我国在高校管理方面对学校和学生及社会的认真负责。

教育是在人类社会形成之后，作为一项重要的事业产生的，教育同时还作为一种文化现象，是构成我国文化系统的重要组成部分。在社会的进步中教育越来越受到人们的重视，教育决定的不仅是一个国家的文明程度，更加体现着国家的发展程度。中国作为世界上历史悠久的国家之一，曾经立于世界之巅的教育水平发达国家，但是我国的近现代教育远远落后于世界先进水平，只有一个世纪的历史。

一、大学生日常事务管理概述

在21世纪的今天，我们要坚持以毛泽东思想、邓小平理论、“三个代表”和马克思列宁主义重要思想以及科学发展观为总的指导思想。对高校学生的日常事务进行系统的管理，秉承“以人为本”的教育理念，高校辅导员应以学生为教育主体。

顺应各族人民过上更好生活的新期待，深入贯彻落实科学发展观，壮大创新人才队伍，推动发展，以科学发展为主题，依靠科技进步、管理创新转变，充分发挥科技第一生产力，提高教育现代化水平，劳动者素质提高，大力贯彻教育部“十二五”规划，适应国内外形势新变化和人才第一资源作用，坚持把科技进步和创新作为培养学生的理念，加快建设创新型国家，深入实施科教兴国战略和人才强国战略，增强自主创新能力。

（一）大学生日常事务管理课程化研究的含义

大学生日常事务管理对于高校辅导员课程化研究具有非常重要的含义，本内容主要是针对大学生日常事务管理的内容和不同情况下主客体转换等方面的研究。

学校管理系统的重要组成部分——学生管理和教育的系统化、规范化、科学化和现代化。探讨学生日常事务管理的意义、内容和目的，对于大学生日常事务管理课程化研究具有重要意义，直接决定学校培养出的学生质量。

学生日常事务管理是高校辅导员组织指导学生，按照教育方针所规定的教育标准，对学生在校期间的学习和活动进行规划、组织、协调、控制的总和，学生日常事务管理使学生在德、智、体、美、劳等方面都得到发展，是学校有组织、有目的、有计划地对学生进行各种教育，成长为社会主义事业接班人的过程。从这些方面，我们不难看出学生日常事务管理具有以下两方面性质。

1. 高校辅导员课程化研究——日常事务管理内容

大学生日常事务管理课程化研究的主要内容有，公民道德教育、理想信念教育、家访、新生入学教育、学生安全教育、奖罚管理、国家助学贷款管理、毕业生就业工作、民族精神的教育、实践教育和科技创新、毕业前教育、纪律管理、公寓管理、特殊群体的管理、班级管理等诸多方面。

学生日常事务管理涉及面广，分布在学生学校生活的各个领域，管理内容复杂多样，学生日常事务管理作为学校管理系统中的一部分，具有整体性、目的性等共同特征。

2. 不同情况下的主客体转换

在不同情况下，学校和学生作为学生日常事务管理的主客体，可以相互转换。一般说来，学生应在学生日常事务管理中充分发挥自我管理的主体作用，学校是管理的主体，学生是被管理的对象，也就是客体。为什么会有学生发挥自我主体的作用一说。主要目的是为了做到真正意义上的自我管理。

（二）大学生日常事务管理课程化研究的目的和意义

大学生日常事务管理课程化研究的目的和意义在不同时期均有不同程度的变化。但是大学生日常事务课程化研究得目的和意义总体来说都是为了培养学生良好作风和实现自我教育的有效手段。

1. 大学生日常事务管理课程化研究的目的

在新时代的今天，一味地管制学生则不利于学生主体的积极构建，引导学生形成一个良好的学习习惯、工作态度和生活作风，为大学生营造一种和谐文明的校园环境，高校辅导员应加强学生自我管理的意识，帮助其健康快乐地成长。

大学生个性较强，以前的强制性管理学生的日常事务不利于管理。培养学生的创新精神，培养学生自立自强、艰苦朴素的精神，为学生服务是学牛日常事务管理的宗旨。

2. 大学生日常事务管理课程化研究的意义

对大学生日常事务管理课程化研究的意义是多重的，对于学生日常事务管理，从不同的角度来说也是有不同的体现。从不同角度来说主要有学生角度、教学角度和社会角度来说。以下从三个角度来阐述大学生日常事务管理课程化研究的意义。

(1) 对学生的意义

有效的学生日常事务管理可以创设一个良好的环境，从中可以学会做人的道理，对于学生形成良好的品格，实现学生自律、自治、自立、自强，养成良好的行为习惯有很大帮助。

科学的学生管理有助于学生个体的健康成长，有助于发展学生的自我管理能力，为学生的健康成长提供适宜的外部环境，积极地引导学生自己教育自己、自己管理自己，便起到一个良好的导向的作用，同时，他们的自我控制能力较差，明确的规章制度规范了学生该做什么，不该做什么，学生日常事务管理如果放任不管显然不利于他们成长，对于青少年来说，有效的学生日常事务管理可以促进学生的全面发展。

（2）对教学的意义

科学有效的管理模式是实现教育目标的基石，同时，提高教育教学的效率。保证教育教学有序地开展，维护正常的学校教育教学秩序和学生生活秩序，是教育教学活动正常开展的保障。

学生日常事务管理中所涉及的各项活动都是为教育教学服务的，从某种意义上说，学生日常事务管理能够引导学生形成良好的学习、生活和行为等习惯。

（3）对于社会的意义

高校辅导员通过一系列活动向学生传达被社会所允许和接受的知识、价值取向和行为规范，以保证学生的健康成长，因此学生日常事务管理同样对社会具有影响作用。

学校作为社会组织体系中的一分子，与社会紧密地联系在一起。学生日常事务管理的各种制度、规范都是符合社会要求的，是学生个体社会化的重要途径之一。对社会的安定和积极向上地发展具有重要意义，同时还可以消除学生存在的错误观念和不良行为。

二、大学生日常事务管理课程化研究的基本原则

了解和尊重学生，建立健全学生日常管理机构与制度，管理好学生日常事务，保证学生日常事务管理的顺利进行。

树立科学的学生观，因此，高校辅导员必须遵循一定的原则去管理学生的日常事务，学生日常事务管理是一项复杂的系统工程，只有这样才能达到事半功倍的效果。

（一）大学生日常事务管理课程化研究的核心

高校辅导员对学生的基本看法就是学生观，不同的学生观产生不同的管理方式，它决定着高校辅导员进行学生管理教育的行为，从历史考察和现实对比来看，高校辅导员的学生观大致可分为以下三种类型。决定着高校辅导员与学生交往过程中的工作态度和工作方式，进而形成不同的教育成果。

1. 学生观的强调理念

以美国为代表的西方国家大多持这种学生观。学生观强调学生是学生管理的主体，是独立的个体和平等的公民。

这种学生观充分发挥了学生的主体作用，注重学生的兴趣和感情，这种观念主张学校的管理工作以适应学生、发展学生个性为中心，但在学生行为的规范性和纪律性方面较为薄弱。管理过程中，提倡学生自我管理，因此，可能出现管理者的地位和作用被过度淡化的现象。

2. 学生观的集中体现

管理者通过制度、规定来规范学生的活动范围，通过设计和提供各种适宜的教育环境，帮助学生形成良好的学习、生活和行为习惯，激发学生主动参与到教育管理当中，学生观集中了前两种观念的长处，是一种科学的学生观。

科学的学生观是学生日常事务管理的核心，它认为学生既是主体又是客体。促进管理者和学生在管理活动中的良性互动。

总之，形成学生自我教育和自我管理的有效机制，高校辅导员必须树立正确的、科学的学生观，学生观科学与否直接影响学生教育与管理的成败。

因此，指导学生管理的实际活动，并在此基础上构建科学的学生日常事务管理体系。

（二）大学生日常事务管理课程化研究——机构与制度建设

纵向和横向两方面对于构建学生的管理组织机构有着重要影响。同时，学生事务管理的相关制度也要不断革新与完善。

1. 纵向构建

在纵向设置上，制度要明确各管理机构的职责、权限以及工作形式等，应设立从中央到地方直至学校的学生管理垂直体系。

2. 横向构建

在横向设置上，要规定学生学习、工作和生活等方面的制度，建立教育系统与家庭及社会各界的横向联系机构，吸纳社会各界共同参与到学生事务管理的过程当中。

强化教育行政部门、学校、家庭和社会之间的联系，使学生的行为标准真正做到有据可依。

三、大学生日常事务管理的主要内容

高校辅导员为学校坚持社会主义办学方向，按学生日常事务管理的不同形式，按学生日常事务管理的不同方面，按学生日常事务管理的不同目的，按学生日常事务管理的不同阶段，全面贯彻党的教育方针，开展大学生思想政治教育工作的骨干力量，全面了解学生日常事务管理的主要内容。

对高校辅导员来说，培养德、智、体全面发展的社会主义事业建设者，具有指向性作用。

高校学生思想政治教育和日常管理工作的组织者、实施者和指导者，为接班人提供了有力的保障，是一支不可或缺的重要力量。

学生日常事务管理可分为新生入学管理、学生日常生活管理、思想道德教育、毕业生教育等，具体内容如下。

（一）新生入学管理课程化研究内容

新生入学管理主要包括学生入学教育、自我管理能力、国家助学贷款管理、特殊群体管理等几个方面。

对新生入学教育的管理，能够为以后四年的学生日常事务管理起到很好的开头作用，甚至起到事半功倍的效果。这也是很多辅导员和老师很容易忽视的管理。

1. 新生入学教育课程化研究

为使新生能够尽快适应新生活，高校辅导员有必要进行新生入学教育。大学生活的开始，正是新生独立生活的开始。

（1）入学初统一召开新生教育会议

在学生入学初统一召开新生教育会议这似乎已经是高校辅导员的必开课程，辅导员要向新生介绍学校规章制度、管理规定的内容以及精神实质，辅导员应强调制度的重要性，要求学生严格要求自己。

要向新生介绍本地气候环境和学校及其周围的人文地理环境，以便加强安全管理，提高新生的安全性系数。

辅导员要帮助学生确立正确的学习目标，因为大学几乎是自主学习，如果没有详细地规划大学生活，势必会导致自身的堕落；成绩的下降，荒废学业的同时虚度了大好青春。

学生应拓展自己的知识面，以就业为导向，扎实学习专业技能，为将来的成功就业打下夯实的基础，完善自己的知识结构，做好知识储备。

（2）军训

为今后的大学生活打下坚实基础，培养基本的独立生活能力，培养坚毅的品质，帮助新生养成良好的生活习惯等。

（3）开展各项活动

通过开展“专业知识讲座”“学习经验交流会”等活动，激发对本专业的学习兴趣，更快地适应新的师生关系、新的学习方法、新的同学关系，尽快了解所学专业的特点，从而提高学习效率。

提高自律意识和自我约束能力，建立学生自我管理体制，确定班级主要干部，加强对学生的日常管理。

（4）组织友谊赛

为了使学生建立基本的纪律观、集体观、荣辱观。我们可以组织一些竞赛、评比活动，竞赛、评比活动可以让新生充分认识遵纪守法、明礼诚信的重要性和必要性。

（5）开展党团活动

新生初入高校，开展丰富多彩的党团活动，建立起优良的思想道德观念，面对一个完全崭新的环境，为同学们搭建施展才能的舞台，提高学生的自我效能感，增强自信心。

辅导员应趁热打铁，做好新生入学教育，培养坚毅的意志品质，健康阳光的心态，强健的体魄，完善学生的综合素质。培养学生的自主能力，有利于辅导员开展各类教育工作，保证今后的教育工作能顺利开展和进行。

2. 自我管理能力课程化研究

全面实施素质教育是现阶段学校的中心工作，在素质教育中，德育工作儿为重要。

针对思想受社会不良风气影响，甚至不怕老师的批评或学校的处分这种情况，辅导员可主要采取如下措施来做好工作。

（1）练好内在

要练好自身的“内功”。要做好班级各项工作必须先加强自身建设，辅导员自身建设的关键是提高辅导员的业务素质，树立辅导员的权威。

注意观察学生的思想、情感、需求变化，捕捉学生的思想信息。为了达到“知人、知面、知心”的教育目的和提高教育管理能力，要不断训练自己的演讲和对话能力。

不断用新知识充实自己，经常到书店购买教育方面的书刊，以吸取别人之长，补己之短。加强道德修养，努力通过自己的言行举止、为人处世给学生以示范，做学生的榜样。

(2) 耐心教育、鼓励引导

耐心教育、鼓励引导，提高学生自我教育能力。当学生违纪时，单凭条例去处罚他们，那根本是无济于事的。当然，纪律、制度、条例是必要的，但更重要的是施教者的教育、鼓励、引导，使他们提高认识，自觉接受教育，从而达到自我教育、自我约束的目的。

教育者的成功，就在于使受教育者具备自我教育的能力。著名的教育学家苏霍姆林斯基认为，“真正的教育是促进自我教育的教育”。因此只有对学生进行引导、启发，做好思想开导工作，结合学生的年龄、心理特征、个性特征和性别差异，巧妙施行，才能收到好的教育效果。

(3) 增强学生的自信心

增强学生的自信心。心理学研究表明，信心是人成功的基础，而表扬是人获得信心的最有效途径。

教育学生应尽量少批评、多表扬、多鼓励、多启发、多引导，做到既要关心爱护学生又要严格要求，同时，在错误面前也决不迁就他们。

(4) 引导学生

引导学生“自管”“自律”。为了引导学生培养自我教育能力，应放手让学生们自己教育自己，自己管理自己，引导他们自觉组织召开各种专题讨论班会。

为了激发学生自我教育的动机，班中的大小事情基本由班干部去管，由学生自己处理。

3. 国家助学贷款管理课程化研究

在进行辅导员工作时，要充分了解国家助学贷款，国家助学贷款是利用有效金融手段完善我国普通高校资助政策体系，是党中央、国务院在社会主义市场经济条件下，加大对普通高校贫困家庭学生资助力度而采取的一项重大措施。

一个良好的经济环境是学生在高校接受教育的基础，辅导员应详实地了解特困生的家庭经济情况，针对家庭困难的学生，为保证大学期间学习的顺利进行，我们可以为他们提供国家助学贷款的申请，向国家借贷学费。

针对个别学生出现手续不足而无法办理的情况，可以根据实际情况适当放宽标准，最大限度地保证每位特困生都可以进行贷款的办理。

辅导员要力争做到让国家助学贷款帮助到真正需要帮助的学生，做到亲自审核办理贷款的名单，同时，辅导员可以为有意愿的特困生申请勤工助学。

4. 特殊群体管理课程化研究

学校应根据学生特点，着力加强对心理抑郁和异常学生、有重大身体疾病学生、网络成瘾学生、因违纪受过处分学生、家庭经济困难学生、学习困难学生、就业困难学生群体的服务、教育、管理工作。

高等学校对在学习、生活、交往、心理、就业等方面存在困难的特殊学生群体应该注重人文关怀与心理疏导相结合，组织有关方面专家、领导、教师和辅导员定期分析特殊学生群体的思想状况，以便全面掌握特殊学生群体的基本情况，倾注更多关爱，工作中为他们当中的每一位学生建立一份档案，确定一名学习伙伴，制订一份成长计划，即“三个一”计划。

学校对就业困难学生采取“一对一”跟踪服务，积极营造良好氛围，引导他们树立正确的就业观、职业观，让关心和帮助特殊学生群体的暖流在校园传递，针对就业困难学生开设了就业心理学、求职技巧等课程，鼓励和引导学生去就业和担任志愿者。

（二）大学生日常生活管理课程化研究内容

大学生日常生活管理基本涉及大学生活的方方面面，同时也始终贯穿着学生管理的方方面面，对学生的学习生活有着很大的影响作用。大学生日常生活管理主要包括纪律管理、班级管理、公寓管理、奖罚管理四个方面。

1. 课程化研究——纪律管理

纪律是维持一个组织团结的根本，是自我约束的一个标准。纪律管理是学生日常事务管理的核心内容。在高校学生纪律管理中，有以下几个方面。

（1）抓住性格

我们对于学生的管理不应该仅是强制性的约束。高校学生几乎已经具有独立思考的能力，我们应该培养学生利用纪律来自我约束，应该抓住其性格特点进行督促，而不是一味地强迫和要求绝对地服从，不是进行强制性的管理。

（2）深入了解

我们应该对每一位同学进行进一步的了解，例如同学的家庭背景、父母情况、健康状况等，然后再在此基础上开展工作。

（3）及时了解

我们应该放下“老师”的身份，尤其对于一些长期缺少父母关心的同学，努力与他们沟通，积极和他们接触，结交成好朋友，及时了解发生在同学们周围的事、遇到的困难等，这样不仅仅在学习上能帮助同学，而且在生活上也能给予同学很多帮助。

在教学方面，我们尊崇“因材施教”；在管理方面，我们也应根据不同学生的个性采取不同的管理方式，从而达到事半功倍的效果。选用相应的教育方法进行管理，切不能张冠李戴，那样会导致一些副作用的产生。

只有拥有一个良好的纪律管理体系，才能建立一个优秀的集体，只有建立一个优秀的集体，才能涌现出一批优秀的人才，纪律是一个组织的根本，所以纪律管理不容有失。

2. 课程化研究——班级管理

班级管理是一个动态的过程，它是教师根据一定的目的要求，采用一定的手段措施，带领全班学生，对班级中的各种资源进行计划、组织、协调、控制，以实现教育目标的组织活动过程。班级管理的方法有以下四种。

（1）常规管理

常规管理是指通过制定和执行规章制度去管理班级的活动。规章制度是学生在学习、工作和生活中必须遵守的行为准则，它具有管理、控制和教育作用。

（2）平行管理

平行管理是指班主任既通过对集体的管理去间接影响个人，又通过对个人的直接管理去影响集体，从而把对集体和个人的管理结合起来的管理方式。

（3）民主管理

民主管理是指班级成员在服从班集体的正确决定和承担责任的前提下，参与班级管理的一种管理方式。实质上就是发挥每一个学生的主人翁意识，让每个学生都成为班级的主人。

（4）目标管理

目标管理是指班主任与学生共同确定班级总体目标，然后转化为小组目标和个人目标，使其与班级总体目标融为一体，形成目标体系，以此推进班级管理活动，实现班级目标的管理方法。

3. 课程化研究——管理者自身问题

当然，在班级管理中会遇到一些其本身存在的问题，本内容主要针对管理者自身存在问题进行课程化研究。

（1）辅导员管理偏重于专断

辅导员对班级管理的方式偏重于专断。分数和排名是学校和教师工作业绩的衡量指标，这导致了在班级管理时高度重视课堂教育和考试成绩，忽略了学生的内在需求。

（2）民主管理程度低

班级管理制度缺乏活力，民主管理的程度低。在班级中设置班干部，旨在培养学生的民主意识和民主作风，学会自治自理。然而很多学校班干部相对固定，使一些学生形成了“干部作风”，不能平等地对待同学，而多数学生却缺少机会。

如果能改进、克服这些管理方法的缺陷，那么做好班级管理后能达到的效果有以下三点。

①有助于锻炼学生能力，学会自治自理。

②有助于实现教学目标，提高学习效率。

③有助于维持班级秩序，形成良好的班风。

4. 课程化研究——奖罚管理

奖罚管理作为一种管理方法，占有很高的地位。只有做到赏罚分明，才能让大家心悦诚服，学生才能主动接受我们的管理体制。

（1）奖励

奖励的途径有很多，如学校奖学金、评优等。学校奖学金每年都会评定。

①学校奖学金

学校奖学金分为两种：优秀奖学金，专门奖励学年成绩比较优异的同学，以勉励学生再创佳绩。

进步奖学金，专门奖励给那些学习成绩进步较大的同学，以鼓励他们再接再厉。

奖学金的评定标准，要制定一个最为公平的评定准则，秉承公平、公正、公开的原则，进行奖学金的评定，并公示于所有同学。

②评优

优生、优干、三好标兵等荣誉不只是一项荣誉，更是一种能力上的认可，它有助于学生未来的发展。

（2）惩罚

惩罚不是目的，改正错误才是关键。帮助学生改正不良行为，提高自律性，如可以规定缺课三次以上者降低平时成绩，或者可以对学年平均学分低于某一分数线的同学给予警告处理。

做好监督，施行奖罚分明的管理制度，高校学生的自律性一定会有所提高。

（三）大学生思想道德教育课程化研究内容

大学中对学生的思想道德教育主要包括理想信念教育、公民道德教育和素质教育。

大学生思想道德教育对于学生身心的健康成长起着非常重要的作用，对于加强大学生思想政治教育具有重要意义。

1. 课程化研究——理想信念教育

理想信念对一个人的一生起着导向作用，理想信念教育是通过教育和实践不断坚定社会主义为人生指引奋斗目标，不断坚定共产主义理想信念，为生活提供前进动力，从而帮助青少年解决做什么人、走什么路的问题。

高校辅导员有责任加强对学生的理想信念教育，引导着学生不断追求更高的人生目标。

大学生正处于理想信念成型期，为了提高思想政治工作的实效性，加强理想信念教育可以有效地帮助学生，告诉学生为什么而学，坚持内容的有效性，要明确对环境高要求与自身低奉献的两大矛盾，把个人的奋斗志向同国家和民族的命运紧紧地联系在一起，把个人的进步同祖国明天的繁荣昌盛紧紧地联系在一起。

结合学生的实际生活，在创新、充实理想信念教育时，辅导员应尽可能满足大学生最关心的问题，让学生切实地体会到理想信念教育受益终身，最后，贴近学生生活，结合其他教育将大道理讲透，结合时下的流行元素，使学生主动地、自觉地接受理想信念教育，以便教育的顺利开展。

2. 课程化研究——公民道德教育

公民道德问题一直以来是政治和教育中的核心问题。当前我国高校学生的思想道德建设以及学校教育环节中存在一些不合理的地方，其问题主要表现在以下几个方面。

①大学生在自我提高过程中的功利化倾向明显。

②大学生群体中明显缺乏对他人和集体的责任感，存在以自我为中心的倾向。

③大学生轻集体、重利益的倾向较以前更为明显。

④高校教育系统中的一些环节存在着服务意识和平等观念的缺失，对大学生道德素养形成造成一定的负面影响。

⑤辅导员对大学生的行为准则、道德教育以及人格培养等方面缺少系

统性教育。

教育是传承文明、延续文化的基本载体，在公民教育观方面，目的在于培养学生能够善于处理矛盾、构建和谐的人际关系，在全社会大力倡导“爱国守法、明礼诚信、团结友善、勤俭自强、敬业奉献”的基本道德规范下，我国公民道德建设以马克思列宁主义、毛泽东思想、邓小平理论为指导，全面贯彻“三个代表”重要思想，传递社会共同的文化和价值取向，加强高校大学生公民道德教育的举措有以下几方面。

（1）着力公民道德环境

着力建设文明、健康的公民道德环境。环境在“育人”过程中有着重要的作用，文明、健康的公民道德环境对于大学生形成良好的道德素质是不可缺少的。

（2）深入开展学生公民道德实践活动

深入开展学生公民道德实践活动，建立一批优秀的实践基地。通过实践来培养和提高大学生的素质，致力于建设一批集思想教育、专业实习、道德实践等功能于一体的实践基地，架通学校与社会联系的桥梁。

（3）强化大学生的公民道德观教育

强化对大学生的公民道德观教育。从多元文化、科学、民主、平等以及确立正确的科学观和社会责任意识等方面进行学生价值观的培养，把学生培养成为一个诚信、自省、自律的公民。

（4）建立健全监督大学生机制

建立健全大学生的公民道德监督机制，同时也要加强大学生自我教育、自我管理、自我约束、自我服务的能力。

3. 课程化研究——素质教育

素质教育，是指从培养有理想、有道德、有文化、有纪律的社会主义接班人出发，以全面培养受教育者高尚的道德情操、丰富的科学文化知识、良好的身体和心理素质、较强的实践和动手能力以及健康的个性为宗旨，让学生学会做人、学会劳动、学会健体、学会审美，使学生在德、智、体等方面得到全面协调发展的教育方针和教育活动。大学生综合素质存在以下几个问题。

（1）心理层面的认知不够

由于部分大学生在择业的时候，没有做好就业心理准备，不能很好地认清当前的形势，对自我的定位及自我能力的评价不够确切，心理素质和专业能力还需进一步加强。

（2）观念偏离

随着社会日益信息化，当代大学生也深受社会各方面的因素以及个人感情因素的影响，从而造成部分学生的价值观、人生观出现暂时偏离的现象，影响素质教育的开展。

（3）文化素质缺乏

根据国家的相关要求，高等教育应该将培养四有新人作为主要目标之一，而四有新人的要求为有理想、有道德、有文化、有纪律。基于此，从事高等教育工作的教师在教育领域新形势与日益扩大的社会需求面前，应该科学、合理地改变以往的教育模式。为了切实提高大学生群体的综合素质，高等院校可以从多个方面出发，如思想品德、专业文化知识、世界观及人生观等。

（4）通过课堂教育、校园文化等提高道德文化素质

根据中国高等教育法相关规定："高等教育必须贯彻国家的教育方针，为社会主义现代化建设服务，与生产劳动相结合，使受教育者成为德、智、体等方面全面发展的社会主义事业的建设者和接班人。"

具体来说，高等院校应该积极并全面贯彻落实教育方针，肩负为社会主义现代化建设培养创新型、专业型、综合型人才的重大任务，帮助大学生成功走入社会，并在实践劳动中逐渐成为社会主义事业的建设者和接班人。为了达到这一目的，高等学校应该构建完备的科学技术文化知识教育体系，同时高度重视以及加强德育教育，通过各种方式构建完备的思想政治教育体系。

（5）通过教学改革与实践提高专业素质

为了实现素质教育，国内各大高等院校需要将教学内容与教学方法进行全面、深化改革，不断增加实践机会，从而满足学生希望提高专业实践能力的需求。为了确保素质教育落实到位，应该继续加大教育教学改革的力度，构建并完善科学的课程体系，更新教学内容与方法。

提高大学生的专业素质可以从如下几个方面入手：根据社会与学生需求来调整课程体系，完善课程结构，积极开设不同领域的必修课与选修课，促进文化素质教育的开展，不仅帮助学生完成文化知识的获取，同时还可以提高自身的文化修养，学生通过参加各种实践活动来加强科学和人文素质。在开展素质教育的过程中，将专业教育与社会实践进行有机结合，从而为社会主义建设培养出专业化实用型的新型人才。

（四）毕业生教育课程化研究内容

同样，大学生的毕业前教育也是很多辅导员容易忽视的，但这也是大学生离校前的一项重要教育，对学生的离校、毕业、就业等起到关键作用。毕业生教育主要包括毕业前教育、文明离校教育、毕业生就业工作三

个方面。

1. 毕业前教育研究

作为高校辅导员，对在读大学生进行管理时绝对不能忽视即将毕业的学生们。辅导员可以通过以下方法，对即将毕业的学生进行毕业前教育。

(1) 举办模拟招聘会

举办模拟招聘会。辅导员可以邀请一些有帮助的企业，来做一个模拟招聘会。

目的是通过模拟招聘会，使学生进一步了解应聘流程，为以后的应聘打下良好的基础，争取在应聘会上有一个不俗的表现。

(2) 进行应聘展示会

进行应聘展示会。辅导员可以约定时间，选择一个大型教室，布置展览板，展览板写出一些社会问题、职场问题等，并设立专业解说员进行现场解说。

展示会上，学生可以自由选择观看展览板，有疑问的可以直接询问解说员。通过这种方式，学生能够更加透彻地了解很多社会问题、职场问题等。

(3) 举办大型双选会

举办大型双选会。“双选会”顾名思义，即企业与高校毕业生零距离接触，互相选择。

辅导员可以对一些大型企业发出邀请，选择大型教室，给各大企业设应聘台。然后学生可以进场选择中意的企业，同时企业也可以对学生进行选拔，筛选出自己企业所需要的人才。

如果学生和企业达成一致，可以现场签订合同。这样的双选会省时、省力，避免了毕业生到处寻找工作的麻烦，同时也为企业集中选拔人才提供了方便，可谓双方互相受益。

2. 文明离校教育研究

文明离校教育是基于安全教育的一种教育方式，它是维护高校安全稳定、保证正常教学生活秩序、创建文明校园的一项重要工作。

在毕业离校时容易发生毕业生往宿舍外随意扔废弃物，在楼内乱写乱画，甚至出现闹事、损坏公物等违纪行为。

这一系列的行为，不只为学校带来负面影响，也为学生本人带来不必要的麻烦。为避免这样的事情发生，辅导员必须加强对毕业生进行文明离校教育。

（1）毕业生文明离校工作

毕业生文明离校工作涉及方方面面，学校各部门应通力合作，切实做到“四个到位”，即责任到位、措施到位、服务到位、落实到位，为文明离校教育工作提供有力保证。

（2）为毕业生在离校前服务

在毕业生离校前，各部门要从方便毕业生的角度出发，主动、热情、周到地为毕业生服务。

经常与毕业生沟通，听取毕业生对大学生活的评价，以及对学生日常工作的意见、建议和要求。在此基础上，制订新的工作计划，完善工作方法，努力将学生培养成为德、智、体、美、劳全面发展的高素质、高技能人才，了解他们的困难，努力为他们解决问题。

（3）充分发挥学生骨干在文明离校中的作用

以学院为单位，向全体毕业生发出文明倡议，充分发挥学生骨干力量在文明离校中的作用，教育他们既要当好表率，又要努力做好其他同学的工作。

引导广大毕业生通过一些有意义的活动给自己留下美好的记忆，给同学留下集体的温暖，给学校留下美好的印象，给低年级学生树立良好的榜样。

（4）总结毕业生在校期间的综合表现

召开班会、毕业生大会，对毕业生在校期间的综合表现进行总结归档，指导学生完成毕业设计和论文，办理毕业离校的相关手续，帮助学生顺利毕业，使他们顺利走上新的工作岗位。

对毕业生在离校期间的行为规范提出明确要求，坚决反对和杜绝在毕业生离校过程当中制造并散播传言、泄私愤、损坏公物、酗酒、赌博、起哄摔酒瓶等违纪肇事现象和扰乱学校秩序的行为发生。一经发现，将视情节给予严肃处理，绝不姑息迁就，并将处理结果通报用人单位。然而文明离校教育不是只针对毕业生开展的，它面向的是所有学生。

3. 毕业生就业工作研究

随着我国的经济发展水平步入了一个新的历史时期，高等院校的毕业生工作新策略初步形成，其基本机制是：竞争上岗，择优录用；实施形式是：国家宏观调控、学校和各级政府推荐、学生和用人单位双向选择。

高等院校在构建就业工作模式的时候，应该结合社会的变化以及相关需求，将指导功能、教育功能、服务功能、管理功能汇集在一起，无论何时，以何种形式为毕业生就业提供便利的时候，都应该从不同的方位，以高质量，方便快捷为基本原则来开展就业辅助工作。基于此，高等院校的当代大学生就业工作模式的构建应该贯彻下述基本原则。

(1) 落实科学发展观

落实科学发展观，以就业工作为“向导”带动教育教学改革，要坚持以“三个代表”重要思想为指导，对毕业生就业工作给予高度重视和大力支持，党政协作共抓就业。

(2) 加强制度建设

加强制度建设主要体现在两个方面：其一，科学、合理、有针对性地制订高等院校大学生就业工作的规章制度，并全面贯彻实施。通过规章制度的确定，促使毕业生就业工作可以具有制度化与规范化的重要特征；其二，组织并成立就业工作委员会、毕业生就业指导中心以及校园内不同院系就业工作领导小组。

总之，利用制度的建设以及机构的设置两种手段来调动不同部门及组织开展就业辅助工作的积极性，营造出全员参与、全过程指导以及全方位帮助毕业生就业的良好工作环境气氛。

(3) 及时提供就业信息

加强就业工作的信息化、网络化建设，及时为毕业生提供就业信息，做到就业信息通畅，从而提高就业工作的效率和水平。对求职失败的学生要及时展开挫折教育，尽量消除学生因找工作压力过大而带来的心理问题，具体措施如下。

①结合先进的计算机及网络技术，在专业技术人员的帮助下，设计并开发就业管理软件，从而构建具有较高功能、资源信息全面以及便于操作的就业管理系统，促进就业管理方式的现代化。

②充分利用就业信息网站所具备的各种功能，加强大学生就业信息的动态管理，从而进一步深化就业信息网站的服务功能，为大学生毕业后进入无形市场提供一系列帮助。

四、大学生日常事务管理课程化之班级建设

通过班级的建设对大学生日常事务管理进行课程化研究，是我国高校辅导员的又一项课程化研究内容。在课程化研究中班级建设是一项具有重要性、紧迫性和复杂性的长期系统工程。

随着社会的进步和高等教育机制的改革，班级建设的目标定位为国家培养人才，人的成长具有复杂性和系统性。

由于班级建设比较复杂，所以有必要将大学生日常事务管理之班级建设进行课程化研究，这样可以让高校辅导员紧跟时代的步伐，正确引导大

学生，是班级在学生中具有重要的影响力。

（一）班级建设课程化研究之班级概念与构成要素

1. 班级建设课程化研究——班级的概念

要想对班级建设课程化研究有一个全面的认识和了解，那么班级的概念就必须要求高校辅导员对其充分理解。

班级的构成部分为教师与学生。同时班级还是学校中最为基础的教育单位，但从另一个角度来看，班级是一种社会体系在学校中的体现。

（1）班级是一种社会体系

班级之所以是一种社会体系，涉及如下几方面内容。

①教师与学生交流互动的行为旨在完成一定的教育与教学实践活动。上述行为并非无拘无束。它们应受到班级群体共同目标的指导与规范的种种制约。

②对于具有密切关系的教师与学生来说，在宏观与微观的层面（社会背景与课堂背景），双方都应该身处相同的情景中。

③师生关系是教师与学生之间的内在关联。两者都是促进在班级社会中开展一系列交互行为的基本角色，即教师和学生，而师生关系就是基于两者而形成的特殊组合。

对于班级建设而言，班级的社会情境尤为重要，如果忽视了这一要素，那么，班级原有的社会功能也会随之减少。而不积极地利用师生关系和学生之间的交互作用，也同样会出现上述的负面效果，如果在缺少社会功能的班级中成长，班级内的学生也会缺乏社会适应能力。

即便从某种角度来看，班级就是一个小型社会，但它绝非社会全貌的缩影。这是由于班级并不具备形成社会所需要的各个因素。但我们依旧可以通过班级这个小群体来“模拟”真实社会中所出现的种种情况，如在社会上可能出现的情景，社会大众的主流价值观念，当下社会的风气，走入社会后即将面临的复杂人际关系等。辅导员在日常工作中，应该及时并善于发现上述社会问题在班级中的一些表现，并正确、妥善地解决。

（2）班级是教师和学生共同组成的群体

作为学生群体的一个基本单位，班级也是学校多数活动开展的基本单位。通常，学生群体、辅导员以及其他学科教师是一个班级的基本组成部分。之所以在学校中建立班级这种类似社会的组织，这是因为学校想要达到教育目标，促使教师与学生在教育实践活动中发生交互作用，同时将此当作基础以发挥教育功能。而教育功能的实现源自下述几个方面。

①学生，作为教育活动的“主人公”，在主观上主动接受教育，同时

影响教育本身；教师，同样作为教育活动的重要角色，将代表整体社会有针对性的、有具体的目标以及详细的规划来教育学生。

②构成班级的群体，其成员——学生一般同龄，且智力水平相似，心理特点也较为一致。

③班级，作为学生群体的重要单位具有组织应有的凝聚力，班级中的成员在校园活动中可以实现成员之间的竞争，也更易于社交接触，通过各种实践活动，学生会慢慢适应集体，学习如何在组织中生活，同时学习人际交往。另外，班级内的学生都会为了集体的目标，而一起努力与拼搏。

（3）班级是学校的基本教育单位

班级的存在就是为了达成教育目标，它不仅是一种基本的教育单位，而且也是一种基本的组织单位。前者主要指的是把同龄人以及知识程度相近的学生通过编班分级而构成具有一定人数的单位，后者则主要指的是学校开展教学、教育实践活动所需要的基本单位。

具体而言，在开展教育活动的时候，多以班级为单位，常见的教育活动有公益、文体、社会活动等，当然上述活动的场地不局限于校园内部，为了达到更好的教育的效果，教育活动的开展场地、开展的时间以及现场秩序的维持都需要将学生组成不同的单位，以便于管理，因此班级自然就成为进行教育活动的最佳基本单位。

对于班级所开展的教育活动而言，除了最为常见的集体教育之外，个别教育也一般以班级为单位。具体而言，个别教育作为学校教育工作的重要构成部分，个别教育对学生所产生的作用与影响也不可小觑。为了便于管理，学校需要有针对性地对学生开展个别教育，而班级恰好可以成为开展个人教育的重要组织形式。这是由于在班级中，辅导员对学生个体最为熟悉与了解。

2. 班级建设课程化研究——班级的构成要素

班级建设课程化研究中班级的构成，是大学生日常事务管理课程化研究的前提条件，班级的构成要素主要包括高校辅导员、班委会和大学生组成。

（1）辅导员

班级建设的构成要素，辅导员首当其冲，因为高校辅导员在班级建设中起着指导作用。

在班级工作中，辅导员具有直接管理优势，同时辅导员还是在党委副书记领导下完成各项工作，在班级管理和分工上辅导员还具有否决权和参与权。

（2）班委会

作为高等院校学生工作队伍的重要构成部分之一，班委会不仅需要对自己所在班级负责，而且还需要对班级所在院系的团委学生会负责。而构成班委会的成员则与团委学生会的学生干部是一一对应的关系。

开展班级工作，实质上就是将信息以及活动开展的基本要求上传下达，从这个角度来看，班委会的组成人员不仅应该服从辅导员的指挥与领导，同时还要妥善完成团委与学生会干部下发的工作，除此之外，结合高等学校党建以及相关培养目标，在学校班级中，往往设置团支部书记，如果有条件的话，还会在班级内部设置党支部书记这一职位。

从如今高等院校的班委会建设情况来看，高校党支部、团支书和班委分工三个职位的分工还不够明确，在多数班级中党支部仅完成发展党员和理论学习等任务，而团支部和班委这两个岗位在分工方面没有区别，但却属于两个不同性质的岗位。

由此可见，在开展班级队伍管理工作的时候，辅导员需要对党团班进行明确的定位，将三种职位之间的关系理清，明确目标，选择更加合适三种岗位的人才，并在日后进行相应的人才管理和培养工作。

（3）大学生

如今，高等院校的学生在思想方面表现出良好的状况，绝大部分大学生在思想上是健康的、积极的以及向上的。可以说当代大学生身体健康，活泼开朗，胸怀大志，勇于自立自强，对新鲜事物充分好奇，同时具有一定的接受度，热爱党和国家，坚持拥护党的路线和政策。

在接受高等教育的过程中，不同的大学生在情感、行为和心理方面具有不同的表现，但依旧有一些共同之处，如从人格总体表现的层面上分析，多数大学生具有丰富的情感，对生活具有激情，但在心理层面上经常表现为人格发展的不健全。

除此之外，分析当代大学生的行为特征，发现正是因为大学生缺少一定的生活阅历，没有一定的处事经验，自然没能拥有完全的、独立的社会地位；另外，多数大学生具有一定的独立能力，但也会表现为希望自我判断、独立行事，对他人干涉表示厌烦等；同时还在思维角度方面表现出不足与片面，无法从深层次对事物进行认知，过于自信，对事物缺乏基本的分析，脱离实际情况等一些缺陷。

3. 班级建设课程化研究——班级的作用

对于高校辅导员来说了解班级的作用，对于班级建设课程化研究具有引导性作用，首先班级是学生成长的家，属于大学生的熔炉，最后还是班级和大学生重要的组织载体。

班级能否发挥良好的作用，取决于辅导员是否真正理解班级的作用，所以针对辅导员展开班级建设课程化研究是十分有必要的研究。

(1) 班级是陶冶大学生的熔炉

在班级中，陶冶主要是指集体对学生个人的陶冶，陶冶来自班级的环境和氛围，这种气氛主要表现为积极向上、忠诚诚信、团结友爱、一致的舆论、热爱集体、朝气蓬勃等方面。

学生相互陶冶和各种集体活动形成的潜移默化的影响，就会产生一种气氛，每个人受陶冶的机会越多，学生就会产生积极向上的精神，陶冶来自班级多种多样的活动，学生的表现越充分，班级的陶冶功能就发挥得越充分。

(2) 班级是大学生成长的家

学会正确处理个人与他人、与集体、与社会的关系，在班级这个基本的教育场所中，班级经常开展各种活动，采取各种有效的措施，有目的、有计划地向学生传递社会规范和价值观念，学生在班级中得到各种活动展示的机会，由兴趣发展到爱好再到特长。

学生的特长得以发挥，辅导员通过班级使学生逐渐认识社会生活准则，针对学生的一般特点和个别差异性，履行自己的义务和处理人际关系的能力。

(3) 班级是大学生的重要组织载体

良好的班级具有积极的教育功能，是大学生自我管理、自我教育、自我服务的主要组织载体，具有行政管理的功效，是学生受教育的基层单位，集体主义使每个人正确地认识自己在集体中的地位，集体的正确舆论对于集体中每一个成员思想觉悟都有所提高。

良好的班级可以发挥组织学生、团结学生、教育学生的职能，这种职能表现在个人在集体中获得同志般的友谊、支持，个人利益服从集体利益和国家利益，从而提高自我评价。

(二) 班级建设课程化研究之班级建设的目标

班级是发展学生才能的最好环境，它可以把教师的意图和要求变成学生集体的意图和要求，是有明确奋斗目标、坚持领导核心的教育主体。

班级是高等学校的基本机构和功能单位，是培养学生高尚思想品德的基本形式，是共产主义道德品质的形成，是学生团结友爱的风尚，勤奋好学的精神，是个人思想觉悟的提高，

集体有正确的舆论导向，有感召力，辅导员要正确处理好学生与班级的关系，努力建设一个有坚强和核心的班级，要建设一个先进的班级，辅

导员必须明确以下六个目标。

1. 奋斗目标与领导核心研究

（1）有明确的共同奋斗目标

明确的奋斗目标能将人的需要变成动机从而推动行为，按目标的要求控制、修正自己的行为方向，同时给人以力量去克服困难，排除障碍，一步步地达到目标。

一个共同的奋斗目标可使群体具有集体的特性，对群体的行为产生凝聚作用，增强机体的向心力。由此可见，共同的奋斗目标是班级形成的基本条件，有了它集体也就有了前进的方向和动力。正确的目标必须在正确的政治方向指导下，能反映时代的要求，又能被全班学生接受。

（2）有一个团结而又富有权威的领导核心

辅导员要有一批团结在自己周围的积极分子，他们是集体的核心力量和支柱，是共同奋斗目标的积极实践者，是全班学生的带动力量，是辅导员的得力助手。

一个先进的班级，除了全体学生的共同努力外，还离不开坚强的核心——班委会。这个核心必须具有凝聚力和号召力，其成员必须由一些以身作则、有热情、有责任心、有一定的组织管理能力的学生组成。

2. 学习风气与集体舆论和班风研究

（1）有勤奋刻苦、勇于进取的学习风气

学风指学校师生在教学活动中表现出来的精神状态和工作方法。按照《教育部普通高等学校本科教学工作水平评估方案（试行）》的定义，学风评估包括教师风范、学习风气两个二级指标。

学风是校园文化的重要体现，是班风的集中反映，是治学的态度和方法，是学生在校学习生活过程中所体现出来的精神面貌，是学生学习目的、学习态度、学习纪律等的综合反映，是学生在校园中经过长期教育和影响逐步形成的行为风尚。

优良的学风会对生活在这个环境中的每个学生产生潜移默化的影响，学风问题是一所学校能否树立良好学风和大学生成才的关键所在，对学生而言，影响自身的学习绩效及今后的成长和进步。

大学生的基本任务是学习，形成优良的学风，使学生受到春风化雨般的熏陶，正确的学习目的，端正的治学态度，对于提高教育质量、促进人才培养具有直接推动作用。

（2）有正确的集体舆论和班风

正确的舆论是学生进行自我教育的重要手段，培养正确的舆论，具有举足轻重的巩固班级的作用。

集体舆论是进行道德评价、自我教育的重要手段，是集体成员间通过信息沟通所产生的一种共鸣，是在集体中占优势的、为多数人所赞同的言论，是教师和班级干部了解班级成员思想、情绪的重要渠道，是一种群众性的心理现象，是个人和集体发展的巨大教育力量。

班集体舆论对学生的影响，往往要比班主任个人的力量大得多，有效得多，正确舆论的形成是班集体形成的重要标志之一。

优良的班风是班级中大多数成员的精神状态、道德品质、思想觉悟、意志感情的一种共同表现倾向。

班风发端于舆论的形成，是指一个班级的作风，可以潜移默化地影响全班学生的思想和行为，是一种无形的教育力量，对集体的形成和巩固起积极作用。辅导员在带班过程中往往会具有传统特色，优良的传统是巨大的教育力量，产生范围大。

班风、传统和舆论是密切联系相互影响的，优良的班风和传统一旦形成，本身就是强大的集体舆论。

3. 规章制度与精神风貌研究

（1）有健全的组织和严格的规章制度

一个班健全组织主要包括：讲民主，既分工又合作，职责分工明确，事事有人管，核心人物有能力，结构完善。

班级规章制度是全班学生共同遵守的行为准则，是每个学生健康、文明的学习、生活环境，具有高度的组织性、纪律性，是按一定程序办事的规程。

一个班级组织健全，有人负责，职责分明，有章可循，班级中的成员才能出壮成长。

结合校规、校纪，从实际出发，为了管理、教育和良好班风的需要，必须经过全班学生共同讨论定出切实可行的规章制度，为共同的奋斗目标制定规划、法规，要求集体每个成员必须严格遵守执行行为准则。

（2）有积极乐观、蓬勃向上的精神风貌

在这个集体中，必然是一个热爱美好生活、追求美好生活的集体，积极乐观、朝气蓬勃应是它的基本特征。相互之间团结友爱，生活态度积极乐观，学习互帮互学，生活方式活泼多彩，精神饱满，心理健康，具有共同的理想和目标，关心集体、关心社会，为建成社会主义的现代化强国而努力，充分展现出当代大学生热爱生活、追求生活美的精神风貌。

有活力的班级形成需要以下六点。

①舆论在班级建设中发挥灵魂作用。

②精神风貌在班级中发挥号召引导作用。

③目标在班级建设中发挥方向作用。

④班级领导集体在班级中发挥核心作用。

⑤学风在班级建设中发挥动脉作用。

⑥组织制度在班级建设中发挥骨架作用。

（三）班级建设课程化研究之班级建设的途径

1. 形成班级良好的第一印象

形成班级良好的第一印象，一般通过下述几个方面来实现。

（1）积极布置班级。

（2）在开学的第一周，以新生群体为受访对象，开展问卷调查，问卷的问题可以是“我理想的辅导员”“我心目中的班级”等，促使学生开始在刚一入学就体会到为集体服务的光荣。

（3）开学第一周举行主题班会，使师生之间、学生之间通过“我的自画像”“学生问，辅导员答”“同学之间自我介绍”等，迅速地互相了解。

班级建设中的“第一印象”是至关重要的，因此，辅导员应该精心地做好各种准备，早在新生入学之前就开始酝酿使新生迅速形成“集体”的计划，胸有成竹地迎接新集体的诞生。

2. 建立平等和谐的人际关系

建立良好的班级必须有和谐的人际关系，学生之间平等的人际关系让学生感到自己置于集体一员的位置上，班级内部平等的人际关系是人际关系和谐的基础，在思想上互相交流，在人格上彼此尊重，在尊严上不分贵贱。辅导员也是和他们一起建设美好集体的成员，所以辅导员应该努力使自己成为学生的同志和朋友。

教育学生互相尊重，每个人的尊严是绝对平等的，要让学生认识到，人格平等、心灵相通、感情交融是建立平等和谐人际关系的重要标准，形成真正的平等意识。

3. 培养学生干部和积极分子，形成班级领导核心

培养班干部和积极分子，建立坚强的班级，辅导员要经常和班干部一起分析班级情况，注意做好学生思想工作，帮助班干部明确自己的职责，形成班级领导核心。

实现班级共同目标，抓好班干部的思想教育，班干部有明确的分工，指导他们制定班级计划，让他们树立为班级服务的思想，让他们意识到，班级好坏同自身工作的关系，让他们知道，班干部也是可以犯错误的，但

能马上改正。

团结互助，摆正自己与同学的关系，以自己的模范行动去赢得全班同学的信任，带领全班同学共同进步，为了有更多的学生能参与班级工作，促进良好班级的形成，辅导员还要注意培养各类积极分子，扩大、积累班级中的积极因素，增强班级的凝聚力。

4. 开展丰富的班级活动

班级活动，有学习交流、思想讨论，有游艺娱乐、远足郊游，有学习活动、班会活动、校内校外实践活动等。

班级活动是建立和巩固良好班级的重要途径，是实现班级目标的根本保证。

从教育艺术的角度来看，一次又一次花样翻新、妙趣横生的活动，对集体活动培养集体观念，使班级学生保持生机都是重要途径，同时还可以通过淡化教育痕迹的方法来获得并未淡化的教育效果。

第二节　大学生心理健康教育课程化研究

关于大学生心理健康教育课程化研究，其中明确思想政治与心理健康教育教育的区别与联系，通过结合团体辅导案例掌握团体辅导的技巧，掌握深度辅导的干预技巧，从而对团体辅导与深度辅导有深入的理解与认识，心理健康教育课程化研究中心理危机对于学生在面临重大危机时的应对和缓解的研究，都是了解大学生心理健康教育教育课程化研究的重要途径并具有一定的研究意义。

一、心理健康教育概述

对于心理健康教育课程化研究首先要从了解心理健康教育开始，了解大学生心理健康教育的含义和健康标准及大学心理健康教育系统容易出现的问题，通过以上问题的叙述，进一步深入了解心理健康教育对心理健康教育课程化研究的意义及思政教育对心理健康教育教育课程化研究的影响。

（一）心理健康教育的含义

大学生心理健康教育研究的基础涉及两部分内容：心理健康教育的定义和具体标准。根据 1946 年第三届国际心理卫生大会对心理健康教育所做的概念界定，心理健康教育是指身体、智力、情绪三层面之间的协调；适应环境，同时可以在人际关系中做到相互谦让；具有幸福感；在职业生涯中，可以让自己的能力得到充分的发挥，并让自己的生活过得富有质量与效率。

（二）心理健康教育的标准

对于心理健康教育标准，国内外学者提出了不尽相同的解释；部分学者比较注重适应生活的状况；部分学者认为培养良好的生活习惯尤为重要；部分学者强调人的自我潜能的可实现程度；另外，一些学者将研究的重点放在了积极自我概念上。

1. 国外标准

1951 年美国人本主义心理学家 A. H. Maslow 和 Mittelman 提出了心理健康教育的十条标准。

（1）具备足够的自尊心和安全感。

（2）可以对自我能力进行恰当的评价。

（3）自己所设定的理想、目标和实际情况是符合的。

（4）对自己有充分的认知，可以积极、主动地适应各种社会环境。

（5）保持人格的完整与和谐，自己具备足以适应社会力的人生观、世界观以及价值观。

（6）可以在生活的环境中，学习新的事物以及充足的经验，有较强的环境适应能力。

（7）在社会交往中，秉承利己利人的基本原则，拥有不错的人际关系。

（8）具有情绪控制的能力，可以进行正常情绪的表达、宣泄等。

（9）在以满足组织要求的背景下，可以一定程度上展现个性。

（10）以遵守社会规范为基础，与此同时个人可以获取一定程度的基本需求（包括物质需求与精神需求）的满足。

2. 综合标准

大学生的心理健康教育标准，综合国内外学者的观点可以概括为：智商和情商均处于正常水平以上；人格健全；恰当地进行自我评价，接纳自我；拥有基本的适应能力；具有较强的社会交往能力等。

目前我国大部分学者对心理健康教育标准观点较一致如下。

（1）完整的人格结构。

（2）和谐的人际关系。

（3）客观的自我意识。

（4）积极乐观的人生态度。

（5）一定的认知能力。

（6）规范的行为表现。

（7）坚强的意志品质。

（8）良好的社会适应能力。

（9）正常的情绪反应。

（10）活动效能具备年龄上的一致性。

3. 心理健康教育课程化研究标准

（1）情绪健康

大学生情绪健康，这代表着学生可以在日常生活中保持愉悦的心情，同时对生活充满希望。但在校园生活中大学生难免遭受挫折，如果大学生可以积极面对当下的困难与挫折，那么就表明大学生的情绪是健康的。

（2）完整的人格

完整的人格，是指一个人的人格是健全的，具体来说，具备完整人格的人在知、情、意、行等方面都表现为协调一致。而判断大学生是否具有完整的人格，需要从如下几个方面去考虑：①人格结构的所有要素及其关系都表现为统一协调；②拥有积极向上的人生观；③人格特征与学生身份、年龄特征是相符的。

（3）正常有序的行为

当代大学生的日常行为应该是正常有序的。这是因为人的行为深受社会环境的约束。大学生初入大学的时候，应该独立完成一些事情，但因为大学生缺乏一定的生活经验，极有可能出现一些偏差的行为，此时大学生就需要通过及时的自我调适，让自己的行为与社会规范的要求相符合。

（4）适应性强

适应性，是心理健康教育的基本标志之一，具体含义为一个人的适应能力。故而大学生是否具备较强的适应能力就将直接决定学生的心理是否健康。如果大学生在经历刚刚进入校园的种种不适应以后，能够迅速地调整并积极融入环境，以正能量来面对新的生活、学习环境，那么就代表大学生在心理上是健康的。

（三）心理健康教育常见问题

当代大学生，很少经受过大的困难和挫折，心理承受能力较差，大部分成长过程比较顺利。针对当下社会环境对心理健康教育常见问题进行课程化研究。

1. 适应环境问题

作为心理健康教育教育课程化研究的基本标志之一，环境适应能力是判断大学生心理是否健康的第一要素。对于大学生而言，适应环境并不是一件易事。这是由于学生经历高考之后，将从老师家长陪伴成长的学习生活环境中走出，走进一个“小社会”——大学，而大学的学习生活环境自然与小初高中完全不同，它以独立自主为主要表现。在这个身份与环境的转换过程中，绝大部分学生需要很少的时间就可以完成心理调节，能够花费较少的时间就完成了新环境的适应。

但也要看到部分学生在进行环境适应的时候，其所需的时间过长，甚至出现了极个别学生无法顺利完成这个转变过程，同时也无法适应当下的新环境。正是因为极个别学生出现了适应环境失败的现象，这部分学生在校内的人际关系比较紧张，出现了较大的精神压力，经常闷闷不乐，甚至出现了神经衰弱等问题，导致正常的学习和生活出现了问题。

2. 情绪问题

情绪是心理健康教育的重要标准之一。对此马斯洛曾提出，人的心理健康主要表现为可以适度宣泄情绪和控制情绪。情绪问题对于大学生而言，也是难以控制的。具体表现为在校园生活中，很多学生的情绪不够稳定，甚至会因为一点小事而与其他学生发生争吵。部分学生还会因为在生活中发生的一些小事而耿耿于怀，抑郁于心。上述这些过度化的情绪反应，都直接反映了隐藏在当代大学生积极向上的外表下的心理不健康的特质。

3. 意志力问题

意志力的具体含义为人们旨在达成一定的目标所应该具备的心理特质。对于一名想要成功的人来说，优秀心理品质是必备的。其主要涉及主动控制与调节自己的行动去解决当下问题的心理活动过程。可以说意志力直接将人们在实践中所具有的主体性、积极性和能动性予以表现。

目前，我国大学生在意志力方面的表现为不足。这是因为绝大部分学生很少经历过艰难困苦的“历练”，部分学生在学习生活中遇阻之后，无法正常的调节，无法承受具有一定难度的困难以及挫折，甚至一些学生因意志力的薄弱而无法正常控制自己的感情、情绪以及所作所为。

4. 自我调适能力问题

受到应试教育所存在的弊端影响，部分学生在小初高中阶段就对老师和家长产生了严重的依赖性与惰性。以至于进入大学之后，一旦需要学生自己单独面对、解决问题和挫折的时候，就无所适从。进而在心理上表现为经常处于紧张的状态，经常觉得不安、焦虑，其中涉及了学习、经济、人际关系等多方面的问题。当今大学生被形容是被“抱大”的一代、被宠坏的一代。

(四) 心理健康教育的意义及开展途径

促进学生在德、智、体、美、劳等方面全面发展是我国教育的重要目标。而心理健康教育就是达到上述目标的前提要求和基本条件。对于高校辅导员来说，心理健康教育对其工作课程化研究的存在意义以及开展途径应该以促进大学生在生理层面与心理层面的健康成长。

如果我们无法做到积极有效地开展心理健康教育，高校教育所要求的目标也就无法实现，从而造成学生全面发展沦为空想。如今，越来越多的人开始高度重视心理健康教育在高校教育中的重要价值与存在的意义。这不仅仅源自人们对高校思政教育的本质和规律的认知水平越来越高，而且还来自多年来教育实践以及教学经验的总结与归纳。

当下，高校教育早已由传统意义上的应试教育向着素质教育的方向进行转型。具体而言，以心理辅导为基础的心理健康教育工作，通过心理健康教育工作所采用的独特的工作方式，这种以心理辅导作为基础的教育工作，因其愈发明显的教育效果而在高校教育工作占据了非常重要的地位。

总之，心理辅导并非一种简单的教育手段，也并非用来解决学生心理问题所采取的“应急措施”。从本质上来看，心理辅导是当代高校思政教育中极为重要的构成部分。故而应该将心理健康教育纳入到高校教育的具体实施过程中，同时，促进大学生心理健康也应成为教育总体目标的基本内容之一。除此之外，大学生心理健康教育还为大学生的健康成长以及成为国家建设的栋梁人才提供有力的支持与保证。因此，心埋健康教育应该成为伴随学生完整学习过程的重要课程，在学生的学习生涯中注重学生的身心健康，并积极、正确地指导大学生适应较为复杂的学习生活，从而达成自我发展的目标，以积极的态度去面对独立学习生活过程中所遇到的各种问题，为走入社会打好心理层面的基础。

综上所述，心理辅导为未来的高校思想政治教育的发展提供推动力，同时将在高等教育体系中发挥传统教育课程所无法实现的功能与作用。另外，心理健康教育通过其独特的理论及手段在当代我国思想政治教育中占据重要的一席之地，建立并完善符合目前我国社会需要以及当代大学生特点的新型思想政治教育模式。

1. *心理健康教育意义之外部环境*

外来环境的刺激对心理健康教育发展来说是非常关键的制约性因素。

对于当代大学生而言，无论是宏观层面的社会，还是中观层面的生活社区及微观层面的家庭环境，都会对其心理健康产生深远的影响。

但在这里论述的外部环境多指学校环境。如果外部环境可以为大学生心理健康提供积极的影响，那么大学生的心理健康教育就拥有了最佳“助力器”，相反，如果失去学校环境的支持，容易造成负面刺激。

从外部环境出发，对大学生进行心理健康教育可以采用开展心理健康教育的宣传活动周、讲座等方式来进行。

除了从大学生的角度出发，来论述良好学校环境的构建之外，还应该从教师本身出发。这是由于教师自身就是高等教育以及学校环境的重要构成要素，同时教师群体还是实现校园环境优化的重要动力，只有教师群体的整体素质得到了有效地提高与优化，高校教育以及环境才可能真正得到优化。基于此，教师应该在教学过程中，不断地提高自身对心理健康教育的认知，优化心理素质，将自己所掌握的知识结构予以打破与升级，从而形成与完善开县心理教育的能力。

2. 心理健康教育意义之全方位结合

从整体的角度出发，对高校辅导员课程化开展一系列深入探索的重要价值与意义，需要把心理素质当作基础，并将其他素质进行融入与渗透进行全面的结合。

作为一项具有系统化、综合化特征的工程，心理健康教育教育课程化研究是要把心理品质、心理能力等心理素质层面的培养与美、老、德、智、体等进行有机地结合，从而推动心理健康教育的发展。上述内容既是心理健康教育发展的基本要求，同时也是其他教育追求自身完善的基本要求，两个方面相辅相成。

对于心理健康教育教育课程化研究来说，应该把意志力、竞争意识、协作意识等心理品质、心理素质方面的内容和思想品德教育、体育活动进行有机的结合，使两者可以相互促进，同时把自我教育能力、自我控制能力等心理能力的内容和学校的学生管理进行有机结合，最终起到推动心理健康教育课程化研究的作用。

3. 心理健康教育意义之心理测查

为了满足当代大学生的日益增长的物质需要，同时以科学为基础来促进心理健康教育的发展，不仅应该结合我国青少年发展心理学所揭示的一般心理需要，同时还应该依据高等教育的发展以及具体心理辅导的需要来开展必要的心理测量、心理调查及行为观察等一系列实践活动，从而让心理辅导可以具备较高的针对性与实效性。

心理检查主要包括了如下几个方面：对大学生实际心理需要有深入的了解，以班级（年级）集中的心理健康教育的教学课堂辅导或是相关主题的系列心理讲座提供一定的理论依据；采用心理测量的方式，第一时间发现、正确、科学地辨识与诊断大学生所存在的心理问题，为后续的心理咨询、心理治疗等相关活动提供依据。只有将上述内容一一做到位，高校辅导才能凸显其价值与意义，同时为心理教育的课题探究提供量化材料。

4. 多种形式课程化研究途径

事实上，开展心理健康教育的课程化研究，途径多种多样。受到环境的多变性、大学生心理的复杂性的影响，大学生的心理需要自然无法一一得到满足。除此之外，学生在心理发展过程中所存在的独特的矛盾也无法通过单一形式的教学课程来解决问题。这些论述的内容都导致大学生现阶段出现的种种心理问题无法通过时间有限、教授内容有效的课堂，以集中辅导的形式，就可以彻底解决大学生心理问题。

由此可见，根据大学生的实际情况进行有针对性的心理咨询自然就成为高校辅导员日常工作中非常重要的内容。从某种程度上来看，这种个人心理咨询可以满足部分学生具体心理需要。作为一种解决心理问题的重要途径，心理咨询的具体内容以及开展的要求，具体如下：结合学生所咨询的问题的性质，不同大学生的个性特征以及不同的心理需求，通过多种多样的形式来完成大学生心理咨询活动。

为了可以更好地满足具备不同心理特征大学生的实际需要，高校辅导员可以有针对性地将开展的形式进行丰富，如针对相似问题的团体辅导，在专门封闭的心理咨询室来开展面谈咨询，通过通信手段进行电话、网络咨询以及将近期比较有代表性的问题集中借助喜欢的校园公共网络平台来为学生答疑解惑。

总之，通过采取心理咨询这种方式，帮助学生及时地明确问题，将问题发生的原因找到，选择适合自己的减轻压力的方式，学会化解矛盾冲突的种种手段以及及时、科学、合理地矫正错误认识以及不良行为，甚至可以起到矫治轻度的心理障碍的作用。换言之，高校辅导员应该以心理咨询为重要媒介，把在大学生身上出现的问题在处于萌芽状态的时候就解决掉，从而阻止大学生心理问题的恶化，最终造成学生患上难以根治的心理疾病。

二、心理健康教育课程化之团体辅导

（一）团体心理健康教育课程化研究的趋势

团体辅导（又称团体咨询、集体咨询、群体咨询、小组咨询）是一种在团体情境中提供心理学帮助与指导的重要方式，它是通过团体内人际交互作用，促使个体在交往中通过观察、学习、体验，认识自我、探讨自我、接纳自我，调整和改善与他人的关系，学习新的态度和行为方式，以增强适应能力的助人过程。

由于团体心理咨询的独特之处和肯定的效果，应用于学校、企业、医院、社区、司法等各个领域，在国外及我国的港台地区已得到广泛的发展。随着我国内地改革开放的全面推进、以人为本管理理念的提出，人们的心理健康教育越来越受到政府、社会、企业、学校、家庭的关心和重视，近年来团体心理咨询已经在内地受到重视并开始应用，成为心理健康教育、心理咨询工作、管理培训的一种新的发展趋势。

（二）团体心理健康教育课程化研究的过程及实施方法

根据相关研究表明，影响团体辅导过程为前置因素、中介因素以及后效因素。

1．前置因素

（1）团体成员，主要包括团队成员的性别、年龄、社会经济地位、参加动机、对团体咨询的期望、人格特质、行为方式等。

（2）团体前的准备，主要包括成员的选择、教育准备、组合等。

（3）团体指导者，主要包括团队指导者的性别、年龄、教育水平、人格特质、领导行为、理论技巧等。

（4）团体处理，主要指的是团体性质、咨询理论及治疗焦点。

2．中介因素

（1）团体过程因素，主要包括角色地位、语言、非语言行为、自我表露、反馈等团体内沟通的形式。

（2）团体发展阶段因素，主要包括主题的改变、行为的改变、指导者行为的改变、成员与指导者行为互动的改变。

3．后效因素

主要包括团体效果，包括成员行为改变、效果评估等。

4. 实施方法

在开展完整的辅导活动之前，应该先依据活动的形式与内容划分为五次来进行。这五次活动时间的间隔为七天。五次辅导活动的目的与意义具体如下。

第一次进行辅导活动的目的是让参与活动的学生对其他人有所了解，在活动过程中记住其他学生的姓名及基本特征；第二次进行辅导活动的目的是促进学生拉近距离，进一步了解其他学生，从实践活动中感受到人际交往的重要性；第三次开展辅导活动的意义就有所不同，而且内容上更偏重实践部分。在这次活动中，学生应该在实践中了解与学会社交的重要性以及重要的方式，具体表现为学会社交所需要的种种技巧，真切感知团队意识对团队工作的重要性；第四次开展辅导活动的为了让参加活动的学生可以正视自己，用通俗的话说就是正确认识自己，不仅要以客观的角度来看待自己，同样也要用客观的角度去看待其他人，从这个过程中，学会克服自己的自卑心理，在活动中增强自信心，在新环境中正确找到自己的位置；最后一次进行的辅导活动，就要站在集体的角度来明确共同奋斗的目标，提高集体的凝聚力。

在这里需要强调的是，不仅要在辅导活动后对学生进行测量，从而得到反馈结果，更应该在辅导活动前，先对学生进行一次初始结果的测量活动。通过大学生人格问卷，仔细观察大学生在参加团体辅导活动前后所产生的心理层面上的变化。与此同时，在五次辅导活动结束后，高校辅导员还应该发放自行设计总结性评估问卷，以检测活动效果。

除了上文所论述的内容，在辅导的过程中，高校教师还可以采取如下方式来帮助学习完成心理健康教育课程在日常生活中的实践：将课外作业当作辅助，要求学生在日常的学习与生活中将辅导传授的方式方法进行积极、主动地应用，如在校园中如何帮助他人、关心他人等。还可以要求学生将学习周内自己让其他人感动以及其他人让自己感动的事情详细地记录下来，在这里学生不应关注所需记录的事情大小，而将关注点放在体验自身对事情的感受上。基于此，达到了巩固辅导效果的作用，在过程中逐渐加深学生对人际交往的理解，并且可以通过社交来认识与了解其他人，从而养生一种良好的习惯。

三、心理健康教育课程化之深度辅导

结合相关文件及有关研究，本书的深度辅导是在深入了解学生心理问题的基础上，运用科学的方法，有目的性的对大学生进行心理的深层次辅导。结合对相关文件的理解及自身实践的分析，本书认为深度辅导主要包括要求针对性、要求科学指导、要求精细操作。

针对性是指深度辅导是针对有心理问题的学生展开的，每个学生的问题都是不一样的，在进行辅导之前需要对学生的具体情况进行具体详细的了解，找出产生心理问题的原因，根据实际情况运用科学的方法制订解决方案，从根本上解决问题。

科学指导是指随着社会环境的日益复杂和多样，学生出现的心理问题也越来越多，产生的原因更是千差万别，这就要求对于学生的辅导要更具科学性，很多时候需要我们运用专业的知识和技能才能解决。找到产生问题的原因，通过分析原因，结合实际情况，进行科学的深度辅导。

精细化操作是指深度辅导是一对一的辅导，在辅导的过程中要求关注学生的每一个细节，通过沟通走进学生的心灵世界，深入了解学生的学习生活情况、家庭情况以及近期的情绪变动，利用专业的知识和经验深入思考和探索隐藏在学生表象情况背后的实质问题，引导学生寻找有效的解决方案。

（一）深度心理健康教育教育课程化实践指导

辅导员在开展高校心理辅导工作时，必须采用主动、灵活的工作思路。罗杰斯认为，教育过程是具有生活意义的师生共同成长历程，是师生共同走向潜能充分发挥的过程。

从这个角度来看，在高校的心理辅导工作中，辅导员与学生之间的师生关系早已不是传统意义上的教育者与被教育者，而是彼此促进与学习的新型师生关系。这种新型师生关系可以彼此转换，两个具有不同生活经验体的个体在心灵交流的过程中可以进一步深化双方的心灵空间。

对于高校辅导员来说，每一次的心理辅导工作都在努力促进学生实现全面的发展以及提高学生的综合素质。可以说辅导员与学生的所有交流、沟通、谈话都在向着达到上述目标而努力。从当事人中心疗法的层面分析，罗杰斯式的努力恰好可以帮助辅导员达到目标。

1. 有责任感的促进者

根据罗杰斯的教育观点，教育者被促进者一词所代替。它的理论基础是当事人中心疗法的治疗思想，这一思想观点在心理辅导工作中主要表现为一种平等的对话关系。其中辅导员作为具有亲近关系的朋友角色，这也将为交流制造一种融洽的气氛，这也在一定程度上避免了辅导员在学生处留下灌输知识的权威者角色。

罗杰斯利用当事人中心疗法的治疗原则，基于此，总结归纳了作为好的促进者所需要具备的四种特质，并将其运用到心理辅导工作当中，具体如下。

(1) 诚恳对待学生，表里如一。

(2) 有信任感，充分相信学生的潜能。

(3) 具有同情心，擅长洞察学生的精神世界，给予学生更多的关注。

(4) 尊重学生，更加注重学生的经验、情感以及相关意愿。

2. 有真实感的个体

要想心理治疗可以具备价值与意义。心理咨询、治疗师以及来访者之间应该形成密切的联系。并在此关系中咨询师与治疗师应表现为一个具有统一整合的特性的人，也就是真诚透明的人，具体含义为有真实感的个体应该表现出真实的自我，而非一种角色，或是一种特定形象的伪装；他可以摆脱面具来生活，同时通过其言谈举止，可以将内心真实的情感与体验全面地传达。除此之外，咨询和治疗师应和来访者在交流与沟通的过程中，处在一种心理层面的接触状态之中。

如果将上述内容积极引用到高校心理辅导工作当中，那么辅导员就要成为一个具有真实感的个体，具体而言，辅导员应该对自己的生活、情感体验有足够与正确的认知，同时还可以把面对自己的态度坦诚公开；如果遇到感兴趣的话题，态度热情而诚恳；反之，如果遇到不感兴趣的话题，也觉得厌烦。但辅导员作为一名教育者不会将自己对事物的主观看法或是对事物的喜好直接加在学生身上。如果辅导员能够从共性的课程标准的化身中抽身，那么就可以实现为学生传递个性的精神。

3. 营造充满张力的谈话氛围

应营造充满张力的谈话氛围，为了实现这种氛围，辅导员的工作态度必须体现着当事人中心疗法中的接纳精神，这种接纳随时体现在和学生的每次对话过程中。

在高校心理辅导工作中，中心目标应该是帮助学生发展一种有助于自我激励、自我实现和有意义学习的关系和氛围，这种范围允许学生们根据自己的价值观和兴趣决定讨论的开始和方向。

作为引导者，引导他们做出自我的调整或改变，感受到更多的自由而不是束缚，帮助学生激发起内在的潜能，学生的行为从相对不成熟的行为向相对成熟的行为改变，更加包容地面对新事物和新观点，更加具有倾听的愿望，更加开放地接纳自己和他人，是学生生活和学习功能的改善。

根据当事人中心疗法的理念来认识师生关系，核心均以人为本，工作开展的出发点和落脚点都强调要顺应人性，尊重人、关爱人和发展人。

积极营造以人为本的教育环境，使思想政治工作取得更大的成效，当事人中心疗法和高校心理辅导工作演化为实用的教育方法，能够使受教育者拥有真实、完善、高尚的自我。

（二）深度心理健康教育教育课程化叙事治疗法研究

1. 课程化叙事治疗研究的理论基础

从本质上来看，“叙事治疗”是一种社会工作实践模式。这种社会工作实践模式的理论基础是后现代认知论和哲学观。经过一段时间的发展，这种治疗模式被来自澳大利亚的学者 Micheal White 以及来自新西兰的学者 David Epston 在 20 世纪 80 年代第一次正式使用。

20 世纪 90 年代，Micheal White 与 David Epston 两人共同研究后的理论成果——著作《从叙事方法到治疗的终点》正式出版发行，该著作对于“叙事治疗”来说具有里程碑式的意义。正是由于该著作的发行，叙事治疗方法在心理治疗领域以及社会工作领域开始盛行。

由于叙事治疗是将后现代主义作为重要的理论基础，与后现代主义同样具备非中心性、不确定性以及多元性的基本特征，并且尤为注重特定的语境以及时间维度所产生的影响与作用。具体来说，“叙事治疗”认为现实世界都是通过人们的解释、说明以及论述而被逐渐得到认知的。可见“叙事治疗”处于时间变换内部，而叙述的“真实”其实是被人为筛选过的，因此它深受社会环境以及文化环境的约束与影响。

在以往的心理治疗中，个人模式与家庭模式都存在一些相同的基本假设。站在个人的角度进行分析，治疗师将其个人的专业背景作为基础，对来访者问题进行一定的预设，与此同时对学生内心“真正”发生的情况比较熟悉，故而可以在心理层面上积极地指引学生走向正确的方向，从而将出现在心理层面的缺陷和障碍予以克服与解决；而系统模式则完成了改善与升级，它把观察的范围进行了扩大与拓展到家庭成员，依旧是相似的假设，但差异点在于治疗师了解一些既正确又具有功能性的方式，能够让家庭成员之间进行有效的交流与沟通。但以“叙事治疗”为代表的后现代心理学却有不同的见解，即不认为存在唯一客观的“现实世界”，故而人们进行叙事在本质上就是在赋予意义，即个体就是意义所在，而决定个体生活态度的正是采择何种意义或是采取什么样的话语去理解这些意义。

从内容上看，传统意义上的心理治疗比较注重个人的心理层面，但叙事治疗就截然不同，它强调社会文化与环境因素。之所以前者注重个人的心理层面，这是由于传统治疗坚信客观普遍性真理，心理分析、行为学派以及认知疗法三者进行研究的时候都是以个人心理层面为重点而开展的，之后的探究途径就有所差异，有的从个体的童年经验开始研究，将在童年就出现的未解决的情结进行寻找与解决，有的则对个体行为展开练习，利用强化消退实现固定适当的行为；有的为了构建合理的信念，而在找个体不合理的信念，并对比展开辩驳，从而实现心理层面的平衡。

在“叙事治疗”看来，所有个体都具备各自的成长环境、信仰等，这些都以个人成长为重心，从而产生社会脉络，从这个角度来看，所有的意义都源自社会交往的过程，并不存在脱离社会文化背景的个体。无论是社会文化偏见，还是刻板印象两者都将对个体故事的塑造产生深远的影响。

例如，在进行高校学生的心理咨询过程中，发现不少出身农村的学生对鬼、死亡等相关的问题极为敏感与恐惧，这种惧怕的心理会在与其他同学交往过程中表现出来，如强烈的自我怀疑和否定感，这也对学生在社交过程中形成自我同一性受到阻碍。从本质上来看，上述出现在部分学生身上的现象与农村的丧葬习惯、避讳死亡话题等文化因素具有密切的关系。其实这并非特殊的文化现象，一旦部分学生知晓这一文化现象的普遍性，便会减少紧张感、疑惑以及恐惧。

在传统意义的心理治疗中，作为领域专家，治疗师将成为完整过程的主导。相反，在“叙事治疗”中治疗师的身份便不再是以往“权威性角色”而是与来访者处于平等的地位，对未知的心理问题进行双方积极的共同探究。分析传统意义上的心理治疗的中治疗师，由于这些专家在心理实践活动中拥有绝对的话语权与指导权，每当大学生在日常生活中因生活经验、知识与技巧的缺乏而遇到种种挫折，会向治疗师求助，希望可以得到专家的指导与帮助。

根据叙事治疗的相关思想观点，叙事治疗强调所有个体的生命状态，基于此，在叙事治疗看来，心理咨询需要以一种与个体生命状态过程一同前进的姿态，以尊敬的态度与旺盛的好奇心来面对每一个个体，并与其形成合作关系。这里的合作关系是平等的，并与种族、文化背景、受教育水平、年龄等个体差异没有关系，总之，叙事治疗主张“共同参与、相互支持”，个体差异带来的是关系上的积极探索。

在传统治疗看来，对学生在心理层面的病态以及缺陷进行诊断是非常重要的内容。在对学生进行心理诊断的过程中，“叙事治疗”将心理上的问题及其相关经验进行信息整合。分析以往的治疗，发现传统的心理治疗认为学生身上有问题，作为有问题的个体，学生经常在日常生活中肩负压力，经常遇到各种困难与挫折，而且上述都是可以预知的，可能深藏在童年回忆中，可能不具备足够的交流技巧，甚至还有可能人格特质的偏差。根据相关测查数据显示，治疗师可以结合相关知识，针对不同的症状分别解决问题，正确地帮助以及指导大学生走向合理且正确的方向。在“叙事治疗”眼中，人自身并非问题，问题只在有问题的叙说身上。通过学生与治疗者双方的平等关系以及共同的积极探究，进行经验的重新整合，从而将新的生命故事进行新的组合与诠释，通过上述过程，治疗者可以帮助学生积极面对之前具有压迫性的和占重要、支配地位特征的叙事方式，使原先的故事性质发生改变，即使新的故事充满正能量，与此同时通过治疗，促使学生化为源自自身故事的作者。事实上，之前具有社交障碍现象的学生在得到足够的话语权，在慢慢找到生命真正的价值与意义之后，开始变得乐意和集体（组织）共同享有他们自己所拥有的自我限定的权力，此时的他们比之前富有力量且不失温和。

2. 干预技术

（1）外在问题

一般来说，在学生不多的生活经验中，糟糕的经验占据了大半部分。如果以传统的心理咨询方式来解决问题的话，只会带来学生的抵触与厌恶心理。事实上，被反复强化的不好的回忆，就是将现在的印象与之前糟糕的经验进行连接的重要纽带。

外化问题则能够将学生与问题分离开，那么，需要积极面对的问题为负面的可能性较大，如“暴躁的脾气”“孤立的人际”等。如果学生自身是积极向上的，且充满正能量，那么就可以将在日常生活中经常被忽视的那些好的情节和记忆进行重新地组织，并将其再一次归到日常生活的主导故事中。通过外化问题这种方式，学生的视野得到了进一步的拓展，并且拥有了更加宽广的叙事空间，从而使学生可以见到更多的可能性以及各式的形态。

当问题经过外化之后，学生就可以知晓如何与问题展开互动。在开放、好奇及赞许态度的影响下，由于一定的信任，学生可以正确地意识到自己就是经过重新组织的故事的第一创造者，并且应承担起改变故事的责任。随着外化谈话程度的加深，之前具有力能并给人带来愉悦感受的情节，从以往被人们所忽略而慢慢重新进入视野，不仅带来新的希望，同时也带来了改变的力量，这是由于成功可以被复制，只要学生在治疗师的帮助下可以重新审视之前原本可以引领成功的种种因素与情境即可。

布鲁克（Brook）对外在问题有过如下的见解：“故事是由事件组成，而情节则将事件串联成故事。”由此可见，外化问题旨在指导学生将导致其问题愈发严重的根本缘由，而这种缘由促使学生屡屡受挫。人们往往比较习惯选择将问题视为主导的事件版本。“他太自私，因此身边没有朋友。”如果身边所出现的话语与上述类似，基于此，原本就糟糕的故事会愈发具有说服力。此时那些不符合该叙事的情节就会被忽视，并促使存在希望与可能性的线索慢慢变得模糊，如“当其他班的同学背地里说自己班的坏话的时候，他就会非常激动地跳起来对言论进行反驳。”令人遗憾的是，之前经过积累的负面情节经常会被附上“总是”“永远”等字眼，这给人们留下了更为糟糕且难以忘怀的印象，使得人们慢慢得出了不够严谨的自我同一性认知。如果辅导员在工作过程中，遇到了与上文所述情况相似的学生时，辅导员需要反思这些声音背后所暗藏的种种线索。“学生是不是真的了解自己想要什么?”类似的反思对于外化对话的进行极为有利。

另外，辅导员在反思导致问题产生的根由时，还应该细致地听取学生具体叙述的内容以及过程，同时还应该多多注意“问题”的具体运作方式，从而将问题情节精准地分辨出来。这是由于通常那些使问题不断加重的信息都源自之前没有通过检验的生活假定诸如此类：“如果他们都这样嫌弃我，说明我很糟糕。”

对于外化叙事来说，为“问题”和情节命名是其操作的常见手段。命名旨在更为确切地外化“问题”，并将“问题”独立为在个体外部的一个事件或客体。虽然大学生处于青年期的成长阶段，且不具有丰富的生活阅历，但是学生不够复杂的人际关系以及在校园生活中所经历的对生活产生重要影响的事情依旧不少。从这点来看，怎样将成长过程中经历过的种种情节进行串联就变得格外重要，这是由于最终被保留在故事中的情节通常都经过了世俗文化的过滤与沉淀。

例如，高校辅导员对一个在自己这里进行心理咨询的学生所留下的印象是“将美好的时光都消耗在梳妆打扮上，其他学生也说这位女生经常换男朋友，平时也不好好学习。因此成绩差，刚上完大学一年级第一学期的课就出现了科目不及格的现象，这样下去迟早会被退学”。在与上文类似的故事情节中，无法将叙述直接开展，这是由于站在学生的角度，这些都是遭受批评的事情。但通过外化谈话的展开，学生可以将“问题”直接命名为“孤立”。如此一来，学生就可以正式摆脱徘徊在自己身上的一些羞耻感与自责，并将自己处于“问题”之外，同时和心理咨询师共同寻找“孤立”的缘由，即到底是什么原有让学生愈发不快乐以及这些不快乐是如何影响学生生活的。通过多种方式，让学生不要因为生活中经历的挫折与失败而受伤，并且能够及时缓解因其他学生的排挤而带来的压力，此时可以保护学生的就只有“孤立”。如果让学生他相信其他人对他没有付出真心，那么学生不仅作为一个失败者，同时也是“孤立”的。

当外化叙事得以展开后，就能够见到个案叙述的“问题”的负面情节与“经常情绪失控，摔打东西”“无价值的”等相关经历具有较为密切的关系。由此可见，如果对问题进行“命名”，能够让学生更为清晰与直观地见到始终坚持的无效方法，这些都在某种程度上阻止了学生得到健康的资源，从而应该寻找替代性策略，这样不仅可以减少负面后果，同时还可以实现相同的目标。

（2）给予他人帮助

从学生的角度出发，如果可以帮助他人，既可以得到一定的成就感，同时还可以为处在相同困境的学生一些真诚的帮助，这个帮助的过程就是一个重新叙事的过程。如果向学生提出：“如果一年后，有个学生同样遇到了类似的问题，可以把这位同学介绍给你，让你来帮助她吗？”上述信息传达的正是对学生现在已有的内心力量的一种肯定以及对未来的信心。当上述假设更为具体化，即“当这样一个女生来找你寻求帮助的时候，你觉得可以给她怎样的建议？”那么，此时学生就会总结、归纳、整理在治疗过程中所进行重新组合后得到新诠释的新故事线索。如果学生回答的是“我可能会告诉她这其实将会是一件需要长时间在心中进行抵抗的事情”，从内容上来看，上述线索的内容主要反映的是学生对当下的困难及其可能会被反复的认知与一定的心理准备；如果学生回答的是“越快乐的话，问题也会变少”，上述线索主要反映的是在活动中所得到的有效策略；如果学生回答的是“我可以从困境中走出来，你也一样可以”，上述线索所反映的是学生对未来生活的信心以及对自己克服困难的鼓励与表扬。

（3）运用治疗文件

运用治疗文件也是一种极其重要的干预技术，它旨在让学生可以看到自己所拥有的能量以及相应的变化，总结与归纳咨询进展对治疗来说非常有益，即强化重新架构的故事。具体来说，治疗文件包括如下几种：咨询笔记、录音、录像和信件等。下面对日常治疗过程中，使用信件所产生的效果进行具体、细致地阐述。

随着社会生活节奏的加快，写信越来越少见，通过网络渠道来传递信息，交流感情，分享故事早已成为社会主流的交互形式。在这种信息化社会大背景下，如果学生可以收到一封关于成长交流的真诚的手写信，自然会感受到自己得到了尊重与认可，这对于之后的咨询来说是有利的。其实，有关成长交流的信件也可以不必只通过手写这一种方式，诸如 QQ 邮箱之类的学生日常所使用的交流平台也可以完成，甚至可在比较重要的节日或是对学生来说比较特殊的日子，利用节日贺卡来完成。

在信件中，极为重要的环节就是一字一句地引用谈话中的笔记内容，通过这个环节，可以促使学生对自己之前所构建的个人的故事进行复习，而故事中的观点与语言通常可以鼓励学生在面临生活困境时，进行反复的思考，从而将之前连接负面情节的可能性直接破坏掉。总之，通过信件这种方式可以起到鼓励学生与自己建立合作的作用，共同创作出具有希望的故事。

除了上述功能之外，治疗信件还可以为造成学生在心态上发生改变的人写信。或在学生在治疗过程中，进行重组叙事的时候曾经多次提及的人。通常，这个类型的信件多由学生与治疗师一起协商、组织创作。

一般来说，该类信件或是写给父母，或是写给同学。无论收信人是谁，共同之处都在于将之前被心里问题所控的消极表现进行诚恳的道歉以及希望能够获得重新开始互动交流的机会。如果学生正确意识到问题是如何对自己的生活产生影响的时候，经常需要周围与其具有亲密关系的人给予帮助与支持，促使学生可以有勇气、有力量和习惯性的问题故事进行激烈的抗争，并且构建新的故事架构提供一定的正面情节。一般而言，人们也喜欢见到原本在心理上表现出不健康的人可以有所改变，因此绝大部分人会给予积极正面的回应，进而叙事具备更加积极的方向的进步动力。

（三）深度心理健康教育教育课程化应注意的问题

1. 引导体验

与传统治疗师相比，叙事治疗的提问更多是为了引导体验，而非搜集信息。传统治疗师往往以自己的理论视角为出发点，来缩小治疗中可以谈论的范围。那种专家的姿态往往使学生无法随意地表达自己的不赞成，而学生一旦表现出不配合，往往会定义为“病态表现”或者“阻抗”，使学生产生自责或疏离的感受。

叙事治疗采用开放和探索的态度，让学生充分表达对目前困境的看法，有没有跟其他人谈论过，对方是否给予了建议，可否有经过实践证明有效的建议。这种态度充分展示了对学生个人能力的信任，展示了“叙事治疗”的哲学观，每个人都是有能量的人，才可以找到改变自己生活的适合的方式和策略。

当提问引导出学生现实生活中比较喜爱的体验时，其本身就具有治疗性：对于第一次来的充满焦虑的学生，可以先撇开当前困境重重的境况，用再创作的方法，从她喜欢做的事情谈起，比如她对化妆和服装的理解，欣赏她的爱好和独特，在这样过程中传达的尊重会为之后的叙事打下基础，同时也能较好地减轻焦虑。

2. 不能忽略对方曾经的付出和努力

外化问题是叙事治疗过程中一个很重要的工作环节，但是太快的外化问题，会造成一个不良的印象，就是仿佛撇开了纠缠学生如此之久的痛苦，所以一般咨询通用的共情技术在叙事治疗中是同样重要的，要让学生有表达的空间，不急于界定问题。即便外化问题的过程中，治疗师会通过对细节的反思引导学生思考，但是最后重组和建构新的故事，一样是由学生完成的，治疗师更多的是倾听，表达自己的好奇和疑问。叙事治疗始终是对话的过程，双方的声音都很重要，特别是学生的，不能在治疗过程中替代学生去建构，那样学生会变得依赖，失去自己的声音，这样的叙事是无法迁移到现实生活中的。

3. 对问题的影响力要有充分预估

由于惯性的作用，那些在我们身边已经习惯了以“问题”主导的述说还是会经常侵扰学生，那些“问题”故事中曾经被赋予某些经验意义的情节，还会不时地试探、干扰，这并不是旧病复发，而是对抗策略的试金石，因此，要有心理准备，这种问题的“反击”是可以预知的，一定会发生的。因此，在叙事会谈的过程中，就要充分对这种可能性情况展开对话，通过对话，预估学生对抗问题的准备是否充分。“如果问题卷土重来，你又在宿舍感到被孤立了，你会回归到以前的状态吗?”“如果那种孤独的感受又一次侵袭了你，你是否会选择以新的恋爱来填补?”“如果最近堆积了一堆不顺利的事情，你是否又会被坏脾气所控制，乱摔东西?”当学生充分思考了这些问题，能够肯定地确认新构建的故事能够支撑她面对这些问题，同时她也已经通过对过往成就经验的挖掘，发展了相应的策略时，我们就有理由相信，学生已经开启了新的属于自己的故事。

通过以上实践指导和叙事治疗法的研究，在通过应该注意的问题，本内容则是针对各类学生进行深度辅导的具体案例进行分析。

四、心理健康教育课程化之心理危机

（一）高校心理危机课程化研究

1. 高校学生面对事件成为危机因素的课程化研究

面临重大生活事件或者是其他突发事故时，我们心理承受的危机，就是心理危机，比如作为个体又无法回避的事件，我们在面临亲人的亡故和突发生命状况灾难时，并且还不能用正常的方法来解决问题出现时发生的心理失衡状况。

影响事件成为危机的因素主要有三个，第一个是对于个体来说是否拥有帮助自己的社会支持系统；第二个是个体在面对危机时，能否有效的应对，能否从过去的经验中获得方法；第三个是个体对于某事件发生的看法是否会对自己将来产生重大影响及意义是否重大。

由于个体在这三个方面可能存在着较大的差异，因此，相同的事件对不相同的人构成不一样的危机，或者不构成危机。

2. 高校学生心理危机分类及产生原因的课程化研究

在当今社会环境下，我国大学生心理危机来自不同方面的影响，但是对其本质的影响主要有以下三类：

（1）发展性危机

发展性危机包括升学危机和心理危机等，主要是个人在成长过程中不同阶段所遇到的危机，也就是对转变快速的事情和急剧变化的事物所产生的异常反应。

这些危机是我国大学生在生命中必要的转折点，每次危机发生时的成功解决都是大学生走向成熟的标志，并且每次危机的发生也是大学生重大人生转折点。

（2）境遇性危机

人质事件、交通事故、突然的癌症或者是死亡、自然灾害（地震、洪水等）和别人强暴等，都属于境遇性危机。他的主要特征是无法预料的、突如其来的和难以控制的心理危机。

（3）存在性危机

伴随重要的人生目的，而导致的个人内心的冲突和焦虑，人生中一些的重要事件出现问题，人生责任和未来发展等内部压力的冲突和焦虑的危机。

（4）心理危机的主要原因

针对大学生现状，分析我国大学生的心理危机主要原因，有以下几个方面。

在成长中人格面临的挫折和早期经历的不良现状。在适应社会能力差，人与人之间的交往存在障碍和自卑现象。在成长道路中，面临的学习和择业及就业压力带来的心里烦恼。

综合以上内容可知精神疾病是导致大学生心理危机的主要原因，同时也是现在很多大学生自杀的原因，心理危机还包括情感和性问题带来的困扰。

3. 心理危机特征的课程化研究

针对我国大学生的心理危机的现象，主要将其归纳为突发性、紧急性、痛苦性、无助性、危险性五个特征性。

（1）突发性

突发性危机首先具有不可控制性，危机的出现常常是出乎意料的，突如其来的。

（2）紧急性

紧急性危机的出现就好像突发疾病一样，需要人们紧急的应对，有可能一瞬间的疏忽，就会埋下一颗危机种子。

（3）痛苦性

痛苦性危机的发生往往涉及人尊严的丧失，一旦发生后或多或少的都会给当事人带来一定的痛苦。

（4）无助性

无助性危机发生时，对于心理自助能力差的和社会心理支持系统不完善的，就会感到无助，危机的降临，本身就会使人产生无所适应的感觉，危机对人们未来的计划产生威胁和破坏。

（5）危险性

严重的危机会导致危机自己的生命，有时还会危害他人的生命，危机之中隐藏的危险，是不可预料的，并且它在发生时，产生的危害也是不可预料的，但是不管的它的危害有多大，一定会影响到人们的正常生活的。

（二）高校辅导员如何识别心理危机的课程化研究

1. 从宏观方面来说的课程化研究

大学生学习和就业压力、生理疾患、自我期望值过高、情感挫折、心理障碍，在学习上遇到挫折后产生很大的经济压力、心理落差、失落感和家庭变故以及周边生活环境等诸多因素，会导致心理危机发生。

引起心理危机、导致自杀等极端行为的主要原因：精神分裂、自卑心理、抑郁心理、孤僻性格、抑郁症等精神疾病。

抑郁心理与孤僻性格往往与人格发展、早期经历不良等因素有关；自卑心理往往与自身缺陷、自我期望过高过低等因素有关；而抑郁症和精神分裂是心理问题已经危机化了，并且随时随地都有可能发生极端行为。

2. 从微观方面来看的课程化研究

通过刚才的宏观方面进行大学生心理识别危机，来讲一下如何从微观的角度来识别大学生心理危机。

（1）情绪基础

情绪的基础是需求，在心理学中可以充分反映心理情绪的一方面，主要体现在个体的需求是否得到满足。当个体的需求在得到满足时，就会产生积极的情绪，如果得不到满足就会产生消极的反映。

大学生具有良好的情绪是健康心理的重要标准之一。不良好的情绪会引发一系列心理反应，主要包括躁狂、焦虑和抑郁及淡漠等不良心理因素。

在情绪突然不同于以往，出现不良情绪反应，情绪突然改变，如意识范围变窄、烦恼或喜怒无常、忧郁苦闷、焦虑不安、无故哭泣、情绪低落、自制力减弱、悲观失望、自我评价丧失等消极情绪时，就有发生心理危机的可能。恶劣的情绪也是判定个体发生抑郁症的重要临床表象。

（2）学习兴趣下降

学习兴趣下降。无法进行正常的学习和听课，上课无故缺席，常迟到早退，成绩陡然下降。心理学认为，正常、有效、良好的学习能力是个体心理健康教育的前提和标准。当个体在智力正常的情况下突然丧失了学习这一能力时，就说明是心理状态发生了问题。

（3）丢弃或损坏个人喜爱物品

丢弃或损坏个人平时十分喜爱的物品这也是十分典型的识别根据。如果个体大学生不能正常有序的学习和生活，把自己平时很喜欢的东西随意丢弃或毁坏等，这意味着不正常的心理行为发生了，而且是心理障碍达到危机的程度时，才会出现的情况。

（4）自杀意图的流露

自杀意图的流露。对自己生活的世界表现出生无可恋、无所牵挂的样子，如谈论自己的死或与死有关的问题，或写下遗嘱之类的东西。有的甚至已经试图采取过某些手段企图自杀。

（三）高校心理危机干预基本步骤的课程化研究

心理危机干预就是对处于心理危机状态者采取明确有效的措施，使症状得到缓解，使心理功能恢复到危机前的水平，并获得新的应对技能，以预防将来心理危机的发生。危机干预的主要目标是降低急性、剧烈的心理危机和创伤的风险，稳定和减少危机或创伤情境的直接严重后果，促进个体从危机和创伤事件中恢复或康复，帮助的及时性、迅速性是其突出特点，有效的行动是危机干预成败的关键。

1. 确定问题

危机干预的第一步是从求助者的立场出发，确定和理解求助者的问题。干预人员使用积极的倾听技术：同感、理解、真诚、接纳以及尊重。包括使用开放式问题。既注意求助者的语言信息，同时也要注意其非语言信息。

2. 给予支持和帮助

危机干预强调与当事人沟通和交流，通过语言、语调和躯体语言使求助者认识到危机干预人员是能够给予其关心帮助的人，让求助者相信“这里确实有很关心你的人”。

3. 制订行动计划

帮助当事人做出现实的短期计划，包括另外资源的提供应付方式，确定当事人理解的自愿的行动步骤。计划应该根据当事人应付能力，着重于切实可行和系统地帮助当事人解决问题。计划的制订应该与当事人合作，让其感到这是他自己的计划。制订计划的关键在于求助者感到没有剥夺他们的权力、独立和自尊。

4. 得到当事人的承诺

帮助当事人向自己承诺采取确定的、积极的从现实的角度是可以完成的行动步骤，这些行动步骤必须是当事人自己的。如果制订计划完成得较好的话，则得到承诺是比较容易。在结束危机干预前，危机干预工作者应该从求助者那里得到诚实、直接和适当的承诺。

（四）高校危机干预主要应用技术的课程化研究

1. 课程化研究——支持技术

尽可能地解决危机是支持技术应用的目的，使病人的情绪状态恢复到危机前水平。

由于危机开始阶段病人焦虑水平很高，应尽可能使之减轻，可以应用暗示、保证、疏泄、环境改变、镇静药物等方法；如果有必要，可考虑短期的住院治疗。

2. 课程化研究——干预技术

干预技术又称解决问题技术，帮助病人按以下步骤进行思考和行动，常能取得较好效果：明确存在的问题和困难；提出各种可供选择的方案；罗列并澄清各种方案的利弊和可行性；选择最可取的方案；确定方案实施的具体步骤；执行方案；检查方案的执行结果。在这里临床医务人员的作用在于启发、引导、促进和鼓励，而不是提供现成的公式。

进一步讲，治疗人员在干预的过程中的职能是：帮助患者正视危机；帮助患者正视可能应对的方法；帮助患者获得新的信息或知识；可能的话在日常生活中给患者提供帮助；帮助患者回避一些应激性境遇；避免给予不恰当的保证；敦促患者接受帮助。

（五）自杀心理危机识别与干预的课程化研究

1. 课程化研究——自杀危险性的评估

危机工作人员应评估自杀求助者三方面的警示信号，即危险因素、自杀线索、呼救信号。

（1）危险因素

如果当事人无论何时具备了下述的4~5项危险，危机工作者就有理由认为该当事人正处在自杀的高危时期。

①求助者是精神病患者。

②求助者有药物和酒精滥用史。

③求助者最近有躯体和心理创伤。

④求助者独居并与他人失去联系。

⑤求助者有抑郁症，或处于抑郁症的恢复期，或最近因抑郁症住院。

⑥求助者有特别的行为或情绪特征改变，如冷漠、退缩、隔离、易激怒、恐慌、焦虑或社交、睡眠、饮食、学习、工作习惯的改变。

⑦求助者有失败的医疗史。

⑧求助者有自杀家族史。

⑨求助者陷于以前经历过的躯体、心理或性虐待的情绪中不能自拔；

⑩求助者显示一种或多种深刻的情感特征，如愤怒、攻击性、孤独、内疚、敌意、悲伤或失望。

（2）自杀线索

深感矛盾或内心冲突的大多数想自杀的求助者，他们不仅提供一些自杀线索，而且以某种方式请求帮助。这些线索可能是言语的，行为的，处于某种状态或综合征的线索。有自杀倾向的大学生一般具有以下一些特征：遭遇了不能忍受的心理痛苦；心理需求遇到挫折；未能寻求解决的办法；在情感上感到绝望无助；对自杀的态度通常是矛盾的；想与别人交流，但找不到与人交流的途径；为了寻找出路和心灵的解脱。

（3）呼救信号

对于危机工作者来说，值得庆幸的是几乎所有想自杀的求助者都提供了几种线索或呼救信号。

有些线索和寻求帮助的信号易于识别，但有些是难以识别的。

按照施奈德曼以及他的同事所说的，没有任何人百分之百地想自杀。

有强烈死亡愿望的人是非常矛盾的，茫然的，想抓住生命。

他们的情绪和他们的想法是平行的。

他们的思维模式是非逻辑性的，他们只看到两种可能的选择：痛苦或死亡。

他们尤其不能想象自己还能得到幸福，还能走向成功。每一个求助者都具有不同的特点，对危机工作者来说，无论是否存在强烈的死的愿望或绝望感并伴随自杀方式，危机干预工作都必须鉴别自杀意念的强度以及自杀危险的程度。

上面描述的这几个方面的警示信号，可使危机工作者或其他任何与求助者接近或亲近的人转换成挽救生命的行动。

2. 课程化研究——自杀危机的干预

在校园自杀危机的干预中，辅导员所起的是危机干预咨询师的作用，可借鉴危机干预咨询师的做法，对学生自杀危机进行咨询和干预，帮助当事人摆脱自杀的危机，必要时进行转介心理咨询中心专业人员。

干预的方法主要是：在为自杀当事人咨询时，咨询老师必须耐心倾听当事人的诉说，逐步探究哪些抑郁情绪在影响着当事人。咨询老师首先必须排除自己的焦虑，这样他才可能有耐心引出当事人全部有关的信息。干预工作，人员有必要与当事人一起体验他们绝望感、失助感、无用感、隔离感、沮丧的哀痛和失败感。干预工作人员可能干的最糟糕的事是对当事人保证说：事情并不像他们想象的那么坏，事情会慢慢地好起来的，你有充分的理由活下去。尽管从现实角度看，干预人员这么说没有错。但从当事人的角度来看，这些话说明干预人员并不理解他，更使他感到隔绝于周围世界。为了有效地帮助当事人，干预人员必须从当事人看不到丝毫希望的冰冷的眼光出发去体验现实。这就意味着，干预人员要甘愿并且能够在某些事情中探寻和体会他自己的绝望感和空虚感。自杀咨询的规则。首先，要弄清楚当事人已考虑或筹划用哪种方法自杀，一般来说方法越具体，离死期就越近。其次，劝导当事人多看光明面的做法是不值得提倡的，如果当事人能够在情感上接受光明面，他也不至于陷入今天的境地。

最后，咨询老师应该始终对自杀抱有高度的警惕。因为自杀者大多是性格高度内向者。他（她）可能并没有暴露出任何自杀迹象，但只要他具有任何一点自杀的可能，就应千方百计引出他的内心自杀动机。

3. 课程化研究——自杀干预的原则

自杀干预原则有“五要”和“十不要”。

（1）五要原则

①给当事人充分的机会倾诉，以便确定危机类型、诱发事件及严重程度，不要试图消解自己被当事人引起的沮丧感。

②必要时询问客观问题，只要得当，可有镇静作用。

③向社区、医务、法律等机构求援。

④保持平静、沉稳，对当事人随之而来的暴风雨般的情绪要有心理准备。

⑤要直接面对事情，勿涉及深层及潜意识原因（这些留待以后）。

（2）十不要原则

①不要与其讨论自杀的是非对错。

②不要被求助者所告诉你的危机已过去的话所误导。

③不要分析求助者的行为或对其进行解释。

④不要让求助者保持自杀的秘密。

⑤不要把自杀行为说成是光荣的、浪漫的、神秘的，以防止别人盲目仿效。

⑥不要否定求助者的自杀意念。

⑦不要批评求助者或对他的选择、行为提出批评。

⑧不要对求助者责备或说教。

⑨不要忘记跟踪观察。

⑩不要过急，要保持冷静。

第五章　大学生思政党建教育与社会实践指导的课程化研究

为了贯彻素质教育的教学方式、理念以及基本原则，高校辅导员也应该在自身的工作范畴内，开展积极生动的素质教育活动。其中党建与思想政治教育将有助于学生提高自身的思想道德修养，而社会实践指导将帮助学生勇敢地走出校园，为日后真正走入社会打好坚实的实践基础。本章就上述两个方面来具体论述高校辅导员教育管理课程化研究的相关内容。

第一节　党建与思想政治教育课程化研究

大学生党建与思想政治教育课程化就是将教育工作的各部分内容，通过“教学活动”转变成一门课程，充分发挥课堂教学的稳定性和工作的灵活性，充分建设第一和第二课堂载体，用上课的模式完成学生党建与思想政治教育工作的任务，实施对大学生的有效教育和思想引领。高校大学生党建工作是大学生思想政治教育工作的重要组成部分，在培养社会主义合格建设者和可靠接班人的伟大工程中起到巨大作用。本节将从党建与思想政治教育的意义及理论基础出发，探讨党建与思想政治教育内容课程化的方法、形式与途径。

一、党建与思想政治教育的功能与意义

（一）思想政治教育的主要功能

社会功能与个体功能是思想政治教育功能的两个组成部分。

（1）社会功能是指思想政治教育对社会发展所能发挥的积极作用。具体地说，就是指思想政治教育对社会政治、经济、文化、生态环境等发挥的政治功能、经济功能、文化功能和生态功能等。

（2）个体功能，是指思想政治教育在促进受教育者全面发展方面的作

用和影响，具体来说可分为个体生存功能、个体发展功能和个体享受功能。所谓个体功能，是思想政治教育活动直接目的的体现，可以作为思想政治教育的本体论功能。

在实际工作中，这两个部分是相互联系的，个体功能是社会功能得以发挥的基础，社会功能是对个体功能进行衡量的尺度，工作过程中我们应注意将二者有机统一，从而最大限度发挥思想政治教育的功能。

（二）思想政治教育的重要意义

思想政治教育是深化思想政治理论教育的重要内容，是加强大学生思想政治教育的重要手段，是实现高校思想政治教育总体目标的重要方法。思想政治理论课教学和日常思想政治教育是大学生思想政治教育的两个重要组成部分，一个是主渠道，一个是主阵地，主阵地要积极配合主渠道，共同推动思想政治教育工作的顺利开展。

1. 思想政治教育是加强大学生思想政治教育的重要手段

在思想政治教育的进行过程中，只有把解决思想问题和实际问题相结合，才能切实提高大学生思想政治教育工作的有效性。

这要求我们密切关注和发现学生在思想、学习和生活中当中遇到的难题，并帮助其解决克服，如对所学专业不认同，心理焦虑、恐慌、孤僻和不服从学校管理等，并非单纯的、暂时的、偶然的学生个体问题，不及时加以解决随时可能转化为长期性、群体性问题，造成难以挽回的损失。

为保证学生身心健康成长、顺利完成学习任务，必须运用学生思想政治教育方法，正视学生的个体差异性，尊重学生思想实际，正视学生出现的问题，在日常工作中把思想政治教育覆盖到每一个学生，潜移默化，润物无声，才能切实提高大学生思想政治教育的有效性。

2. 思想政治教育是深化大学生思想政治理论课教学的关键

大学生思想政治教育包括思想政治理论课教学和日常思想政治教育两个方面。实践表明，单纯依靠学生思想政治理论课教学工作，忽视学生在日常学习、生活中的具体问题，忽视学生的个体差异，极易导致工作偏颇和突发事件。

因此，针对学生的思想动态，除了依靠传统的思想政治理论课教学外，也应发挥日常思想政治教育的作用，通过日常的密切关注、良好沟通、切实帮助，让学生体会到组织的温暖、学校的关爱，感受到学生工作的力量，在师生之间、学生之间形成良好的理解互动模式，不断提高学生的思想认识和精神境界，保证学生的身心健康成长。

3. 党建与思想政治教育工作一体化的必要性

首先，从党建方面来看，世情、国情、党情深刻变化，社会高速发展变革，多元思想纷繁复杂，学生党员质量难以保证。首当其冲，许多大学生以自身利益作为入党的出发点，精神境界并不高，入党动机复杂。有的追求现实利益，为将来的就业增加砝码，有的盲目从众，缺乏信念支撑，极易被不良思想腐化，有的追求表面先进，却未从根本上做到思想入党。入党动机的复杂化导致了很多学生没有加入党组织之前积极参加学生工作、班级活动，而加入党组织之后便放松对自己的要求，难以起到良好的先锋模范带头作用。

其次，学校在党员发展教育过程中容易出现“重入党前教育，轻入党后再教育”，学生入党后更是忽视其发展、教育、培养，未加监督的党员低素质表现影响党支部形象、其他学生对党组织的信心。最后，学生党员在思想政治理论课学习中表现不积极。思想政治理论课在教学实践中经常受到冷遇，学生即使去上课也是充耳不闻，追求课程成绩的及格万岁，而未真正做到理论知识入脑、入心。

从思想政治教育工作方面的情况来看，问题依然明显。部分学生存在着思想信念不坚定、道德品质较低、社会意识薄弱等思想问题；思想政治教育工作者也存在素质不高、职业形象差等问题。具体表现为辅导员、授课教师、学生自身三个方面：从辅导员方面看，相当一部分理工科背景的辅导员思想政治教育的理论素质不足；且师生比不合理，巨大的日常管理工作使他们无暇照顾到每个学生的思想问题。

从授课教师方面看，课堂讲授教学以政治理论知识为主，而且在思想政治教育教师严重不足的情况下，为节约教师资源，学校一般采取合班教学的形式，如此大的学生基数使老师在课堂上并不能照顾到每一个学生个体，上课时师生互动少，教学效果不理想。而且除了教学任务外，各位老师还承担着繁重的科研任务，课下难以抽出时间与学生进行切实的思想交流沟通，忽视了对学生个体思想发展动态的关注。

从学生方面看，对于思想政治理论课普遍不够重视，自认为不需老师讲解，课后自学加之考试前突击足以应付考试；再者受到功利主义倾向及现实就业压力的影响，思想政治理论课课堂上学生们也经常是“身在曹营心在汉”，学习积极性普遍不高。学生党建和思想政治教育工作当前的大环境并不乐观，需要得到充分关注，有效应对，使其焕发新的活力、出现新的局面。

入党积极分子和学生党员是大学生中的优秀分子，党组织成员的组成显著地代表了大学生思想政治教育的成效和水平。加强大学生党建和思想政治教育工作，要遵循“一体化”的工作观念，提高思想政治教育的有效性，发挥学生党员的先锋模范作用，促进高校良好学风、校风的形成。

4. 新时期大学生党建与思想政治工作面临的主要挑战

当今我国的社会发展各个方面都在发生剧烈变化，尤其是当前高校大学生党员普遍具有较高的道德理想和道德追求，拥护中国共产党领导，遵纪守法，拥有良好的公民意识和较强的个人能力，思想政治素质总体向好。但同时我们也应注意到，随着世界多极化、经济全球化的高速发展，随着我国改革开放和社会主义现代化建设的不断深入，大学生思想政治教育工作正面临着的是焕然一新的局面和前所未有的挑战。

具体的挑战主要表现在以下两个方面。

第一，敌对势力思想渗透，通过大众媒体、影视娱乐、舆论表达等多种渠道和方式，带有多样性、方式主动性、手段先进性等特点，深刻影响着大学生的世界观、人生观、价值观、伦理观、道德观，对大学生和大学生党员的理想信念进行误导，使大学生思想发展偏离正确的轨道。

第二，入党动机实用主义倾向突出。当前，市场经济改革的效果已在大学校园里引起强烈反响，学校师生们的价值观呈现多元化趋势，对于大学生来说，其个人的价值观逐渐受到市场经济趋利主义的影响和冲击，实用主义倾向突出，思想的深层次问题亟待解决；党建工作仍需进一步完善强化，大学生党员队伍建设有待进一步整合；管理方式、管理水平也有待进一步提高，做好科学、民主决策，加强群众监督等都对加强高校党建和思想政治工作具有重要的现实意义。这也要求我们必须准确全面地认清高校学生思想政治教育工作的现实，认识不断涌现的新情况、新问题，做出正确的认识和准确的解读。

一是国内外大环境。在当前和平和发展时代主题的大背景下，我们仍要看到世界各地存在各种不稳定因素，各国综合国力竞争激烈，意识形态领域斗争复杂多变。国内领域，我国正处于社会主义初级阶段，社会仍处于激烈转型期，伴随而来的是各种社会问题的不断涌现，亟待我们发现和解决。

二是网络信息环境。当今网络迅速发展，呈现出非常强劲的势头，这无疑给社会生活带来巨大影响。一方面，对于大学生学习、工作、生活来说，网络能够提供各种有价值信息，另一方面，丰富的网络资源也充斥着各种冗余难辨、鱼龙混杂的信息。近年来，网络更是愈演愈烈为中西方意识形态领域对抗的角力场，西方意识形态渗透的凭借，加之大学生身心发展不成熟、分辨不良信息、抵御不良诱惑能力不强，极易受到网络舆论信息的诱导，别有用心人士的蛊惑。

三是生育政策环境。总体说来，独生子女现如今在大学生中占有很高的比例，这些独生子女有较强的独立意识、竞争意识、表现意识，但也存在着实践能力较弱、心理承受能力不强、社会责任承担畏难心理凸显等问题。这样的性格特点自有其有利于大学生自身发展的一面，但如若不能很好地平衡利弊两方面矛盾，正向引导，规避缺点，将严重阻碍他们健康全面成长，从而影响高校思想政治教育的有序开展。

四是择业就业环境。目前，我国就业形势依然严峻，而且受社会当下就业政策、人才流动、成长环境等多种因素影响，目前大学生面临着劳动力供需结构性矛盾突出，供大于求的境况，择业就业竞争压力之大前所未有，这极易引起大学生心理、思想和行为上的困惑。

二、党建与思想政治教育的理论基础

（一）关于人的本质理论

马克思主义关于人的学说，指出人的本质具有历史性，并且随着社会关系的发展变化而发展变化。原始社会的生产力和生产关系决定了原始人类的平等、为公的本质，虽然这种社会本质远非自觉、理想、全面的，但它足以证明“人的本质是自私的”论调不符合历史的事实。人类进入阶级社会后，人们的社会关系表现为阶级关系，自私自利成为剥削阶级的本质，但却并非只有阶级性，即使在对立的阶级之间也有着某些共同的社会属性。人类历史进程中，马克思主义达到了新的水平，总结出人的本质是“一切社会关系的总和”。我国目前正处于并将长期处于社会主义初级阶段，现实社会政治、经济、文化关系极其复杂，社会主义的经济关系占主导地位，为人的本质逐步发展为先公后私、大公无私的本质提供了愈发充分的条件，但仍存在着某些旧社会关系、剥削思想的残余。在全球问题日益增多和突出的今天，这一问题更应得到充分重视、理性分析、积极应对。

可以说，在马克思的理论中，人的本质是认识论中最重要的内容，因此，人作为思想政治教育的对象，对思想政治教育“以人为本”提出了更高的要求，只有坚持以马克思主义的人的本质学说为指导，从人的现实需要出发，注重客观实践，才能引导人们树立正确的世界观、人生观、价值观，从而对人的综合素质和终身发展产生深远持久的影响。

（二）关于人的全面发展的理论

首先，马克思主义关于人的全面发展的学说，主要指的是实现每一个人的自由全面发展，同时这也成为我们确定教育方针、明确教育目标、制定教育任务的重要理论依据。而马克思主义关于人的全面发展目标有多种阐述，也给人的全面发展描绘了一张德育、智育、体育、美育、技术教育统一的目标蓝图。

其次，针对当代大学生成长现状，马克思关于人的全面发展理论对大学生有重要的指导作用，可以说，马克思主义的最高命题和根本价值就是关于人的全面发展理论。实现人的全面发展中，马克思历来重视思想政治教育的作用，继马克思、恩格斯之后，诸多马克思主义教育家、思想家、政治家都进一步丰富和发展了这一学说，进一步明确了人的全面发展离不开思想政治教育。该理论不仅指出了人全面发展的最高目标和具体内涵，而且为实现大学生成长提供了前进的方向。人类社会发展的最终目标是实现人的自由全面发展，教育是实现这一目标的基本途径。

21 世纪以来，新的时代环境对大学生的发展提出了新的要求。2009 年，赵迎欢等人通过调查沈阳市部分高校的大学生思想政治观念发现，当代大学生崇尚理性、追求潮流、尊重知识、愿意沟通，然而，在表现出上述积极特征的同时，大学生也有一些消极的特征，主要是因为多元化的思想导致了一些大学生信仰的流失或危机，充满诱惑的社会环境导致一些大学生道德价值观出现了偏移，优越的生活环境也使得一些大学生缺乏独立。大学生是祖国的未来。究其根本，世界各国的竞争其实还是人才的竞争。如何在马克思关于人全面发展理论影响下，运用科学的思政党政教育引导当代大学生健康发展将变得极其重要。

（三）核心价值观论

1. 基本原则

对于社会主义核心价值观的认识，首先要把握的就是其基本原则，在《关于培育和践行社会主义核心价值观的意见》中，明确指出，坚持以人为本，尊重群众的主体地位，关注群众的利益和价值观，促进人的全面发展；坚持以理想信念为核心，把握世界观、人生观和价值观的总体转变，牢固树立中国特色社会主义的共同理想是为人民创造的精神支柱，要遵循现实，区分层次和对象，加强分类指导，识别人们思想的偏差，与群众的利益交叉，坚持不断改进创新，善于用群众喜欢的视听方式，为群众参与搭建平台，开辟群众参与渠道，积极推进思想创新和方法创新。

2. 概念内涵

从社会主义核心价值观的定义和概念出发，党的十八大明确表示，积极培育和弘扬富强、民主、文明、和谐、自由、平等、公正、法治、爱国、敬业、诚信、友善的价值目标，是社会主义精神建设的重要内容。表达的是国家的意志，是全体人民的共同理想；自由、平等、公正、法治是社会层面的价值取向，表达的是社会秩序，

它是现实社会中人们对价值的诉求和期望，爱国、敬业、诚实和友善是基于公民个人角度的价值观，表达了社会成员的道德自律和社会成员的基本道德规范。通过对社会主义核心价值观的深入探讨和分析，使社会各界对核心价值观有了更深层次的认识。

为了更好理解社会主义核心价值观中的内容，首先要理解“富强、民主、文明、和谐”的深层内涵。它是建设中国社会主义现代化国家的目标，也是社会主义核心价值观核心价值目标层面的基本概念。同时，它在其他价值观中也起着主导作用。“自由，平等，公正，法治”是社会主义核心价值观社会层面的基本概念，是对美好社会最简洁和生动的体现，它反映了中国特色社会主义的基本属性，是我们党坚持不懈，长期实践的核心价值观。“爱国、敬业、诚信、友善”是公民的基本道德规范，是社会主义核心价值观个人行为层面基本概念的具体概括，它涵盖了社会道德生活的各个方面，是公民必须遵守的基本道德规范，是评价公民道德行为选择的基本价值标准。这三个层次的思想相互联系，相互融合，高度统一，体现了中国社会主义制度的精髓，体现了中国特色社会主义事业的发展要求，是在继承了我国优秀的传统文化和吸收了世界文明成就的基础上提出，有深厚的传统底蕴和鲜明的时代特征。

3. 价值意义

除了对社会主义核心价值观的基本原则和概念有准确的把握外，《关于培育和践行社会主义核心价值观的意见》中还指出，面对世界思想文化不断交流、融合、碰撞的新形势，在改革开放和社会主义市场经济发展的条件下，多元化、多样化、多变化的思想新特点，积极培育和实践社会主义核心价值观是巩固马克思主义在意识形态领域指导地位的重要途径，是巩固全党全国人民团结奋斗的共同思想基础，是促进人的全面发展理论指引，是引领社会全面进步，全面建设小康社会，实现中华民族的伟大复兴，实现中国梦的强大力量，具有重要的现实意义和深远的历史意义。

当前，国内国际形势突变，出现了一些失衡问题，需要通过培育和弘扬社会主义核心价值观有效整合社会意识，引领良好社会风尚，形成积极

向上的社会风气。从实现中华民族伟大复兴的宏伟目标出发，社会主义核心价值观就是我国稳步发展的核心，建设具有强大凝聚力，和谐稳定的新型社会，离不开社会主义核心价值观的积极作用。

(四) 思想政治教育学对其他学科的借鉴

虽然思想政治教育与其他学科之间存在着固有的必然联系，但也存在明显的差异。不同之处在于，思想政治教育和其他学科各自都有自己独特的研究对象。思想政治教育的综合特征决定了思想政治教育以马克思主义基本理论为主体的理论基础，也借鉴了教育学、伦理学、政治学、社会学等多学科的理论知识和实践经验。

1. 思想政治教育学与西方现代管理科学

行为科学是一种研究人类行为规律的科学，是西方现代管理科学的一个主要流派，它是结合心理学、社会学、人类学和相关学科的理论方法。也是一门研究人类行为特征和规律的学科，行为科学主要研究人的性质和需求、行为动机，尤其是生产中的人际关系。

总的来说，行为科学的基本观点认为人的行为是有针对性的，目标是由动机决定，动机是由需求引起，它提倡在企业管理中，人们的需求、动机、目标和行为之间的关系使得员工的目标和企业目标保持一致，在满足员工需求的基础上，主动激发员工的主动性和积极性，提高劳动生产率。

表面上，行为科学在企业管理中重视对人的研究，提出激励人的积极性的种种方法，这对思想政治教育有一定的参考价值。但实际上，两者根本不同：行为科学以资产阶级利己主义和历史唯心主义为基础，而思想政治教育以马克思主义理论为基础；行为科学的根本目的是协调劳动关系，培训和雇用劳动收入者，是为了获得更多的剩余价值，而思想政治教育的根本目的是提高全民的思想政治素质和科学文化素质，建设社会主义现代化力量。总之，对行为科学的借鉴应做到去粗取精，去伪存真，从而更好地服务于思想政治教育学科建设和发展。

在行为科学之后，西方管理科学得到了极大的发展。许多内容反映了现代社会化大规模生产的普遍规律，值得我们深入研究、吸收和借鉴。在推进马克思主义中国化的过程中，我党擅长汲取古今中外的人类文明的智慧成果。它不仅弘扬了人性观念，强调了我国传统和谐文化的内容，而且借鉴了西方的管理理论和方法。党的十四大报告强调建设好企业文化、校园文化、乡镇文化、社区文化，党的十六大报告提出建设学习型社会，十七届四中全会又进一步提出建设学习型政党。当然，思想政治教育也有义务运用学习型组织理论来促进学习型组织、学习型社区、学习型社会和学习型政党的建设。为此，首先要建设一个思想政治教育部门、机构和团队。

2. 思想政治教育学与教育学、心理学、政治学、社会学等学科

教育学是一门研究教育现象及其规律的科学。它主要讨论教育的一般原则，是整个教育科学体系的基础学科，对教育科学体系的其他学科具有指导作用。思想政治教育和教育学是两个独立的学科，思想政治教育研究是各行各业的思想政治教育，而教育学则主要研究普通学校教育，他们的同源行为遵循教育学的一般规则和原则，并且密切相关。但是，在思想政治教育下，教育学并不是一个简单的应用。相反，它利用其原理和方法研究政治教育中固有的特殊规律，然后建立思想政治教育独有的原则方法的学科体系。例如，教育学侧重于系统性、协调性和一致性，而思想政治教育除了强调一致性，同时强调社会环境和教育者的影响以及教育内容对思想政治教育的影响。

伦理学是研究道德起源和发展、人们的行为准则、道德修养和道德教育的方法等问题。伦理学与思想政治教育学有区别也有联系。伦理学是专门研究道德和道德教育的科学，而思想政治教育学则是综合研究人的思想、道德和心理教育的科学。因此它们之间不可互相取代。但是，马克思主义伦理思想揭示的是共产主义道德形成和发展的规律、基本原则和规范，为思想政治教育提供了一定的理论基础，是思想政治教育研究的重要组成部分。思想政治教育借鉴和应用了伦理学的基本原则，可以更好地研究和解释人类思想道德形成和发展的规律，丰富和发展马克思主义伦理学理论。

心理学作为自然科学与社会科学之间的一门学科，借鉴其研究成果，对思想政治教育实践和理论的发展具有重要意义。心理学是一门研究心理学定律的学科，在许多社会科学中具有基本地位。思想政治教育研究内容的一个重要方面是研究人类思想道德形成和发展的一般规律，难以避免涉及人们的心理活动，因此，心理学的相关知识和方法也可用于思想政治教育。如心理学注重认知、情感和行为实践训练相结合产生完善个性和品质问题。思想政治教育学的“晓之以理、动之以情、导之以行、持之以恒”的规律，正是建立在心理学规律基础上的。二者之间也有明显的区别，心理学是研究人们心理活动与一般意义上实践活动之间的关系，主要是揭示人们心理活动的一般机制，而思想政治教育则是研究人们特殊的实践活动与意识形态形成之间的关系，关注的是心理构成的社会内容。

政治学是研究国家学说、政权理论、政治制度和政治思想史的科学，主要研究内容包括政治思想、政治关系和政治生活规范，对人们的思想观

念和地位产生重大影响，制约人类思想和行为的发展，是决定思想政治教育任务和内容的重要依据。教育学主要研究如何通过各种教育方法和手段将其内化为受教育者的思想道德。同时，虽然政治学研究人们的政治修养和政治教育，但它只是从一般政治生活实践的角度进行研究，而不是专门研究人类思想、政治、道德教育实践及其规律。

社会学是一门研究社会和社会问题的科学。从特定的角度，或关注社会，或关注社会主体的人，或关注社会与人的关系，进行分析研究。它研究领域较为广泛，包括社会整体、社会群体、社会制度、社会问题等，如人类社会化、人际交往和人际关系、正式和非正式群体、社区文化、社会整合、社会控制、人的现代化理论和青少年成长问题、家庭问题、人口问题、就业问题、犯罪问题等研究成果都可以用于思想政治教育。例如，人类社会化的社会学理论可以指导我们将思想政治教育过程视为实现受教育者个体思想道德社会化的过程，以便更好地研究这一过程，它为思想政治教育中这一重大教育对象的科学分析和理解提供了丰富的理论资料，人的现代化理论丰富了思想政治教育任务的研究内容等。此外，社会学对社会调查和统计分析采用了相对成熟的方法。如观察法、抽样法、统计推论法、社会实验法等。这些方法对于加强思想政治教育的定量分析和定性分析相结合具有重大实践意义，对于促进思想政治教育学学科发展具有深远影响。

此外，还有法学、美学、人格学、人才学、系统科学等，也与思想政治教育有着密切的关系，它们从不同方面为思想政治教育提供理论指导和实践经验。

三、党建与思想政治教育内容课程化的方法、形式以及途径

（一）党建与思想政治教育的内容

1. 进行中国梦的宣传教育

理想的作用是指引人生，它是青年决定事业成败的关键因素之一。一个人缺失理想信念就会丧失向上向善的力量，一个民族缺失理想信念，就难以自立于世界民族之林。面对国内外多种因素挑战的新问题，意识形态领域的多元化价值观念冲撞的新情况，加强高校意识形态建设意义重大。意识形态领域越复杂，社会越是多样化，就越需要主心骨，就越需要引导。当前在高校培育和践行社会主义核心价值观就是主心骨，是实现中国梦的灵魂。要坚持一元化与多样性相结合、典型性与普遍性相结合，教育

性与实践性相结合，着力在意识形态建设的实效性、有效性上下功夫。

理想信念教育是大学生思想政治教育的核心。中国梦是马克思主义基本原理与中国实际相结合的产物，与大学生理想信念存在价值上的契合：以中国梦引领大学生理想信念教育是继承党的优良传统的必然要求，是弘扬主流意识形态的时代需要，是思想政治教育学科自觉的现实选择，是大学生全面发展的必由之路。

习近平同志指出："实现中华民族伟大复兴，就是中华民族近代以来最伟大的梦想。这个梦想，凝聚了几代中国人的夙愿，体现了中华民族和中国人民的整体利益，是每一个中华儿女的共同期盼。"这一时代性的解读深刻地道出了中国梦与个人理想在价值上的契合性。中国梦本身即是一种理想信念，它既是中华民族的集体理想，也是包括大学生在内的每个中华民族成员奋斗的最终归宿。对大学生进行"中国梦"教育，是当代大学生理想信念教育的最新形势和鲜明主题。中国梦，最终将由一个个鲜活生动的个体的梦想汇聚而成。

中国梦是中国特色社会主义共同理想的直观表现，揭示了中国特色社会主义共同理想的基本特征，勾勒出中国特色社会主义共同理想的发展历程，论证了中国特色社会主义的正确性和方向性，显示出了中国特色社会主义道路理论体系的科学性、规范性和合理性，科学地回答了实现中国特色社会主义共同理想的具体路径。更好的教育，更稳定的工作，更满意的收入，更可靠的安全，更高的医疗保健，更舒适的生活条件。在全党贯彻实行群众路线的教育和实践活动中，以为人民服务、务实、清廉为执政宗旨，领导全国人民走向更美好的生活。高度重视意识形态工作，对培育和践行社会主义核心价值观作了深刻论述和强调部署；坚定不移地推进全面深化改革开放，给中国特色社会主义不断注入新的活力等。这些新思想、新理念、新举措，集中体现了以习近平同志为总书记的党中央对中国特色社会主义的深刻领悟和全新理解。

现在的大学生需要中国梦来激励和引领，作为宣传思想政治教育工作的重要阵地，互联网在中国教育工作中显得尤为重要。要充分利用大学生网络社区的传播优势，促进中国梦教育与学生思想实际的紧密结合；把握大学生的网络信息规律，在主动灌输和互动交流中实现中国梦教育的有效性；紧紧把握新媒体的发展趋势，以全方位的网络阵地建设增强中国梦教育的覆盖面和影响力。

2. 国内外的形势与青年的担当

放眼看世界，我们会发现国内外形势正在发生深刻的变化，以信息科学、信息技术为主要内容的世界新技术革命正在形成新的高潮，世界经济正在走向知识经济，经济、社会的发展越来越依赖于知识和科学技术的发展，特别是依赖于高科技的发展和新知识的创造，世界各国抢占知识经济制高点的竞争日益激烈。当前世界经济正处于新一轮经济周期的上升期。今后5~10年，世界经济发展速度将快于20世纪八九十年代。中国、印度、俄罗斯和巴西等发展中大国的先后崛起，将加速国际经济关系调整与国际政治格局演进，多极化趋势将日趋明显。美国经济“双赤字”将使世界经济发展失衡，美元贬值、油价飙升，使全球经济风险加大，但世界经济整体趋势依然向好。

年轻人是祖国的未来，是民族的继承人，他们将决定祖国的命运。大学生，作为青年中的佼佼者，是具有优势的特殊群体，因此必须坚定自己的理念，时刻牢记自己的历史使命，肩负起时代的重任，大学生社会责任感的强弱将与全面建设小康社会的过程有关，还与实现中华民族伟大复兴息息相关。可以说，大学生的教育质量深刻影响着国家的历史命运。认清大学生的历史使命，应做到以下几方面。

（1）大学生应关心祖国和民族的命运。当代大学生不是以个体存在，而是生活在“社会主义”这把保护伞之下。高举爱国主义的旗帜，继往开来，为中国沿着社会主义方向前进而做出自己应有的贡献。要把自己的命运与国家民族的命运紧密联系起来。要多关心国家大事，了解国际动向，在文字上、在演讲台上抒发爱国之情，要付诸行动，实现振兴中华的宏伟愿景。

（2）人学生要响应党和国家的号召，顺应人民群众的需要。扎根基层，投身西部，积极到偏远贫困地区支农支教等。

（3）大学生要努力学习科学文化知识，培养创新能力。对自己负责，加强道德修养，锤炼道德品质，提高自己的科学文化素质和思想道德素质，踏实学习，端正世界观、人生观、价值观，脚踏实地实现人生追求，为迎接未来的激烈挑战打好基础。要顺时代潮流而动，做时代的弄潮儿。积极培养自己的创新意识，提高创新能力，投身社会主义现代化建设事业，勇于承担起对国家、社会、家庭的责任，为人类发展、社会进步贡献出自己的一份力量。

（4）大学生要具有全球意识，承担国际责任。遵循和平与发展的时代主题，贡献出自己力所能及的力量。培养地球公民意识，开阔视野，拓展心胸，慎独自省。

3. 培育并践行社会主义核心价值观

（1）时代的意义

大学生作为青年群体最重要的人生过渡阶段，是中国特色社会主义事业的建设者和接班人。在社会不断变革的过程中，大学生的思想观念和目标追求也发生了重大变化，但行为与思想之间存在着差距。他们理想上追求真善美的精神境界，却因各种利益问题受到了阻碍，容易受到各种利益的诱惑。有些学生倾向于只关注他们的学习，缺乏基本的社会常识，他们无法建立正确的世界观、人生观和价值观。随着政治、经济、文化和大学生自身特点的发展，大学生必须树立正确的社会主义核心价值观作为思想指导。

党在十八大提出了社会主义核心价值观，符合中国特色社会主义事业发展的要求，继承了中国传统文化和人类文明的杰出成就。这是我们党凝聚全党和全社会共识的重要成果。

大学生必须通过认真深入的学习，深刻领悟社会主义的核心价值观。通过阅读《社会主义核心价值体系学习读本》等读物，听取重要讲话和讲座，了解社会主义核心价值观的内容，把握社会主义核心价值观的目标，了解社会主义核心价值观的意义。大学生还可以学习优秀的传统文化。中华民族传统文化博大精深，为中华民族的繁荣发展提供了丰富的营养和肥沃土壤，这也是中华文明延续了数千年不间断的重要原因。培育和践行社会主义核心价值观，就要从中华优秀传统文化中充分汲取养分，与当代文化相适应、与现代社会相协调。

（2）社会主义核心价值观的实践途径

①发挥优秀传统文化对培育和教育文明的重要作用。优秀的中国传统文化积淀了中华民族最深刻的精神追求，它包含了中华民族最基本的精神血脉，代表了中华民族独特的精神认同，它是中华民族无穷无尽发展和成长的丰富营养。

②扩大学雷锋志愿者服务活动。大力弘扬雷锋精神，广泛开展各种形式学习雷锋的实践活动，并采取措施，促进雷锋学习活动的正常化。

③激发群众精神文明的创造。各种精神文明创造活动必须有效突出社会主义核心价值观的思想内涵。

④大范围举办道德实践活动。注重建立诚信机制，加强社会道德、职业道德、家庭美德和个人道德教育，形成自律、自尊、礼貌的道德风尚。

⑤利用公益广告传播社会主流价值，引领文明潮流。围绕社会主义核心价值观，加强公益广告的选题策划和内容创新，形成公益广告传播先进文化，推广新风格的强大动力。

⑥充分发挥社会主流价值在重要节日的独特优势。开展革命传统教育，加强对革命传统文化时代价值观的诠释，弘扬党领导人民革命、建设、改革所形成的优良传统，弘扬民族精神和时代精神。

（二）党建与思想政治教育的课程化

1. 课程化视角下的党建与思想政治教育

（1）丰富高校学生党建与思想政治教育课程的教学方式

大学生加入中国共产党，是经过严格的挑选，并在同龄人中表现突出，成绩优异，才能成为我党的一员。但是，毕竟他们仍然是学生，他们是年轻人，他们的思想和行为正处于一个不断成熟的过程。他们正面临实际生活中的各种问题，如成长难题和思想困境。因此，在课程模式下进行大学生党建和思想政治教育时，教学方法应统一规划，丰富形式，全面深化到学生的学习和生活空间。要提高教育的有效性，必须充分发挥第一课堂教育渠道，提高教学内容的及时性和指导性，吸引学生参与教育活动，使学生认识到党的理论知识的重要性。增加学习兴趣，增强学习动机，充分发挥第二课堂的扩展教育功能。将党的建设和思想政治教育融入学生的各项实践活动中，使学生在认识社会，发展素质的同时，真正了解党领导的社会主义现代化建设成果，以及马克思主义大学生健康成长的理论体系，共产主义信仰对大学生的成熟具有重要的指导作用。

（2）树立高校学生党建工作课程的教学目标

基于大学生党建和思想政治教育在学生成长中的重要作用，确定了培养学生坚定的共产主义信念的教学目标。学生党员培育的基本内容应以教学为对象，以党员教育和先锋模范培训为主要目标，以各种活动和主题教育为载体，扩大内容，实现示范目标。课堂内容的实施可以实现学生党员自身建设的不断加强，“打铁必须自身硬”。同时，在学生群体中，发挥学生党员的示范作用，鼓励学生共同进步，实现“能打铁”。合理定位教学目标，有效保证学生党建工作的系统性和连续性，加强教育强度，使学生党员在成长过程中，实现全面发展。

（3）明确高校学生党建工作课程的教学内容

从党建工作课程的角度来看，大学生党建和思想政治教育的教学内容设计不仅要基于大学生党建和思想政治教育的重点和难点，而且要以学生为本，结合大学生的特点和成长规律，科学教学内容的设计和构建内容可分为基本内容和扩展内容两部分，涵盖了从大学生入学到大学生教育的大量工作。学生党员的培训工作包括，大学生在对党纪党规基础教育内容的学习，组织发展对象培训，学生党员培训和教育等工作，完成了基层党组织建设；扩大教育是由基层党组织从普通学生、党员积极分子、学生党员逐步设计开展，开展各种特殊教育和教学活动。例如，“党员先进性教育活动”和“党的群众路线教育实践活动”，既突出了时事动态和学生成长需求，又将基层党组织建设与时代发展相结合。

2. 党建与思想政治教育课程化的形式与途径

(1) 大学新生思想政治教育

新生入学教育是在新生入学后，学校按照培养目标和大学教育的特点，针对学生在思想、学习、生活、心理等方面的变化和要求开展的一系列工作，是大学新生思想政治教育课程化的一个重要环节。

大学生活与中学生活存在着巨大的差异，大学生入校后所面临的是全新的环境、全新的伙伴、全新的生活、全新的学习方式，正是独立生活的开始，为使大学新生尽快适应新的生活，新生入学教育非常必要。入学之后，辅导员除了进行学习适应辅导、心理辅导外，还需要对新生进行制度、生活等方面的适应教育，如需要开展一系列具体的教育活动，如爱校教育、职业思想教育、法律教育、适应教育、理想信念教育等。它将帮助大学生建立科学的世界观、人生观和价值观，明确学习的目的，纠正学习态度，增强学习动机。顺利完成从中学到大学的过渡，尽早认清大学生活的特点，并以此为基础，规划新的生活，将直接影响到他们大学生活的质量和学业的完成，为以后的大学生活开创良好的局面。

高校管理者为了让大学新生尽快适应大学生活，需要统一部署、周密安排入学教育工作。如何在入学教育中采用大学新生乐于接受的方式，采取他们熟悉管用的载体，把正确思想的教导与积极的启发引导结合起来，把解决思想认识问题和实际问题结合起来，增强思想政治教育工作的吸引力和针对性，成为每所高校重点考虑的问题。但当前的新生入学教育中仍存在教师不够专业、方式不够恰当、学生不够配合等问题。应注重顶层设计，打造入学教育的师资团队、改进方式方法，以提升教育质量和效果。

(2) 对大学生进行日常思想政治教育

辅导员是大学生思想政治课教育的支柱，他们是大学生日常思想政治教育和管理的组织者、实施者和指导者。高校辅导员对学生进行日常思想政治教育，做好教育服务工作，充分发挥学生的主体作用。首先，要充分认识到辅导员和班主任在开展日常思想政治教育中的责任感、使命感和意识。

高校学生日常思想政治教育是指辅导员和班主任等高校学生工作人员根据党的教育方针和高校思想政治教育工作的要求，从学生的认知发展规律出发，针对不同学生的思想实际，以宿舍、党团组织、班级和学生社团为载体，从学习、生活细微入手，对高校学生的政治素质，思想品德、心理健康以及其他养成教育进行潜移默化影响的一种教育手段。

其最终目的是及时发现和解决学生思想、学习和生活中的问题，确保学生身心健康成长，顺利完成学习任务，促进学生成长。日常思想政治教育是深化大学生思想政治理论教育的重要补充，是提高大学生思想政治教育实效性的重要途径。

（3）班级及党团组织建设

在各高校当中，党团支部、班级是高校最基层的学生组织，共同肩负着教育、引导和服务青年学生的责任。党团组织和班集体作为大学生成长成才的重要空间，也是辅导员开展工作的重要平台，党团组织和班级建设是一项长期的重要的工程。

①党团建设的现实思考

我们要加强和改善大学生思想政治教育，培养社会主义事业合格的接班人。作为高校党组织，也是培养专业人才的场所，同样需要肩负起培养社会主义事业建设者和接班人的根本任务。当前影响大学生党员发展质量的问题主要有经验主义认识误区、发展工作机制缺乏协同、质量保障体系不完备等。解决这些问题，必须遵循“控制总量，优化结构，提高质量和运作”的一般要求。以发展质量为根本，以党建工作创新为关键，以创新模式、创新管理为重点，积极探索党建工作新平台，形成党建工作新推力，构建质量保障新体系，为提升大学生党员发展质量奠定坚实基础。

大学生党组织是凝聚优秀大学生并发挥大学生思想政治教育中的主导作用和战斗堡垒的先锋作用。青年是国家的希望和国家的未来，只有赢得青年才能赢得未来。大学生党员是青年群体的先进分子，是党的新生力量的重要源泉，也是党员的重要组成部分。各地高校要把加强党员队伍建设作为保持党的先进性和纯洁性的战略性工作，实施科教兴国和人才强国战略，加强大学生思想政治教育领导工作，努力建设一支具有良好素质、结构合理、规模适中、作用突出的大学生队伍。

第一，提高大学生党员的思想政治素质。严格把好入口，“早启蒙、早教育、早引导、早选择、早训练”，重视对新生入党启蒙，激发学生的政治热情，坚持以党员的标准，不降低要求。坚持教育重心的转移，执行党的基本理论和基本知识的培训工作，与社会实践和志愿服务相结合，有利于党的积极分子通过分层训练的方法和动机，一步一步地改变传统教育和培训模式。定期分析大学生党员的发展，科学指导学生党员党性学习工作。认真审查新党员的资料，确保新党员的素质。把握新时期学生党员发展的具体标准，按照党章的规定具体规划党员的条件，严格执行、促进、发展、纠正各个方面的标准。规范党员发展程序，落实集体组织推进制度，在党组织成员会议上讨论投票、发展党员、宣传公告、全面推进党员民主工作的发展，提高工作透明度和可信度。建立和发展党员工作考核制度，把大学生党员工作分类为党组织目标管理的重要组成部分。作为党组织工作的重要指标，它以高度的政治责任感和使命感不断加强。高校党组织的作风建设，是推动高等教育科学发展的重要保障。

第二，提高大学生党员素质，完善党员思想报告制度，党员上课制度和党员活动制度。严格执行党的民主生活制度，创新组织生活形式，增强组织生活的吸引力和影响力，认真开展任何形式或强化的批判性教育。入党之后，要不断教育新进党员，确保大学生党员坚守党的政治思想，完善学生党员管理机制，加强对出国大学生与中国其他大学交流的管理，教育和引导研究生党员提高党员意识，及时接受党组织转移关系，使每个党员始终在党组织的关怀下。

第三，发挥大学生党员模仿带头作用。高校党支部作为高校的基层党组织，承担着培养优秀大学生并吸收其到党组织中，不断为党组织输送新鲜血液的重要任务，在大学生思想政治教育中发挥着不可替代的作用。加强党支部建设，坚持理论与实践相结合，开展大学生党员主题社会实践活动。建立党员公共承诺和配对援助的长效机制，搭建学生党员服务同学，服务群众。通过党员服务岗位，党员责任区服务社会的平台和党员的志愿服务队伍，充分发挥先锋队和示范作用。学生党支部应该形成有效的激励机制。辅导员可以自觉地培养一批学生党支部，建立特色群体和示范小组，定期开展党内奖励活动，选出优秀的大学生党员、模范明星、学习明星、创新明星、个人先进典型等，这些人大多数是年轻人，且易于同学之间保持亲密关系，并指导帮助他们实现自我教育和自我管理。

第四，不断提高学生党建工作水平。建立和完善大学党委、党委组织部、学生工作部等，实行党组织的统一领导，沿袭院（系）党组织的领导体制和工作机制。学院党委必须为学生党建工作提供必要的资金支持和物质保障，不断改善工作条件，确保党建工作顺利开展。结合当前整治“四风”问题，以此作为党作风建设的切入点和突破口，推动作风方面问题的解决，良好的党风会给师德、师风、学风、校风以巨大的影响，与此同时，总结新的实践经验，切实加强高校党的作风建设，不断培养优良的思想作风、学风和工作作风。

第五，学习型党组织建设是新时期党建工作科学化水平的重要内容之一，高校作为知识创造、传播、教育的重要场所，它应该成为学习型政党组织建设的倡导者和示范场所。构建以学习型党组织为基础的知识型共生机制应重点关注于：以实现高等教育四大功能为导向，树立高校学习型党组织知识愿景；以和谐校园建设为契机，识别高校学习型党组织知识共生单元；以集体学习制度为核心，创新高校学习型党组织知识共生模式；以现代大学制度为引导，培育高校学习型党组织知识共生环境。

第六，信息时代背景下，发挥网络舆论的正向引导，推进党建网络工作的建设与优化。在当今信息多样化、传播多渠道的微时代背景下，党员越来越及时、广泛地接触信息，对大学生基层党组织生活带来了机遇的同时也提出了挑战。党务工作者应针对大学生基层党组织生活的现状，主动顺应新时代潮流，搭建组织生活“新平台”，将主流意识形态、社会主义核心价值观与“新媒体”形成对接，给大学生基层党组织以正向的舆论引导。

②班级建设的实践探析

班级作为学生管理的最基本单位，要发挥好思想政治教育的载体功能，班集体应形成明确的奋斗目标，拥有向上的精神风貌，为班级成员成长成才提供良好的环境。班级是高等学校的基本组成单位，最初作为一种教学组织形式而设立，随着功能的拓展逐渐成为承载了教学、管理、服务等多种功能的学生群体集合。

课堂文化体现在系统建设、各种活动、课堂氛围、宿舍文明和学生精神等方面。它可以从文化建设、氛围塑造、活动创新三个方面展开班级文化工作。新时期大学生群体特点变化对学生与集体关系产生了深刻影响，并对班集体建设提出了新要求。要以特色班集体文化建设为核心，以特色文化建设、集体形象建设、网络平台建设、工作机制建设为主要措施，设计好班级建设方案，并进行具体实践，推动基层班级集体建设。

班风影响到学生的综合素质，具有隐形的力量，能凝聚、约束、鼓舞、同化周围同学，深切影响着他们的将来。当前，大学生班级存在班级凝聚力不强、缺乏规范的班级管理制度、学习氛围不浓等问题，为此，可以发挥“同群效应”，探索形成良好的班风。班级建设是辅导员、班主任开展工作的关键环节，而班级建设归根到底是班风的建设。

所谓的班级风格是指班级的氛围。在共同目标的指导下，在理解和共识的基础上，通过全体同仁的共同努力，逐步形成一种行为趋势，使集体形成更加稳定的精神状态并成为一股无形的力量。从根本上说，它是一个班级的道德、智力和身体方面质量水平的综合表现，它是班上所有成员的风格。树立先进典型，发挥示范效应，培养群体意识，提高班级凝聚力，增强班级荣誉感；抓好“领头羊”，实现学习自我管理和服务；注重班级制度、文化建设，杜绝不良风气；确立“三位一体”的班级管理模式，发动辅导员、班主任、学生干部共同完成班级管理任务。

③党员队伍建设与大学生思想政治教育相结合的对策

A. 大学生党建和思想政治教育要实行以人为本

大学生党建工作应渗透到思想政治教育的全过程，始终坚持以人为本，敢于创新思想政治教育的新途径。党组织必须保护和尊重党员的民主权利，树立学生党员作为学生党建的主体，加强自我监督、教育和管理意识，培养学生的责任感和积极性。同时，高校必须努力满足大学生的物质文化需求，在尊重学生，平等对待学生的基础上，不断完善党政思想政治教育。

B. 党建与大学生思想政治教育应建立互动机制

目前，我国高校的理论教育由党校和思想政治理论教学部门承担，行为教育由学生管理部门负责管理。从高校的现状来看，思想政治教学部门与学生管理部门的关系并不密切，理论与教育的分离导致教学效果不佳。要解决这个问题，思想政治教学部门和学生管理部门要实现有效沟通，形成良好的联系，让学生在课堂上表达自己的想法，加强对在线学习的指导和管理，并与之进行沟通。学生通过在线教学平台，互动交流，在重视心理咨询和鼓励学生的同时，坚持学生党建工作和思想政治教育的有机结合。

C. 大学生党建工作与思想政治教育应培养复合型人才

坚持以科学发展观为指导的思想政治教育，充分发挥大学生的潜能，弘扬科学精神，进行科学教育。大学生有全新的思维模式，敢想、敢干，接受新观点、新知识的能力也快，因此加强对大学生的创新教育非常必要。在专业知识得到一定程度的提高时，思想道德水平也是评估大学生人才的重要标准，搞好高校党建和思想政治教育是培养复合型人才的必然保障。

（4）校园文化建设

校园文化是高等教育中一种独特的文化现象。它随着大学的诞生而出现。随着大学的发展，它得到了丰富和完善，并随着大学的转变而变化，逐渐成为一种完整的形式。这是教师和学生共同创造的精神价值。以生存和发展的精神为基础，以社会先进文化为主导，以师生文化活动为主体，以校园精神为根基。它是校园所有成员在长期学校运行过程中共同创造和形成的物质和精神文明的总和。

①全面繁荣学生社团文化

学生社团在校园文化建设中起着非常特殊的作用，因其以学生为中心，在教育体系中也发挥着重要作用。加强学生社团建设是高校思想政治教育的重要任务，是实施思想政治教育的载体和有力平台。随着高校国际交流的升级，学生社团的国际化进程也在逐步加速。随着时代变革、价值观变化，辅导员应深入研究当前学生社团的具体特征、发展规律、未来趋势，完善机制，从而指导学生安排好自己社团活动计划。

近年来，大学校园中涌现出各种社区活动。无论在学习研究领域、活动模式和所发挥的作用，学生社团都具有强大的生命力和对校园巨大的影响力，已成为校园文化建设的主力军。因此，如何加强高校学生社团的建设，如何发挥其在建设高水平和谐校园文化中积极作用，就成为新时期高校学生工作中的一个重要课题。辅导员要充分发挥学生社团在和谐校园文化建设中的作用，坚持健康高雅、积极向上的活动方针，使学生在富于思想性、时代性的社团文化氛围中受到熏陶，得到升华。

高素质大学生的全面发展是中国小康社会和现代化建设的现实需要。高校社团作为大学生锻炼能力、提高素质的重要载体和平台，其素质拓展功能与大学生素质要求具有高度的契合。

打造优质、精品的高校社团，发挥它们在大学生素质拓展方面的功能，需要高校领导、管理部门、社团本身和学校的师生一起工作。活动是社团的生命，品牌是社团的灵魂。品牌社团不仅为校园营造了良好的氛围，也为社团的可持续健康发展提供了动力。在社团工作中，高校应注重鼓励和支持有思想，重实践的社团。促进素质教育，促进校园文化活动的优秀社团脱颖而出，整合思想教育和素质教育的内容，逐步形成社团的品牌。社团建设过程中，要坚定立场，鼓励创新，争创特色，社团管理过程中要健全规章、自主管理、合理评价。调动社团成员的积极性，促进社团工作有效开展、顺畅进行。

②建设高水平的和谐校园文化

在和谐校园文化中生活、学习和成长，使学生和谐，全面地发展。“和谐”是校园文化的主要标尺。和谐的环境，互相关怀，团结和充满人文气息会使学生们充满自信，充满爱心和精力充沛。新时期校园文化建设的基本理念是：面向世界发展的潮流，立足中国文化发展的现实，倡导符合社会进步，时代要求和文化发展的校园文化建设理念；结合高等教育发展阶段特点，培养服务人才和建立与学校整体发展相协调的校园文化建设理念，大学精神始终如一，教育目标才能统一。总之，构建和谐校园文化的基本任务是注重理想信念教育，注重爱国主义教育，深入开展公民道德教育和素质教育，重视和加强学校精神建设，培养良好的教学风格和学风，积极开展校园文化活动，加强校园人文环境和自然环境。

在社会发展的不同阶段，特别是近代，大学校园文化始终与国家的命运相结合，成为社会进步的动力之一。目前，校园文化已成为高校核心竞争力的重要指标。如何构建和谐校园文化也成为构建社会主义和谐社会的重要方面。

以邓小平理论，“三个代表”重要思想和科学发展观为指导，构建和谐校园文化，坚持社会主义先进文化的发展方向，遵循文化发展规律，借鉴人类文明的成就，落实科学文化的质量。立足教育，以建设良好的校风和教学风格为核心，着力优化校园文化环境，树立正确的世界观、人生观和价值观，推进主题。突出高品位，强化管理，注重积累，努力营造体现社会主义特色、时代特色、办学特色的校园文化，不断满足大学生日益增长的精神文化需求，并提供强有力的支持。促进社会主义合格的建设者和可靠的继承者的发展。精神动力使高等学校成为中国特色社会主义先进文化发展的重要基地、示范区和辐射源。

（5）大学生网络思想政治教育

随着科学技术的迅速发展，互联网深刻地影响了社会生活的方方面面，改变了人们的学习、工作、生活和思考方式，这为我们在新形势下加强和改进思想政治课程化教育工作既带来了机遇，也带来了挑战。大学生作为重要的互联网用户群体，上网渐渐成为他们学习、生活的重要组成部分，影响着他们的心理健康、道德观念、价值取向、政治态度、行为模式。

加强大学生网络道德与法制教育成为高校学生思想政治教育面临的一项紧迫任务。网络为大学生带来了便利、速度和无限的愉悦，对大学生的健康发展也产生了不利影响。虚幻的网络空间带给人们身心愉悦的同时，人性的弱点也尽情呈现于上，色情、虚假、垃圾信息等日益泛滥，渐成痼疾，信息欺诈、信息污染、侵犯知识产权和个人隐私等道德问题和违法活动层出不穷。良莠不齐的信息和形形色色的负面影响导致的直接后果就是有的大学生道德沦丧；甚至有的大学生因为迷恋网络而走上违法犯罪的道路。

为了应对网络社会给思想政治教育带来的诸多变化，加强网络道德与法制教育。避免思想政治教育会成为无水之源，无本之木，采取积极有效的应对措施，帮助大学生面对网络时保持积极的心态，把握和平衡虚拟与现实之间的关系，以现实性为主导，克服网络带来的心理问题，提高大学生理解、分析和解决问题的能力，使大学生区分好信息中的好坏成为可能，增强对网络文化的识别、抵诱能力，从而拒绝道德堕落、守住良知。

（6）形势与政策教育

形势与政策教育，对加强和改进大学生思想政治课程化教育工作意义重大，直接关系到学生能否正确认识党和国家各项政策的制定、实施、开展，关系到学生正确形势观和政策观的形成。

形势与政策课是高校思想政治理论课的重要组成部分，帮助大学生树立正确的世界观、人生观、价值观，成为社会主义合格的建设者和可靠的接班人，它在大学生思想政治教育中发挥着重要作用，具有不可替代的地位。

形势与政策教育是学生阅读和学习的重要内容，是提高学生公正、有远见和责任意识，这是提高学生整体素质的一个重要方面。形势与政策教育是高等学校学生思想政治教育的重要内容，是提高大学生综合素质、开阔胸怀视野、增强责任感和大局观十分重要的方面，具有现实性、具体性、稳定性和动态性并存，时效性、理论性和政策性相统一的特点，成为大学生日常思想政治教育的主线。

形势与政策教育针对学生的思想特点和关注的热点问题，将帮助学生认清国内外形势，教育和引导学生全面准确认识党的基本路线、方针和政策，激发学生的爱国热情，增强民族自信心和社会责任感，珍惜和维护国家、社会和学校的稳定，自觉抵制误解的侵犯。形势与政策教育主要包括基本理论、基本形势以及热点问题三部分内容，前两部分相对稳定，第三部分相对变化。形势与政策教育需根据教学需要和学生特点，提供灵活的教学形式，如数字教学、情境报告和特殊讲座。包括课外讨论和课内讨论，包括积极学习和自学等。为取得好的结果，必须重点做好以下几个方面的工作。

①关注国际国内时事，提高时效性

政策研究的背景和内容是现实的，决定了形势和政策教育的适当时机。形势与政策的本身既具有不断变化发展的一面，又具有相对连续的一面。这要求学生的意识形态在学术现实中必须是真实的。情境和政策研究应该以生动活泼的内容和学生享受的方式全面实施，要抓住契机，积极关注国际国内时事热点问题，诸如一次重要会议的召开，一个重大事件的发生，一项重要文件的颁发等，通常与重要政策的出台、贯彻、调整相联系，与形势的发展相联系，因而往往会给人们带来不同的心理反应，并形成思想上的“热点”。

针对这种“形势热点”开展教育，使教育更现实、更有实效，就能取得理想的教育效果。对于大学生来说，他们对于知识和信息的接受有了更高层次的判断和衡量的价值指标。需要我们通过形势政策教育教导给他们的，不仅仅是对这些事件的准确全面了解，而且要对它发生的背景、现状及其发展趋向有比较深入的理论思考、分析。

②关注学生思想实际，提高针对性

为了使形势和政策研究更加顺利，需要探索紧迫和最有影响的问题，以便找到学生意识形态需求与教学内容之间的联系。学生的思想非常不同，因为他们有不同的成绩和学科偏好，但往往存在内部联系并处于动态发展的过程中。

党和国家的政策正在不断地调整变化，规定课程内容、情况和政策必须是一个动态的变革和更新过程。因此，形势和教育政策主要集中在学生的热点和兴趣点上，力求通过学生对定位角度的思考，探索国际国内发展的基本规律和趋势。充分了解到马克思主义理论中认识事物背景，发现问题的优缺点，并应用正确的应对策略。

③创新教育形式手段，提高有效性

要达到形势和政治教育的目的，确保教学的有效性，提高学生的接受度。传统教育模式，老师一个人说，学生们被动的听已经不能满足学生对信息开放性、机会性和多样性的要求，也不能鼓励学生如何把所学知识用于实践。这要求我们充分考虑和分析形势与政治教育的内在特征，了解和掌握大学生的认知特点，以学生为主体，引导学生积极参与各种实践活动。

可以使用现代信息网络技术，根据学校和学生的真实环境创建形势和政治教育，“因地制宜”设计专题栏目和频道，开设在线专家论坛，引导学生在线交流，提出问题和答案，建立网络教育评估体系，满足学生对知识的拓展和开放的需求，实现教育资料的完整性、连续性和动态性。开展社会课外实践，促进课堂教学与课外实践相结合，引导学生参与社会研究，丰富和深化学生对中国经济建设和社会发展的认识。这是提高形势与政治教育有效性的重要方式。

④整合学科人才资源，提高知识性

形势与政策教育领域宽、跨度大，对教师提出了很高的要求。

从事学生思想政治教育的教师往往受到学术背景和学术经验的限制，缺乏有限的时间和精力，很难投出全部精力为每个课题准备课程，只能保留一般知识的传授、政策解读、简报和活动描述等，这就容易导致缺乏深度和对未来愿景的预测性。

为了寻求开放的形势和政治教育过程，我们可以根据教学要点组织专门的咨询报告，聘请学校相应学科的教师组成“教育专家和教师组”，由学院根据学生的特点和想法决定。例如可以联系专家老师安排演讲、开报告会、讲座等。同时，可以与研究机构、政府机关和校外知名校友联络，及时组织专案报告会。

（7）学风建设

在辅导员日常管理中，学风建设也是其中不可缺少的一部分。学生不只是要取得优异的学习成绩，更重要的是养成良好的学习习惯；学校不只是传授知识的场所，更重要的是引导广大师生积极营造良好的学习氛围。表面看来，学风的问题主要体现在一些不良现象上，如上课迟到、抄袭作业、考试作弊等。但从深层次看，为学如为人，这些现象反映的是在当前环境下，高校部分学生在思想素质上，特别是人生观、价值观上出现了一些值得注意的问题，他们不知为何而学，大学中没有了家长的约束、班主任的监督，很多新鲜好玩的事物占据了他们的思想。

因此，让学生搞清楚为什么要学习、如何学习，加强学生主动学习意识至关重要。树立良好的学风不仅是完成高校教学任务的前提，也是加强学生思想政治课教育的重要途径。国家和人民对大学生给予了很高的期望，辅导员有责任把他们培养成为社会主义合格建设者和可靠接班人。

（8）大学生心理健康教育与危机干预

为了让大学生活更加丰富多彩，大学生必须具备良好的心理素质作为保障。随着社会的发展，人们的生活节奏正日益加快，竞争愈发激烈，人际关系愈发复杂，大学生作为一个特殊的社会群体，加之自己的特殊问题，对社会心理这块“晴雨表”十分敏感。如何帮助在校大学生摆脱心理问题、不断提高自身的心理素质，完成自身的健康成长和全面发展，是高校提升育人质量的重要内容，是高校学生工作的应有之义。大多数大学生心理品质较好，能够很好解决出现的问题、应对各种生活、学习、工作中压力，但是，他们仍然希望不断发展和提高自己的心理素质，更好地面对未来的挑战。因此，“发展”必须成为大学生心埋健康教育全过程的主线。

但他们仍非常希望能够不断发展和提高自己的心理素质，更好地迎接未来的挑战。鉴于此，“发展”应当成为贯穿大学生心理健康教育全过程的主线。

对于少部分存在心理障碍的学生，心理咨询以及其他必要的干预更是必不可少的。大学生的心理问题和思想问题有着非常密切的关系，生活适应问题、学习压力问题出现时，辅导员如果能够及时开展谈心活动，加强思想感情上的交流，一般可以化解问题，防患于未然。同时，全面细致的对话是辅导员理解相关信息的有效方式，例如学生的成长环境、人格特质和思想动态，是下一步开展工作的基础，有利于与学生建立良好师生关系。辅导员谈心应以宿舍为单位集中开展，实行主动约谈和随机走访相结合，与之协同的实施机制应重视谈心准备，营造融洽氛围，定位谈心角色，树立问题意识和动态跟踪、分类管理、长期研究的意识。

近几年的实践研究表明，高校心理健康教育是一个多层次、多渠道以及专业性很强的工作，它要求家长、骨干教师和辅导员、学生都参加专业咨询、课堂教学和科普宣传服务，其原则是“以发展性辅导为主，以障碍性咨询为辅”。

(9) 大学生社会实践

基于接受过高等教育的大学生通过参与社会实践活动，对大学生们进行有组织、有计划、有目的的社会实践，并依靠社会力量，开展教育活动，开展思想政治教育，培养综合素质。随着时代的发展，社会实践教育已成为高等教育体系的重要组成部分。作为大学生思想政治教育的重要组成部分，社会实践活动在全面推进大学生的社会阅历，包括对国情的理解，都具有不可替代的作用，有利于为高校培养一批乐于奉献、锻炼毅力、高尚品格和高度社会责任感的人才。大学生广泛开展社会实践，有利于高校执行“培养人才，创新科技，服务社会”三个基本任务，有利于培养新一代社会主义接班人，促进大学智力和体力全面发展。

高校辅导员作为大学生课外学习生活最主要的指导者，应高度重视社会实践的育人功能，多途径、多形式组织开展实践活动，引导大学生有效地将书本知识与社会知识学习相结合，将个人理想与社会需求相结合，促进大学生全面健康发展。

思想政治教育主要是改造人的主观世界，提高人的思想政治素质，帮助人们将教育实践转化为客观世界。社会实践与思想政治教育密不可分。社会实践活动在大学生思想政治教育中发挥着重要作用。实践证明，大学生的社会实践活动可以得到学生的积极响应和热情参与，并得到各界的强烈支持和普遍认可，这取决于他们在学生体系中的重要地位。

经过20多年的发展，中国大学生的社会实践表现出勃勃生机和活力，取得了显著成效。有利于大学生正确认识和理解自己，提高适应社会，服务社会的能力，培养大学生的创新精神和创新意识；提高大学生的个人素养、个性品质。

大学生社会实践的参与面越来越广泛，活动内容和形式也是越来越丰富，主要包括实践教学、军事训练、社会调查、生产劳动、社会服务、科技发明、学习参观等方面。社会实践活动体系是一个复杂的工程，需要进行精心准备和筹划，让大学生有计划、有组织、有程序、有章法地参与其中，最大限度地发挥个体才能，取得实效，从中受益。

(10) 主题推进式教育

在新时期大学生思想政治教育课程中，教育者面临着解决大学生日常思想政治教育实效的迫切问题。高校主题推进式教育活动无疑已成为一个重要的途径，新形势下，必须不断创新思路、采取行之有效的长效方法，建立主题推进式教育实践长效机制。

遵循大学生成长成才规律、教育发展规律和不同阶段学生主体的特点，以“主题推进式教育”为载体，在不同的学生群体中确定相应的教育主题进行相对集中的教育实践活动，从而提升思想政治教育效果。理论价值上，有利于有针对性地开展党员教育活动，提高党组织的凝聚力和吸引力，提高党员素质，激发大学生实现卓越争先的动力，增强党员教育的互动和开放，促进党的创新。

实际意义上有利于教育内容联系学生发展实际情况，贯通大学生党员教育的全过程，实现教育过程的延续统一，从而推动大学生党员今后人生道路发展。主题式教育模式的探索促进了学生党员成为高校党建工作的主体，使他们的思想觉悟、道德修养和各方面能力均得到普遍提高，从思想上登上了一个更高的台阶，实现了从理论学习到行为实践的锻炼与转化。

3. 党课课程化实践

党的培训课程是党思想政治教育的重要手段，学院组织课程有利于提高党员教育水平，规范党员教育程序，深化党组织内容，丰富教学方法，完善党员教育体系，提高效益。现在，我国大多数大学都认识到现行党校制度存在的问题，并继续探索和研究。这也表明，在建设党学习型组织的背景下，课程和党派标准化是党派发展的必然趋势。

(1) 党课课程化的理论探索

党的课程是指通过大学派系成员的发展，培养和教育来实现整个党的阶级过程，组织党的阶级内容和各级党的过程来实现。党的教育指导是党的积极分子和党员不断改变主观世界，使党性精神从表面到深层，从感性到理性，从量变到质，再到良性循环。因此，应围绕党的课程目标、课程内容、课程类型和方法以及课程评估来讨论党的课程。

①党课的课程设置

大学党员培训课程涵盖多个层次：启蒙党课、入党积极分子党课、预备党员党课、党员党课。各级党员培训教师应遵循秩序、制度和一致性原则，用党的基本知识和党的先进理论成果武装学生。

一般情况下，启蒙党课侧重于传播关于党的诞生、建设、发展的有关理论，可以使用网络平台向申请人介绍党员的基本要求和规范，了解申请者的入党动机，以促进和帮助考生纠正错误的思想观念。入党积极分子党课重点是加强党的基本理论、基本纲领、基本经验的教育引导，入党积极分子就要以严格的党员要求和标准严格来规范自己。预备党员党课对研究党的路线、方针和政策更加深入，加强理论学习，重点提高党性，改进实践，培养预备党员的责任意识，自觉参与社会主义伟大建设事业之中。正式党员党课要加强思想政治教育与理想和坚定的信念为重点，使新加入的党员成为社会主义实践模范先锋，不断增加党组织的凝聚力和吸引力。

②党课的课程目标

党的教育是高校党建工作和大学生思想政治教育的重要组成部分。阶级政党的目标必须与党建工作在高校思想政治教育的目标保持一致，那就是，培养可以为社会主义现代化建设事业奋斗终身的接班人。因此，各级党的阶级是基于形成在高校各方的目标，结合学校的特点、学生的特点和教学内容，制定更详细和合理的课程培养目标和指导实际工作。同时，学校应及时制定关于加强和改进党派教育的指导性文件，或每年制定小组课程，以确保遵循大学生党员教育工作。

③党课的课程载体与授课方式

以课程支持为例，党课培训课堂应该使用网络教学、理论教学和实践活动相结合。网络在线培训主要指参加在线党课学习的学生，利用网络平台，指导学生学习国家和社会中最重要问题的时代议题，理论教学主要教授党章、党派历史和党的基本知识、马克思主义理论等。

实践活动直接反映了参与者的表现，测试了理论教学的成果，发挥了小组成员的先锋模范作用，实践活动可以与党的活动、志愿者活动和夏季和冬季活动相结合，学生的热情是通过活动传递的，活动的结果渗透了党组织的吸引力和影响力。

④党课的课程考核

测试目标和促进增长的一个重要部分是评估。党课考核的评价应基于以人为本的教育理念，侧重于过程评估，侧重于关注学生的成长过程和成才过程，表现为对特殊个体，先进成就和基准的认可，充分发挥定量评估结果的监督、反馈和激励效果、检验目标的实现，帮助学生分析存在的问题，引导学生反思、调整、不断提高。

（2）高等学校入党积极分子党课课程化的实践

高校应重视党员的发展和教育，对积极分子、发展对象、预备党员及党员进行教育和分级培训，特别是党员积极分子党员课程实践。

①入党积极分子党课的课程内容

入党积极分子是党组织招募共青团重要成员加入党的必修课，是每学期的党员班，所需课程的主要内容包括“党的基础知识”“党的历史与优良传统”“形势和政治教育”和“社会实践”等主题。对入党积极分子教授课程主要是为了让学生了解党的章程的基本内容，引导党员积极主义分子将社会实践中“为人民服务”的目的内化。例如，带领入党积极分子到养老院去帮助老人，并在学校附近的社区和校园进行公益性清理活动。

②入党积极分子党课的授课方式

除了传统的讲座和报告外，入党积极分子强制性课程更加注重学生主体性的发展，加强党员积极分子的自学、自律和服务社会的定位。例如，小组讨论、演讲比赛、阅读讲座等其他活动，突出学生的主观性，让学生体验和个人改善竞争环境。同时，在讲座中，根据每个讲座的主题，穿插红色歌唱比赛，戏剧表演等形式的娱乐教育，渗透党的指导思想。

③入党积极分子党课的课程考核及评价

入党积极分子党课必修课的评估不再仅仅依靠本科生考试成绩，而是考虑学生在社会实践、学习笔记、本科考试成绩，定性和定量评估方法。例如，考察方式可以设置为评估期末考试的比例为60%，社会实践的20%，阅读分数占20%。这种考核指数将起到指导学生自觉参与社会实践的指导作用，从而培养入党积极分子自律意识，在无形之中学生养成良好的生活习惯。同时，为了使讲授课程可以发挥更好的效果，及时适应时代发展的要求和现实情况，需要不断更新党课培训的内容，更好地达到教育讲座的目的和效果。在不断学习创新的党组织建设背景下，高校党员培训课程只有继续保持和完善培训制度以及发挥党员讲座分享学习模式相结合，构筑培训和教育机构制度，以提高党员培养质量，提高党员素质。

第二节　大学生社会实践课程化研究

对于高校大学生们来说，以往纯粹的课堂教育已经不能使其更好地适应现代社会的发展需要，反而会因为缺乏必要的实践经验，在进入社会时错过很多很难得的机会。因此，必要的社会实践教育对当代大学生具有不可忽视的教育作用。在当代高校的教育体系中，社会实践已然成为其中占据重要地位的一部分。本节内容就社会实践的具体内容展开论述，包括社会实践的概念、意义、目标、实现形式和途径，同时，还会重点分析高校辅导员在社会实践所起到的重要作用。

一、社会实践的理论概述

在现代高校的教育体系中，社会实践发挥着极其重要的作用。众所周知，一个人的人生观、世界观和价值观通常是在青少年时期开始萌芽，直到大学阶段，会初步构建完整。通过社会实践，可以帮助当代大学生们更好地形成这些基本的人生观念，从而积极阳光的面对生活。

（一）社会实践的定义

社会实践是针对当代大学生开展的一种目的性极强的教育活动，参与活动的主体是所有的在校学生，活动的根本目标是使这些大学生们更好地认识当前的国际与本国的基本情况，接受符合社会发展潮流的思想政治教育。通过积极参与学校组织或学生自己发起的社会实践活动，学生的各种能力和才干都可以得到很大程度地提升，与此同时，大学生们的社会实践活动也会为社会与国家的发展做出自己应有的贡献。

社会实践并不是学生盲目参与的活动，而是以更加具有针对性地紧紧围绕当下流行的时事政治，或者与大学生们自身的文化或学习生活紧密相关的话题为主旨，制定详细的实践计划，有组织性地进行活动。在社会实践的过程中，还提出“积极探索和建立一个新的管理体系，将社会实践与专业学习相结合，与服务社会相结合，如结合勤工俭学，结合求职就业，结合创新和创业精神，其效果是培养大学生的工作理念和职业道德。”因此，在组织大学生社会实践活动的过程中，要坚持“四个结合”，即社会实践活动相结合，加强大学生思想政治教育，结合大学生社会发展与大学生社会实践，就业专业知识和活动的学习。结合企业工作，采取大学生社会实践的结合，服务地方经济和社会发展，积极探索新形势下大学生的社会实践活动的新途径、新思路，推动大学生社会实践健康发展。

社会实践的主体是大学生，大学阶段是青年人未来离开校园，融入社会的过渡阶段。大学生社会实践课程的设计、研究是按科学的规划进行的。目的是促进大学生了解社会，了解国情，增加才能，为社会做出贡献。培养品格，增强大学生社会责任感，提高大学生综合素质。在现代高校的教育体系中，为了确保学生更好地参与社会实践活动，实现大学生良好的思想政治教育，社会实践已经逐渐发展成为一门高校教育中必修的课程。大学生在校期间，在活动指导教师和辅导员的共同教导下，将社会实践作为一门需要考察的课目进行学习，同时伴有亲身参与感，真正做到理论与实践相结合。大学生社会实践在高校学生自身发展及为国家培养人才等方面发挥了极其重要的作用，在我国高等教育中产生了良好的综合效应。

（二）社会实践的重要意义

1．实施素质教育

社会实践活动对当代大学生们的素质教育具有重要的作用，现代的学校教育不仅仅只是为了培养高智商人才，更重要的是，对学生们道德和素质方面的培养。

（1）培养高等教育人才

大学是培养技术型社会主义建设者和接班人的摇篮，理想、道德、文化和纪律是一名合格建设者的基本素质。无论是树立为祖国繁荣富强努力奋斗的理想和信念，为人民幸福生活的无私奉献，或者是科学知识和工作技能的理论学习，都必须通过社会实践的感知和运用，我们才能被吸收和内化。这就是大学精神所在，是大学教育理念的根本出发点和必然要求。如果实践参与仅仅是简单理论灌输，将不利于实现高校人才培养的目标。

对于高等教育来说，实践活动是课堂教学的必然延伸和有益的补充。教师不仅要让学生“知道”，还要让学生“知道为什么”。实践锻炼可以激发学生的主动性和创造力，是教育的重要组成部分。通过指导学生进行动手练习，教师可以让学生找到特定的感官对象，加深理性的理解。课堂教学相对系统、完整，但也相对抽象和概念化，只有匹配实践才能被大学生接受。通过理论教学与实践活动的有机配合，大学生可以接受和理解所学知识，在实践中巩固和运用知识，将理论知识转化为实际工作能力。

（2）提升大学生综合素质

随着当今社会的快速发展，社会对人才的需求正在增加。社会主义高等教育的重要任务不仅是提高大学生的知识和专业技能的学习能力，而且要提高思想道德素养、科学文化素质、艺术审美素质、工作和生活质量。

实践活动具有帮助大学生掌握和应用专业知识的功能。大学的理论教学往往重视知识的模仿和传承，而实践活动则强调知识的获取必须从实践中来，到实践中去的路径，突出大学知识的概括、完善和理解能力。大学生学习的最终目标是运用知识和解决问题。通过实践活动的实施，大学生可以获得深厚的知识，完成知识的聚合，感知新思想的出现，优化和提高了大学生综合知识水平和学习能力。

实践活动可以有效提高大学生的综合素质。在实践活动过程中，大学生向群众学习，加强对各种知识和技能的学习，注重身心健康，发展各方面的能力和素质，强化社会主义信念，逐步成为技术精湛的建设者和可靠的接班人。

（3）促进学生就业

随着社会主义市场经济体制的建立与完善，社会对大学生提出了越来越高的要求，不仅应该拥有丰富的科学和文化知识，而且还必须具备强大的社会实践技能。大学生参与实践活动不仅是学生成为人才的客观要求，也是大学生的基本社会需求。大学生通过实践活动可以提前了解社会，锻炼综合实践能力，为以后参加工作，进入社会打下了坚实的基础。

①锻炼学生综合就业能力

大学生的实践能力指的是大学生解决问题的能力。实践活动可以使学生在实际活动中学习知识，加强他们的目标应用和知识与技能培训，帮助他们理解并熟悉各行业的专业资格标准和社会角色活动。特殊技能和这些要求作为培养和提高学生实践能力的基准。同时，实践活动可以有效地锻炼大学生的情境能力，如分析判断能力、监测评估能力和决策能力。大学生参加实践活动，可以使他们能够找到自己的不足，这有利于大学生调整课程的选择，明确职业目标，改善知识结构，加强专业技能，知识转化能力，改造学生对专业意识的认识。

②强化社会生存意识

除了对知识和生存技能的研究外，大学生还进行实践活动，包括寻找和探索存在的意义。特别是在当前的经济社会条件下，大学生模拟“社会人”的身份参与到社会生活与实践中，能够以更加全新和全面的视角认识自我，以便更好更快地融入社会、立足社会。实践活动为高校辅导员强化大学生挫折教育，历练生存意志提供了非常好的途径。在实践活动中，大学生了解雇主的人才需求信息和趋势，认识到专业社会竞争的压力，调整自己的企业目标以适应社会，纠正心态变化，抓住机遇，可以采取“先就业后创业”策略，积累经验。

③提高修养，完善人格品质

健康的人格既有利于个体的成长成才，也有益于社会健康持续稳定发展。大学生正处于即将踏入社会的过渡阶段，人格仍然具有很强的可塑性。在实践活动过程中，大学生与各类人群交往，逐步学会与人合作，与群众合作，处理人际关系，学会关心和尊重他人。实践活动的场景已成为测试和培养大学生自我修养的良好环境。

实践活动可以极大地鼓励青年学生准确定位自己的价值观，把自己培养成具有高目标，强烈道德责任感的大学生，提升自我意识，建立良好的情绪控制，建立良好的社会适应能力和和谐的人际关系。拥有乐观的生活态度和高尚的审美品位，塑造健康的个性。

2. 学生服务社会

大学生不仅是学习者，而且是创新和奉献的主体，是宝贵的人力资源。实践活动架起了学校和社会之间的桥梁，实现了校外生活与校内教育之间的有效对接。大学生在实践中亲身接触国家建设取得的成就，切身体会国家经济、文化、政策对人才的强烈需求，感受社会对大学生的期望。这一过程不仅提高了大学生自身素质，还使大学生将自身储备的知识、技能和智慧奉献给社会，突出了大学生在社会现代化和服务中的积极作用。

①体验生产劳动

大学生完成学业后，将作为普通人的身份进入社会，从事某个职业，开展实践活动，参与生产劳动。首先，可以培养大学生对劳动者的尊重与感情，得到思想陶冶。其次，在劳动中可以锻炼思维能力，养成反复思考和总结的习惯。最后，生产劳动既是对大学生立业心智的一种必要磨炼，也是对其综合职业素质的试运行和试检验。

大学生在实践活动中积极参与公益服务、生产实习、学习参观、勤工俭学、挂职锻炼等活动，可以与生产劳动紧密结合，充分发挥自身的知识特长和优势，为实际生产生活服务。

②紧密联系人民群众

坚定不移地走与人民群众相结合的道路，是有志青年锻炼成长的一面旗帜，这是中国青年群体团结、拼搏向上的唯一途径。“与人民群众打成一片”的理念，指引着青年大学生成长成才的正确方向。引导大学生积极参与实践活动，与人民群众相结合，是对其自身政治觉悟和精神境界的演练与提升。由于大学生的知识体系并不完善，只有向广大人民群众学习，才能将理论知识体系与实践相结合，才能促进个人社会能力和需求的发展。

（三）社会实践的基本目标

1. 提升大学生的社会化水平

在社会实践中，大学生可以得到全面的教育和锻炼，不仅可以巩固自己的知识和技能，还可以测试自己的行为模式、价值观，及时内化社会认同的文化规范和价值标准，从而提高自己的适应能力。能够为真正进入工作岗位和进入社会做好准备。同时，大学生在社会实践中与社会各个层面的人沟通交流，处理各种事务，应对各种问题甚至困难，可以使大学生增加更多的社会经验及为人处世的能力，不断提高自己、完善自己，向一个真正意义上的社会人靠近。

2. 保障大学生全面健康发展

我国教育的目标是培养德智体全面发展的人才，不仅是知识传授和技能习得，而要使人在身体、知识、智力、审美、道德、批判性思维、创造性精神及价值操守等方面都得到发展。在社会实践过程中，大学生身体力行参与活动、组织活动，深入感受社会生活，朝着积极上进的方向迈进。在社会实践中培养坚强的人格，确保大学生身心健康发展。

3. 践行终身教育理念

学校开展社会实践活动的目的是为了培养能力健全的大学生，这一点与终身教育强调的学校教育应该培养学生终身学习的态度、动机和能力完全符合。终身教育注重运用非正规、非正式的学习与教学方法，以弥补正规教育的不足，而社会实践教育在弥补第一课堂教育教学方面承担了主要角色。社会实践活动已经成为高校践行终身教育的有力抓手。

(四) 社会实践的主要特征

1. 创新性

随着科学技术的飞速发展，传统社会实践的内容已经不能满足现代大学生的发展需求。在当下形势严峻的社会发展中，大学生们需要依照具体情况进行社会实践的创新，其中包括社会实践进行的具体内容、所采用的方式方法、评价实践活动的机制等，在现有基础上，进行更加先进且符合当下时代流行的创新与改进。这就要求大学生要提高服务社会的品质和能力，展现新的精神风貌，同时也对大学生的创新精神提出了更高的要求。

2. 综合性

社会实践活动的教育目标或价值观可以纳入认知发展、技能培养以及情感体验、道德和态度等方面。在实践活动中，可以在学生的主体中进行道德教育，也可以在知识教育、体育、美育、工作技术教育和心理教育等各个方面设置教育内容，以实现过去单一的培训目标和任务。

3. 社会性

大学生作为社会政治生活、经济生活、文化生活的一员，广泛参与到广阔的大自然改造和丰富的实践生活之中，亲自接触和感知各种人和事，通过了解社会，可以增加社会生活的阅历，获得社会物质文化的熏陶，加深对精神文化和制度文化的知识、理解、经验和感知。在实践中，学生的社会地位得到了提高。

4. 开放性

社会实践活动引导大学生从只关心书本知识、只关注校园生活的局限中走出来，积极参与到改革开放的实践中去，到大自然和人类社会的广阔天地中去学习和发展，了解更多的社情民意，切身感受中国改革开放取得的辉煌成就，这不仅拓宽了大学生的思维视野，也使大学生以开放的态度面对生活、感受生活、热爱生活。

5. 协同性

社会实践活动需要家庭、学校和社会的共同合作，以协作的方式形成协同作用。学生必须给予最大的自主权，参与项目，选择自己的主题，组织实施自己的行动计划并进行自我评估，同时与合作伙伴沟通，分享成果，发展实践，提高人际交往能力和精神，注重团结合作。

（五）实践育人的基本理论

1. 基本概念

实践活动，是指人类能动地改造自然和改造社会的全部活动。

大学生的实践活动服从于人类的实践活动。一般来说，学生的实践活动可分为广义和狭义两个方面。广义学生实践活动指的是理论教学以外的各种实践方面，包括结合社会生活和教学实践与课堂学习相结合的实践活动。例如，以教师为主导的生产实习、军政训练，涵盖科技创新竞赛、学生社团工作、校园文体活动等在内的校园"第二课堂"实践活动，学生校外实践活动等，都属于学生实践活动的广义范畴。狭义的学生实践活动是指学生在教学计划之外参与社会的一些实践活动，即不包括与课堂学习和各种实践活动相结合的教学实践。

大学生实践教育体系作为一种特殊的实践活动体系，具有鲜明的特色。在学院和大学的指导下，大学生依靠大学舞台，与社会进行互动，了解社会，服务社会，接受教育，培养综合素质，并从中接受一系列有组织和计划的活动。人们普遍认为，大学生的实践教育体系是人类实践体系的重要组成部分，是改造主观世界和促进其发展成长过程中的活性，在这个过程中与生产劳动群众相结合以适应社会进步，承担社会责任，这是思想政治教育辅导员工作的重要路径。

（1）实践育人是组成人类实践活动的重要部分

实践观点是马克思主义哲学的重要观点。马克思和恩格斯认为，物质生产活动不仅是人类最基本的实践活动，而且在这一活动中，人类实践实现了物质性、现实性、主动性和创造性的统一。大学生实践教育体系是人类实践体系的重要组成部分，不仅是人类实践体系的共性，也是大学生独特的人格特征。

①大学生实践育人体系与人类实践活动体系具有共性

首先，大学生的实践活动是一种客观的物质活动，即大学生作为实践活动的主体，实践对象和手段是可以感知的客观现实，是实践活动的发展过程。发展受客观物质条件的制约，与自身、家庭、学校和社会的投资程度密不可分，实践活动的结果也与人的主体意识的客观存在无关。

其次，大学生的实践是一种自我激励活动，这意味着大学生始终追求和重视个人价值作为实践的目标，主动融入活动，并根据主观和客观的变化及时调整。调整活动以确保实现预期目标，并总结和评估实际活动的结果，以促进未来实践活动的扩展和深化。最后，大学生的实践活动是一种历史社会活动，是指大学生作为人类社会群体的成员，其生存和发展活动，构成了大学生社会存在的现实基础。大学生在不同历史时期和社会关系中所面临的社会环境、问题和历史使命是不同的，大学生的实践活动也表现出历史时代的特征和民族的特征。

②大学生实践育人体系具有自身的特殊性

大学生实践教育体系以大学生为主体，当然具有与其他社会群体不同的独特属性。首先，大学生实践教育体系具有适应青年发展的特点。例如，进入大学后的大学新生学习活动包括从高中到大学（一年级）的过渡阶段，大学教学活动（二级和三级大学）的相对稳定阶段，以及从毕业到社会角色的转变（大学四年级）。在不同的阶段，他们执行不同的学习任务，如基础课程学习，基础专业课程的学习，专业课程和专业技能的学习，使实践活动也表现出不同的阶段特征。

其次，大学生实践教育体系具有综合性教育的特点。大学教育要求大学生主宰知识，提高技能，锻炼自己的品格，了解社会，成为社会所需的高素质综合人才，主要活动是：大学生的实践活动必须通过自我教育、学校教育和社会教育，结合和突出实践活动的多样性，大学生的实践活动应实现主观性、客观性、理论性和实践性的有机结合，它表明了实践教育概念的核心内容。最后，大学生实践教育体系具有考验性，实践活动是大学生未来社会生活、工作方法和学习方式的预演，对青少年的成长产生积极影响。这有利于大学生养成成人的情感和社会情感，锻炼自理能力，培养日常生活和工作技能，帮助大学生尽快融入社会，加快推进社会化，成为社会可造之才。

（2）实践育人属于社会化实践体系之一

教育过程实际上是一个帮助学生完成社会化，形成基本社会意识，掌握基本社会技能的过程，实践活动在这方面具有不可替代的作用。大学生实践教学体系是大学生社会化实践的体系。社会化是大学生接受大学教育的主要目标，也是实践活动的重要功能，它包含在以下几个方面。

①学习性实践

学习性实践体系主要是指基于学习、应用和创新知识的实践活动体系，展示大学生开展的不同类型的专业学习活动，以及大学生的所有实践活动。

②成长性实践

成长性实践体系面临的主要任务包括深化学术，提高精神，改善身体健康和成长，寻找优秀人才，表明成长活动体系是大学生全面发展的基础和保障。

③社会化实践

社会化问题是人们一生都要面临的一个主题。作为社会实践系统参与者的大学生，一方面，大学生接受教育的主观过程中处于一个相对封闭的校园环境中，很容易具有从现实中脱离的倾向，另一方面，大学生仍然要离开学校，实践活动将大学生直接带入社会生活，涉及广泛的社会群体，深入了解国家社会条件，准备履行社会责任，减少与当前社会的距离。学校可以更好地服务社会，这充分体现了实践活动在大学生与生产工作和人民群众相结合的过程中的基本地位和作用。

（3）实践育人可以更好地使学生接受思想政治教育

思想政治教育主要是改造人的主观世界，提高人的思想政治素质，帮助人们将教育实践转化为客观世界。实践活动与思想政治教育密不可分，实践教学体系在大学生思想政治教育中具有重要的地位和作用，具体包含在以下几个方面。

①大学生实践与教育体系是高校思想政治教育活动与实现的途径。作为载体，大学生教育培训系统通过传递思想教育的相关信息和内容。同时，大学生实践教育体系是开展思想政治教育的途径，将教育内容融入活动，让大学生在实践中接受教育，运用所学知识，提高认识。

②大学生实践教育体系是深化高校思想政治教育发展的动力。一方面，实践活动全面深入，为政治思想教育提供了最好的材料、内容和方法；另一方面，大学生积极参与实践活动，积极开展自我教育和自我发展。因此，实践活动是辅导员思想政治教育发展的动力。

③大学生实践教学体系是辅导员政策教育有效性的检验模式。通过实践活动，辅导员可以检验大学生思想政治教育的接受程度，思想政治教育的道德素质，知识的构成和青年学生的综合能力，以及思想政治教育的有效性。

2. *发展历程*

实践育人体系作为一个不断发展的概念，在不同的历史条件下表现出鲜明的时代特征。大学生实践教学体系是高等教育与生产工作和实践活动相结合的必然结果。学会了解大学生实践教育体系的历史基础和持续改进的过程，对当代大学生开展实践活动，承载青春使命和时代责任，具有重要的历史意义与启发价值。

3. 实践育人的萌芽

中国有着优良的教育传统，尽管真正的大学生实践育人体系及其概念的提出时间并不长，但是实践教育的渊源和影响确实是深远的。本书将中国古代和近代的实践教育活动定位为中国大学生实践育人体系的萌芽与发轫。

(1) 中国古代的实践教育

中国古代的学校教育历史悠久，重视学生实践教育的传统源远流长。早在中国的夏商时期就有了学校。中国古代的学校教育尽管不同于现代意义上的西方高等教育，但也讲究学以致用。经过几千年的发展，到了明朝的书院，留下了“风声、雨声、读书声，声声入耳；家事、国事、天下事，事事关心”的著名对联，勉励天下学子以关心国事民生为己任。

中国知识分子素来有经世致用、崇尚实践的传统。中国的“知行观”在思想境界与实用价值上都有其卓越之处。春秋时期，孔子曾经带领门徒，游历各国，宣扬其治国思想，虽屡遭排斥，但依然不言放弃，孔子提出的“修身、齐家、治国、平天下”的思想流传至今。中国古代学校教育还注重科技道德的养成。中国古代教育家特别强调“鄙薄名利，献身科技”“经世致用，爱国仁民”“务实求真，刻苦谦逊”等道德观念，并将言传身教、身体力行作为最基本的教育方法。学习与实践的知行关系也不断发展，明代王阳明提出了“知行合一”的思想；明清之际，王夫之提出了“行可兼知”的思想，认为行是知的基础和根据，不得离行以为知。

由此可见，我国古代重视实践活动的传统由来已久。但在古代社会，“青年”的划分十分模糊，也没有现代意义上的青年群体。实践的主题内容往往限于道德伦理实践，注重处理事物方面的仁礼学问，往往对生产实践保持冷漠的态度，不能算是严格意义上的实践活动。

(2) 中国近代的实践教育

真正严格意义上的大学生实践教育是近代的产物。伟大的民主革命先行者孙中山提升了认识与行为概念的含义，不仅克服了古代认识论的层次，而且在一定程度上克服了古代唯物主义的缺陷，更接近于辩证唯物主义的认识论。他认为，人类的知识和行为随着社会的发展而发展，一般经历三个时期，从“不知而行”到“行而后知”。行在先，知在后，“行先知后”，知是从行中来的，能实行便能知，能知便能进步。在知行关系上，他提出了“知易行难”，以“行而求知，因知以进行”。

在民国时期，在国民党统治的地区，高等教育借鉴了外国模式，并介绍了“实习”和其他实践活动。例如，中华人民共和国教育部在“大学条例”中规定：“农业、工业和商学院学生必须在学校以外的某些地方实习，为期两年，如果未获得实习证书，他们不能毕业。”除了实习以外，国民党统治区典型的实践活动是大学生的爱国民主运动。抗日救亡时期，声势最为浩大的是1935年的“一二·九”运动。在解放战争期间，大学生的爱国民主运动震惊了反动的国民党政府。广大青年学生在爱国民主运动中也更加深刻理解了马克思主义。

在近代，中国共产党对实践育人也作了初步的探索。1921年7月中国共产党成立后，许多著名的共产党人为了发展和壮大革命组织，实现党的政治纲领，通过办学校或从事工农文化教育，宣传马克思主义，普及科学文化知识，培养了许多革命骨干。这些学校中，学生与生产斗争和革命事业紧密结合，既学习文化知识又从事革命实践。比较有代表性的有，1921年毛泽东创办的湖南自修大学，1926年邓中夏、刘少奇在广州为“中华全国总工会”创办的劳动学院，毛泽东等在广州、武汉创办的农民运动讲习所等。这些学校都十分重视学生参加实践活动。1933年中央工农民主政府成立后，各根据地的党组织依靠群众力量创造性建立起各种新型学校，如1933年后在瑞金成立的共产主义大学、

红军大学将生产工作列为必修课，教学内容与当时的生产、生活和革命斗争密切相关。长征抵达延安后，党组织成功建立了抗日军政大学、延安大学、鲁迅艺术学院等大批高等院校。1944年5月24日，毛泽东在延安大学开学典礼上要求大家“服务本身”。朱德要求“大学联系学习使用，自己动手，参与生产工作，学习生产”。工厂、农业科学与农场的结合。”根据上述一些情况，解放区的高等教育学校非常重视实践活动。在工厂和农村地区组织检查，解决建设边疆地区的迫切需要，解决生产实践中的问题，学习和实施人规模生产“自己动手，获得足够衣食”的运动。

4. 完善和发展

1949年12月，新中国第一次全国教育会议确定了国民教育的总体政策，强调新教育的建设应以解放区的教育经验为基础，吸收旧教育的一些有益经验。尤其是苏联教育建设的先进经验。60多年来，教育改革和新中国建设始终把教育与生产性工作作为重要内容并且和政治相结合。因此，大学生的实践活动从未成为自我意识，从无计划和无偿的发展到具有目的、规划和组织的高等教育的重要部分，不断完善和发展。

（1）探索兴起

新中国成立之初，百废待兴。党和政府充分认识到建立一个美好的社会主义要经历一个长期的艰苦过程。通过生产工作和实践活动，青年学生应了解国情，认识国家建设任务的坚韧性，树立正确的人生观和价值观。

除了通过书籍学习，青年学生还需要学习马克思主义理论，培养学生勤奋好学的踏实品格。

从20世纪50年代起，新中国的高等学校在党的领导下开展了规模宏大的教育改革，全国范围内的院系进行了调整。在教育改革和建设阶段，大学生的实践活动开始从教学计划的组织中确定，在系统建设中有许多有益的探索，现阶段大学生实践教学体系的主要特点如下。

首先，实习作为重要的环节包含在教学计划中。学习是一项实践活动，与学生研究的主要领域一起进行。在《关于实施高等学校课程改革的决定》中，提出“通过组织有计划的学生实习和参观，被认为是教学的重要内容”。同年，教育部为高等教育附属学校设立了生产实习委员会。颁布了学生指导委员会的临时组织条例。自1956年以来，在一些学院和大学实施了固定实习场所，并且已经探索了一套相对扎实的实习规则和法规。目前，中国高等教育机构的许多实习制度也在此期间继续存在。在此阶段，大学生联系工农，参与生产实践，理解社会，促进理论与实践相结合，取得了明显成效。

其次，生产性工作已成为教育过程的重要组成部分。在工作中，组织学生进入企业进行实习活动是大学生实践的主要途径。1958年9月，《中共中央、国务院关于教育工作的指示》明确地把毛泽东提出的“教育应服务于无产阶级政府，兼顾生产与劳动”，培养“为社会主义奋斗一生的意识”规定为党的教育方针和中国教育的目的，并规定高等教育机构应在教学计划中纳入生产性工作，并组织学生参与生产性工作。这使得生产性工作成为20世纪50年代和60年代大学生最重要的实践活动形式。

此外，新中国成立初期对大学生实践活动的探索还包括倡导勤工俭学、学习研究、参与政治活动和体育活动。然而，当时受“左”倾思想的影响，有些方面强调单方面实践，在大学生实践过程中做了大量工作，大学生参与政治运动的范围、规模和时间进一步扩大，影响了正常教学秩序的问题。最极端的表现是，在“文化大革命”期间，片面强调实践导致“干学”，完全忽略了理论教学，违反了教育规律，必须总结和反思这方面的经验教训。

（2）完善发展

1977年恢复高考后，高等教育开始走上正轨，大学生组织的实践活动开始蓬勃发展。鉴于改革开放以来大学生的教育实践，一些学者将其分为三个阶段，具体内容如下。

①再次兴起阶段（1977—1982年）

自1977年以来，高等教育走上正轨。1978年，邓小平在由教育部召开的全国教育工作会议上指出："什么样的工作涉及各种类型的学校，怎么花时间去实践，多少时间可以支配，如何与教学整合安排。"从那时起，教育部重申了学生参与生产性工作的规则。1980 年，清华大学的学生们提出了"从现在开始振兴中国"的口号，引起了全国各地大学生的强烈反响。许多高校开展了"学雷锋""五会四美三爱"等活动，引导大学生将思想付诸实践。1982 年 2 月，北京大学 150 多名大学生受到原国家农业委员会的委托，在寒假期间，对农村家庭承包责任制的各个方面进行了调查研究，取得了显著成效。这就是著名的"百村调查"。在实践活动中，大学生个人感受到改革开放政策带来的广泛影响，初步了解国情。大学生的实践在新的历史条件下重新浮出水面。

②走向规范阶段（1983—1997 年）

1983 年 10 月 1 日，邓小平为景山学校题词："教育必须面向现代化，面向世界，面向未来"。这个题词是对时代特征和时代要求的高层次总结。1983 年 10 月，共青团中央委员会和全国学术联合会发表了《纪念"一二·九"运动 48 周年开展社会实践活动周的通知》。该文件指出："近年来，社会实践活动在高等教育机构中出现一种有效的思想教育形式，共青团和学生为了适应改革，以知识为桥梁，连接学校与社会，组织学生为社会、国家贡献出自己的一份力量。对于可能的条件和服务，这是促进大学生健康成长的重要举措。这份文件详细地介绍了"大学生实践活动"的概念，表明高校的实践活动开始逐步走向规范化。

1984 年 5 月，团中央在辽宁省召开了高等学校实践活动现场观摩会，时任共青团中央书记处书记的胡锦涛正式提出了大学生实践活动"受教育、长才干、做贡献"的论述。这一原则被确立为大学生实践活动的指导方针。1987 年 5 月，《中共中央关于改进和加强高等学校思想政治工作的决定》强调："青年学生只有在学习科学文化知识的同时，积极参加实践活动，更多地了解国情，了解社会主义建设和改革的实际，了解人民群众的思想感情，才能树立起为社会主义祖国献身的信念，逐步锻炼成为有用的人才。"1992 年邓小平南方谈话和党的十四大的召开，进一步解放了思想，高校的实践活动也进入了适应社会主义现代化建设进程，为两个文明建设服务的全方位深化发展的新阶段。

1993 年 12 月，共青团十三届二中全会通过的《在建立社会主义市场经济体制进程中我国青年工作战略发展规划》，提出实施"跨世纪青年文明工程"和"大学生科技文化服务"活动，成为大学生实践活动的主要形式。在这一阶段，大学生实践活动有了规范性的文件和明确要求，高校逐步认识到大学生实践活动在学生思想政治教育等方面的重要作用，通过加强学校教育与社会教育相结合，组织青年学生深入社会，了解国情民情。大学生实践活动在这一时期走向制度化、规范化阶段。

③深化完善阶段（1998 年至今）

1998 年，江泽民在庆祝北京大学建校一百周年大会上的讲话中指出："我们的大学应该成为科教兴国的强大生力军。教育应与经济社会发展紧密结合，为现代化建设提供各类人才支持和知识贡献。这是面向二十一世纪教育改革和发展的方向"，并希望大学生要"坚持学习书本知识与投身社会实践的统一"。1999 年 6 月，第三次全国教育工作会议召开，标志着我国教育事业进入了一个深化改革、积极发展的新阶段，高校的实践活动也进入深化完善阶段。会议通过的《中共中央、国务院关于深化教育改革全面推进素质教育的决定》中指出："要从实际出发，加强和改进对学生的生产劳动和实践教育。使其接触自然，了解社会，培养热爱劳动的习惯和艰苦奋斗的精神。高等学校要加强实践活动，组织学生参加科学研究、技术开发和推广活动以及社会服务活动。"2002 年，共青团中央、教育部、全国学联下发了《关于实施"大学生素质拓展计划"的意见》，决定开展"大学生素质拓展计划"试点工作，为配合学校文化素质教育工程的实施并为学校深入教学改革提供实证经验。2004 年 8 月，中共中央、国务院颁布了《关于进一步加强和改进大学生思想政治教育的意见》，明确指出："高等学校要把社会实践纳入学校教育教学的总体规划和教学大纲，规定学时和学分，提供必要的经费。"2005 年 2 月，中宣部、中央文明办、教育部、共青团中央下发了《进一步加强和改进大学生社会实践的意见》，要求："要充分认识加强和改进大学生社会实践的重要意义，进一步明确大学生社会实践的总体要求和工作原则，要把大学生社会实践纳入教学计划、不断丰富社会实践的内容，全面深入开展'三下乡'和'四进社区'活动，探索建立大学生社会实践的长效机制，切实加强对大学生社会实践的领导。"2012 年 1 月，教育部、中宣部、财政部、文化部、共青团中央等七部委联合下发了《关于进一步加强高校实践育人工作的若干意见》，指出："坚持新形势下高校实践育人各项工作""切实加强对实践育人工作的组织领导"，对实践活动育人工作的持久深入开展提出了更高的要求。

改革开放以来的大学生实践育人体系，经历了一个由自发、分散、仅依靠共青团组织的小规模考察，发展到有组织、有系统，上自中宣部、国家教委、团中央，下至各校党委、校长亲自负责的大规模的实践活动。大学生实践活动形成了诸多有益探索。例如，1999 年起，教育部、团中央等单位在全国高校中组织开展了两年一届的"挑战杯"大学生课外学术科技作品竞赛和创业计划竞赛，为大学生在实践中运用理论知识提升专业技能，促进大学生团队合作精神与创业意识产生了深远影响；同年，教育部、团中央在全国部分重点高校组织了中国青年志愿者扶贫接力计划研究生支教团的工作，每年选一批品学兼优的大学生在国家级贫困县开展了为期一年的支教工作。进入21世纪以来，已逐步由高校把实践活动纳入了教学计划，成为一门课程；有的学校实行一周五日上课、一日实践的制度；也有高校把课程集中在三年半上完，用一学期的时间到基层开展教学实践。许多学校都联系建立了长期固定的实践单位以及校办工厂、农场，作为大学生的实践活动基地。当代大学生实践育人体系正在日趋系统化、正规化、制度化，成为高等教育培养社会主义建设人才不可缺少的有机组成部分。

（3）内涵理解

实践活动是大学生在接受高等教育过程中，除了理论知识学习以外的一个必要环节。正如马克思主义认识论的观点，实践作为主观之于客观的活动，决定认识的形成与发展。实践不仅是认识的源泉，而且是认识的动力，是检验认识是否具有真理性的根本标准，是认识的最终目的。

对于大学生实践育人体系概念与内涵的理解，要从以下几方面入手。首先，大学生是大学生实践育人体系的主体，也就是说，大学生是实践活动的发动者和执行者，是实践活动的实际运作者。这里要划清几个概念的界限。一方面，大学生实践育人体系，必须是以大学生为主体，而非以教师或者家长为主体，所以大学生实践活动必须要充分激发大学生自身的主观能动性，发挥其主体性地位的作用；另一方面，大学生实践育人体系又是以大学为依托的，这就要求辅导员们有必要对大学生的实践活动加以教育引导，充分发挥其主导作用，避免使大学生的实践活动成为一种盲目的、低效的、缺少教育意义或社会价值的活动。其次，社会性是大学生实践育人体系的一个重要特点。对于实践活动主体的大学生来说，实践活动本身是一种社会化实践，这与大学生青年时代的成长发展特点以及高等学校的教育目的是一致的。同时，社会是大学生实践育人体系客体的一个统称，说明实践育人体系的对象是包括社会系统、社会过程、社会矛盾、社会主体、社会认识等在内的社会问题。不直接服务或解决各种社会问题，不接触人民群众或社会生产的科学实验、科学研究等实践活动，不属于实践活动概念的范畴。另外，实践育人体系是以社会科学方法论为指导的，基于社会科学研究方法而开展的实践体系。大学生开展实践活动，要系统学习和掌握与实践活动相关的社会科学方法论体系。最后，大学生实践活动本质上是实践的，是一种实践的认识活动。这表明，大学生实践育人体系有别于单纯的理论学习或研究，是需要实地参与性的认识过程和方式。

大学生实践活动可以根据学生的实际情况，选择与自身学习相关的内容。从这个意义上讲，大学生实践育人体系是对课堂教育教学的延伸、补充、完善和提高，能够提高大学生学习的积极性，深化大学生的思想认识。

理解大学生实践育人体系的概念与内涵，能够使辅导员帮助大学生更加正确地看待实践活动，把握好实践活动的方向，使实践活动开展得更有意义。

5. 理论基础

马克思主义关于实践活动有着丰富的论述。在学习实践育人体系相关理论的基础上，辅导员能够更好地引导大学生理解实践教育的功效，使其对实践活动有更加深刻的认识。

（1）认识论

实践的观点是马克思主义认识论的基本观点。实践是认识的基础，表现在：实践是认识的来源，实践是推动认识发展的动力，实践是检验认识真理性的标准。

马克思主义哲学认为，认识来源于实践。没有人的实践，客观存在着的自然现象和社会现象是不会自动地反映到人们的头脑中。客观事物只有成为实践活动的对象，才会成为认识的对象。

实践不仅是认识的来源，而且是认识发展的动力。实践活动总是一步又一步地由低级向高级发展，人类的知识也是随着实践活动不断由低级向高级，由浅入深，由片面向更多的方面发展。

真理问题是认识论的重要问题。马克思主义认为，实践活动是检验真理的唯一标准。真理是符合客观事物及其规律的正确认识，这就决定了在意识范围内不可能解决认识是否符合意识之外的客观事物的问题，认识不能成为检验自身是否正确的标准。毛泽东说："判定认识或理论之是否是真理，不是依主观上觉得如何而定……真理的标准只能是社会的实践。"

（2）教育与实践相结合

马克思主义哲学的认识论认为：人的一般认识过程大体由实践到认识与认识到实践两个阶段组成。教育过程也是一个认识过程，受教育者的认识过程也应遵循一般的认识过程的规律，要以一定的事件得到感性的认识为基础，才能获得新的理论认识。受教育者所学到的理论知识最终要付诸实践，到实践中去接受检验。

生产实践是人类最基本的实践活动，是人类生产、生存和发展的前提和基础。教育与生产实践的关系是密不可分，相辅相成，相互促进的。一方面，生产实践是教育的基础，是教育的源泉、出发点和归宿；另一方面，教育又推动和促进生产实践的不断发展和提高。

(3) 在实践中成长

人的全面发展是马克思主义三个组成部分的实质和核心，是实践唯物主义的立足点。马克思主义认为，“全面发展的个人”是指不受外在力量约束，而能够充分和全面发展“本身才能的一定总和”的人。人的全面发展是一个实践过程，只有通过实践来真正地检验，探索人的全面发展。

青年要健康成长和全面发展必须注重参与实践活动。从实践中获得感性认识，把感性认识上升到理性认识，再把理性认识付诸实践，从而促进自己的提高和发展。青年只有参加实践，才能出真知、长才干，在实践中实现全面发展，成长成才。

6. 基本特征

实践育人体系作为教育范畴与其他形式的教育体系相比有许多共同的特性，也有自身所独有的特性，主要包括以下几个方面。

(1) 教育体系双重性

实践育人体系既有学校教育体系的属性，又有社会教育体系的属性，它是连接学校教育和社会教育的重要纽带。正确认识实践育人体系的属性，既不能单纯强调实践育人体系的学校教育体系属性，将实践育人体系理解为第一课堂的延伸或作为第二课堂，也不能片面强调实践育人体系的社会教育体系属性；排斥课堂教学和理论知识，以实践代替教育。作为实施素质教育的重要切入点，实践育人体系的加强与课堂理论教育的改革同等重要。两者应同步进行、相互促进。

(2) 开放灵活性

实践育人体系这一特征要求教育者彻底改变一切从书本出发、从教师出发、以教师为中心的传统教学观念，引导学生充分认识到自身的主体地位，在实践活动过程中架设起理论与现实沟通的桥梁。实践育人体系的开放灵活性包括活动内容在科学、专业领域的开放性、活动空间与形式的灵活性、活动运作管理及评价模式的多样性等。实践育人体系不仅要求各类学校、各科教师之间，学校教师与家长及社会有关机构人员之间相互配合，家庭、学校、社会形成合力，协同完成任务，而且要求学生在充分发挥自己能动性的基础上，充分利用与合作伙伴相互交流、分享成果的机会，培养锻炼人际交往能力和团队合作精神。

(3) 学生自主性

实践育人体系为大学生提供了一个接触社会、认识自我的有效平台。这促使大学生以一种开放的态度，主动认识和了解社会，自觉反省，提高自主发展的内驱力。实践育人体系为塑造大学生知识、能力、修养品性提供了环境，使其能在实践活动的过程中自主学习，实现自我教育。在向社会实践和人民群众学习的过程中，大学生能够逐渐养成坚忍顽强的优良品性、求真务实的学习态度和艰苦朴素的生活作风，有利于大学生树立正确的世界观、人生观和价值观，走与实践活动相结合的成才之路。

二、社会实践课程化的做法、形式以及途径

对于当代的大学生们来说，社会实践是正式踏入社会前，一种真实情景的演练。大学生们可以通过参与不同的社会实践，对当下的社会环境、行业概况等有一些基本的了解，同时培养自己的社会责任感，构建更加端正的人生观。在学生参与整个社会实践的过程中，辅导员发挥着极其重要的作用。

（一）社会实践课程化的主要做法和形式

社会实践在现代高校的教育体系中，除了理论上思想政治教育，亲身实际地走出校园，真正意义上进入社会的大环境中，通过一些方式手段开展社会实践活动，才能逐渐将其向课程化转变。事实上，社会实践作为现代高校教育中不可或缺的一门课目，在转变发展的过程中，已经总结出多种常用的课程实践手段，下面以其中较为典型的几种实践课程化的做法与形式做简要论述。

1. 社会调查

社会调查是最常见的社会实践形式之一。大学生利用时间较长的节假日，有目的、有组织地去企业、农村、部队、商场、社区等相关组织和部门，进行参观、访问，开展调查研究，提出解决问题的意见或者建议，最后形成调研结果。

通常情况下，大学生所开展的社会调查活动都会有一个提前确定的主题。在社会实践课程化中，学生作为活动的主体，对将要进行的社会调查活动进行主题设计，活动指导教师对其主题进行评估后给出一定的修改意见，综合多方面的因素，做出一份实际可行的调查方案报告。大学生所在专业的辅导员利用自己以往参与或主持社会实践活动的经验，在完整地看过大学生呈交的调查方案后，对其中存在细节问题以及实际操作的难处提出建议，帮助学生完善调查报告。

大学生根据事先拟定的社会调查方案的主题进行实际操作，在辅导员的帮助下，汇总调查结果，撰写调查报告，总结调查经验。在社会实践的课堂上，对学生的实践活动进行打分时，活动指导教师通常是以学生所呈交的调查报告作为主要核定成绩的依据。

2. 生产劳动

生产劳动是大学生为社会服务的一种方式，其目的是培养学生的劳动观念、群众观念、无私奉献精神和全心全意为人民服务的思想，使学生逐步养成艰苦奋斗、勤俭节约的思想习惯和生活作风。

在社会实践课程化中，生产劳动是活动指导教师经常采取的一种实践形式，旨在通过引领学生在从事生产劳动的过程中，对自己具有的政治思想、具备的社会实践技能，都可以使其得到很大程度上的提高。生产劳动作为社会实践课程化主要的实现途径之一，除了课堂上的活动指导教师之外，辅导员也在其中发挥着重要作用。辅导员在生产劳动活动中一般担任组织者和领导者的角色，其同活动指导教师在课堂上就学生将要进行的生产劳动制定一份合理、切实可行的计划，包括活动具体实施时间、地点、劳动形式等。开展生产劳动课程对大学生进入社会后实践技能的提高有很大帮助。

3. 志愿者服务

大学生参与志愿者服务活动，是以自愿且不图物质报酬的方式参与社会生活、促进社会进步、推动社会发展的活动方式。随着志愿者服务理念在全社会的广泛传播，参与志愿者服务活动也逐渐成了新的社会风尚。

与其他类型的社会实践形式相比，志愿者服务是其中规模稍大的社会实践活动。大学生在活动指导教师和辅导员双重的指导引领下，自发策划、组织想要完成类型的志愿者服务，其中，大学生参与的志愿者服务类型应该由活动指导教师在社会实践课程化进行过程中向其一一展示。辅导员在大学生们参加志愿者服务时，除了扮演引领者的角色，更重要的是起到对大学生进行思想政治教育的目的。志愿者服务是一项颇具奉献精神、不掺杂任何功利性目的的实践活动，除了活动指导教师在课堂上所进行的思想理论教育之外，在实践过程中，辅导员要为学生们提供足够的思想政治的保障，重点是学生在参与志愿者活动时获得的成长。

志愿者服务结束后，活动指导教师应在课堂上帮助学生总结该次活动的经验，吸取相关教训，在最后呈交参与志愿者服务的实践报告作为教学成绩评定的依据

4. 公益活动

公益活动旨在让学生通过直接参与社会服务活动，培养学生的服务意识和关爱他人的公益精神，增强学生对个人、家庭和社会的责任感。

大学生在参加社会公益活动的过程中，辅导员可以抓住教育的契机，有意识地引导学生主动参加公益服务，推动学生自发组织各种公益活动，

提倡和宣传在服务他人过程中自我的成长。辅导员不仅要促使学生积极参与其中，还要保证学生能用心地投入到服务工作中，避免无效劳动，使他们在活动中得到真正的成长。

5. 科技发明

科技发明的主要目的在于提高学生科研能力和知识应用水平，以培养其适应社会经济和科技发展所需要的全面素质，为经济发展做出贡献。按照开发领域的不同，科技发明分为基础理论研究和应用发明研究。

科技发明具有一定的专业性，辅导员要尽可能为学生科技发明提供便利条件，争取资源支持，如联系相关指导教师、协调实验地点、指导申请项目基金等。同时以此为契机，鼓励其他学生学习这种勇于探索的科研精神，在学生中树立科学和技术创新的榜样。

6. 勤工俭学

勤工俭学活动是学生利用课余或者节假日时间，从事校内外后勤、家教、社区和社会服务等，并取得相应报酬的一种助学行为。开展勤工助学活动，是高校帮困助学的重要工作。同时，参加勤工助学活动为大学生走向社会、了解社会、服务社会提供舞台，有助于大学生树立勤劳朴素的作风和正确的劳动观念，有助于大学生缓解经济压力，顺利完成学业。

勤工助学的岗位大多由学校提供，因此辅导员首先要做好信息的传递工作，及时通知学生申请岗位等相关信息。要做好贫困生的筛选审查工作，保证那些确实存在贫困事实需要帮助的学生能申请到助学岗位。可以对参加勤工助学工作的学生进行工作、心理等方面的指导，帮助他们协调好工作和学习的关系。最后，辅导员要善于发现勤工助学学生中有突出表现者，组织安排思想、经验交流活动，启发其他学生的社会实践意识和独立成长的意识。

（二）社会实践课程化的实现途径

1. 社会实践课程化的主要作用

在现代高校的教育体系中，开展社会实践课程化是为了更好地对学生进行思想政治教育，树立正确的人生观、价值观，可以更好地融入社会环境。社会实践课程化的主体是学生，除此之外，辅导员也是参与其中非常重要的一个角色，作为高等学校教师队伍的重要组成部分和高校大学生思想政治教育与学生管理工作的主要承担者，辅导员在高校的社会实践课程化中，发挥着重要作用。

（1）引导学生更好地完成社会实践课程化

思想政治教育是高校辅导员最重要的职责之一，始终贯穿于辅导员各项工作中。思想政治教育的内容包括对学生进行世界观教育、人生观教育、政治观教育、道德观教育等，实践活动是学生形成科学的世界观、人生观、政治观、道德观的重要途径。在社会实践课程化中，辅导员的教育引导作用主要体现在积极引导学生开展积极向上、健康文明的实践活动，激发学生学习热情和实践动力，以社会主义核心价值观引领实践活动，培养学生良好的道德品质、正确的荣辱观、爱国主义和民族精神。

（2）指导学生正确地参与社会实践课程化

社会实践课程化鼓励学生积极参与、自主实践，但这并不意味着放任自由、不管不问。学校制订的实践活动教育计划会具体落实到辅导员的工作计划中，就需要辅导员承担实践教育活动的督促和实施任务。辅导员对学生进行具体的社会实践活动指导，主要体现在实践过程中确定实践主题、规划实践方案、实施实践内容、收集资料信息、撰写调研报告。实践活动结束后进行梳理总结，分析实践成效，查找实践过程中出现的问题。

（3）维系社会实践的课程内容

一方面，辅导员为学校实践育人工作的顶层设计提供参考。实践育人工作需要教务处、学生处、学团委、就业办、后勤等职能部门协同推进、齐抓共管，学院具体落实工作。辅导员作为实践育人工作的基层教育管理者，要适时向学校有关部门反映大学生的思想状况、学习状况和实践状况，为学校决策实践育人工作的总体规划提供依据；另一方面，辅导员参与学生实践活动，对实践内容、形式、评价等诸多方面起到组织和协调作用，并积极采取各种方法以及动用有效的保障措施以保证大学生实践活动的顺利实施。具体体现在实践活动大目标的构建与小组目标的协调，小组成员之间的分工，实践活动时间和空间的安排，指导老师与学生或学校关系的调节，实践活动过程中的人员、场地的落实，实践过程中的安全保障措施，实践活动的效果评价等。

（4）积极参与社会实践课程化中的实际操作

在实践活动过程中，辅导员应作为活动的一员，积极参与其中。辅导员的参与既可以增加学生参与活动的动力与信心，又可以通过实践活动提高自身修养，促进个体成长，真正达到教学相长的作用。

辅导员的参与主要体现在发挥和挖掘学生主动性的基础上，与学生共同拟定实践活动方案、探讨活动细节，与学生共同参与实践活动，真正成为实践活动的一员。同时，多方位了解活动进程，并提供及时的活动指导，促进活动的顺利开展。

（5）综合评价学生在社会实践课程化中的表现

在社会实践课程化中，辅导员应积极发挥评价者的作用，辅导员对实践活动的评价应贯穿活动始终。

辅导员的评价职责体现在：适时发现和肯定实践过程中的正面价值，激励和保护学生实践活动的主动性、积极性和创造性，鼓励学生的创新性思维，并鼓励学生的实践；鼓励学生在实践活动过程中开展积极的人际交往，提高人际交往能力；充分肯定学生分析问题、解决问题能力的提高，积极评价学生良好的科学精神和实事求是的科学态度，推动学生科学素养的养成。

应当注意的是，实践育人任务不是辅导员单方面能够承担和完成的。在具体实施过程中要处理好非生产性实践育人与生产性实践育人的关系。辅导员在社会调查、志愿者服务、文化宣传等非生产性实践育人活动中具有相对独立的地位和作用，积极开展学生创新精神培养和综合素质提升的实践活动、发挥实践育人的隐性效应。而在学生专业实践、毕业实习、创业实践等与生产实际结合更紧密的生产性实践育人活动中，辅导员需要与专业教师、团委、就业办等相关职能部门要协同配合，发挥实践育人的显性效应。所有高校教师都负有实践育人的重要职责，这样才能提高学校实践育人的整体效益。

2. 社会实践课程化的实现措施

（1）营造先进的校园文化

高等学校应该努力创设一种先进的校园文化，发挥校园文化潜移默化的作用，鼓励大学生积极投身到积极向上的实践活动当中。辅导员应从工作角度，引导学校文化发展，积极推动营造体现时代特征和学校特色的校园文化和大学精神，推动高校隐性课程内容体系的建设，推动人文环境和文化设施建设，精心组织科技艺术节、演讲、辩论、沙龙等文化体育活动。同时，注意加强大学生的法制教育、诚信教育和心理健康教育，塑造大学生参与实践活动的良好品格，形成严谨的学习和学术风气，形成开展实践活动的良好校园氛围。

（2）积极鼓励学生组织活动

大学生社团是大学生进行自我教育、自我管理和自我服务的重要载体，是丰富学生课余生活、繁荣校园文化、提高学生综合素质、培养高素质创造性人才的重要平台。辅导员应充分发挥学生社团、学生会等学生组织在大学生思想政治教育和实践活动中的作用。辅导员应推动扩大社团的学生基础，壮大、做强学生社团，引导学生社团在校园文化建设实践下功夫，指导学生社团开展内容丰富、内涵深厚的校园文化活动，指导学生社团开展实践活动的相关讲座、座谈，指导实践、总结实践，同时，积极鼓励学生社团走出校门，走进社区，服务社会，广泛、深入开展送科技知识进社区、普及法律、宣传国家方针和政策等传统实践活动，支持学生社团进行实践活动创新，拓宽实践活动内涵。

(3) 大力推动建设实践体系

实践活动作为学生受教育、长才干、做贡献的重要途径，必须建立全面、科学的活动体系。辅导员应推动或协调学校有关部门和学生做好大学生实践活动基地建设。辅导员应以稳定的实践基地为依托，引导大学生走出校门、深入基层、深入群众、深入实际，帮助学校相关职能部门和专业课程教师构建符合大学生需求的实践活动体系。一方面，以教学为依托，广泛开展教学实践、专业实习、暑期课程见习、创新实验、科技发明等课内教学工作和实践工作，以加深对专业知识的了解；另一方面，积极开展军政训练、就业见习、社会调查、时事采访、生产劳动、志愿者服务、普法宣传、公益活动和勤工助学等，达到锻炼能力，提升素质的实践目的，为理性就业、自立劳动、创新创业等提供经验。在此基础上，辅导员应着力推动实践活动项目化，紧密结合各级各类团学组织和学生组织工作实际，优化整合实践活动内容，建立健全项目申报制，实行项目招投标制，鼓励视野开阔、实践效能有益的活动项目。

3. 社会实践课程化的教学内容

在社会实践课程化的教学计划中，坚持“全过程、多层次、精致化”理念，扎实做好社会实践的选题策划、组织培训、过程管理和支持保障工作。

(1) 选题抓实情

成立院级实践项目，引导学生调研项目着眼现实政治、经济重大决策，引导同学们带着专业眼光和问题意识，实地走访考察现实改造有益模式，发现规律，总结经验，拓展专业学习的切入点和落脚点，实现经世致用之效。引导同学们走基层、访民生、懂国情、长才干，提升专业学习的责任感，实效兼济天下之效，开阔眼界，启迪智慧。

(2) 培训务实效

把握实践团队实际需求，发挥辅导员思想优势和往年优秀团队经验优势，组织开展多次专题培训，为团队确定选题提供有力支持。各团支部分别召开社会实践行前培训会，从安全、宣传等角度加强自我培训。邀请校团委负责人开展团队长行前培训，从访谈调查、宣传总结等方面提供专业化指导，并为团队出征授旗，激励同学们精心做好实践过程。

(3) 交流谈实需

在新学期第一周即组织实践团队长召开成果转化交流会，邀请往年社会实践金奖团队负责人交流总结答辩经验，各团队分享实践照片、讲述实践故事、分析实践不足，为提高实践总结的质量和深度打下良好基础。

(4) 答辩出实招

主动开展团队预答辩，邀请专业教师、研究生等多角度、一对一指导各团队答辩展示的形式、内容、特色，有效帮助团队把握答辩规律、完善答辩设计。在社会实践答辩会上，充分运用 PPT、演示板、道具、实物等开展多样化展示。

4. 社会实践课程化成绩的评价机制

(1) 多元化的考核评价

在社会实践课程化中，辅导员在大学生实践活动中应致力于推动活动考核和评价奖励机制的建立，依托大学生素质拓展与素质拓展学分认证工作，依托各级团学组织，依托各类学生社团，将大学生实践活动列入相应的考核和评比表彰大框架中，努力推动建立社会评价、学校评价、社团组织评价、学生评价相结合，真正将实践活动与大学生成长需要、素质教育要求及社会人才市场的评价机制有机结合起来，使学生深切感受到实践活动对其自身发展的重要作用。

(2) 量化指标奖励体系

辅导员在积极探索实践活动的考核评价奖励体系时，重点建立学生实践活动考评的量化指标体系，推动评价结果在学生职业资格认证获得、技能等级提高、综合素质测评、奖学金评比、团员教育评议、推优评优、素质拓展学分认证等工作中的权重，以考核评价、奖励表彰为切入点，提升学生参与实践活动的积极性，调动学生投身于实践活动的主动性、创造性。

5. 大学生社会实践课程化教学实例

(1) 教学理念

随着现代高校教育理念的发展，建设大学生社会实践课程化，将社会实践活动发展为每个在校大学生的必修课目之一，这是当下社会对高校教育的重要要求。大学生社会实践的课程化，将社会实践活动从“课外”发展到“课内”，从传统意义上的“第二课堂”发展至当下最紧要的“第一课堂”，在不断地实践过程中，教师根据学生现有的生活经验和必备的心理需求，综合现有的社会实践活动的通常做法，如社会调查、生产劳动、志愿者服务、公益活动等，编排出教学所需的内容，与现有的教学大纲相衔接，依据一套完整的教学体系，制定出具体的教学目标、教学内容、教学方式、教学进程以及完善的评分标准。

事实上，通过建设大学生社会实践活动课程化，可以更好地以具体的教学理论和思想对所要进行的实践活动加以指导，在教学科目的范畴中，使得社会实践成为应用领域广泛，综合性较强的交叉课目。

（2）教学方法

辅导员在进行社会实践课程教学时，不能直接沿用传统课目教学时所使用的方法，在此基础上需要依据具体需要做出改变和完善。与传统的课堂式教学不同，社会实践课程更多地需要学生亲身参与和体验，而辅导员更多的作用是帮助学生更好地融进实践活动里，同时伴有一定的理论指导和思想教育。学生在参与社会实践活动的过程中，可以接受多方面的教育，像智育、体育、美育、德育等，一方面，学生可以通过社会实践活动，丰富自己的知识储备，锻炼一些基础的技能；另一方面，社会实践活动大大地增加了学生的人生经历，可以说，社会实践活动是一种知情意行的综合过程。

（3）教学设计

在社会实践教学的课堂中，除了必备的理论知识和思想教育，辅导员还可以帮助学生建立群体模式，以一个较为完整的团队共同参与社会实践活动，让学生在自主体验和探索中对基础理论进行验证和运用，让自己所掌握的知识和能力可以进一步提高。在整个实践活动的过程中，最重要的是学生自己的亲身体验，辅导员能够产生的作用大多是辅助性的，但是在思想理论教学的层面上，辅导员要注意自己的总体领导地位。

（4）教学内容

依据大学生社会实践课程基本的体系、结构和目标，辅导员在书写教案时，应积极响应该项课程的教学大纲，本着牢牢坚持理论教育与实践教育相结合的原则，以培养合格优秀的社会主义建设者为己任，将具体的教学内容分为大致的三个模块，即思想政治教育、学科专业知识教育和实践体验教育，让学生在课堂上对基本知识和技能进行充分掌握。

（5）教学过程

在社会实践课堂中，辅导员在设置具体的教学内容时，应该具有一定的基本框架，大致可以分为四种，即基本知识、基本技能、案例教学、法律法规。基本知识是学生在参与社会实践之前必须掌握的基础理论，辅导员对其具体专业的业务理论进行讲解；基本技能是以技能实验、实训为依托，训练学生参与社会实践的能力；案例教学是在一定教学目标的基础上，以具体的社会实践案例为根据，逐渐使学生掌握正确的社会实践方法；法律法规是指以大学生社会实践相关的国家与地方的法律与规章制度，既能够有效地对大学生所进行的社会实践内容进行约束，又可以保障其安全，使其能够健康发展。

（6）教学概览

以《毛泽东思想和中国特色社会主义理论体系概论》的实践教学为例，依据党的教育方针和育人目标，创造性地开展实践教学。在具体的课程课时安排上，大致可以分为三个阶段。

①第一阶段

课程一般在前三周，学生根据辅导员的前期指导，进行实践策划并撰写实践提纲。辅导员进行全班动员和指导，把实践课程的具体通知、详细要求、模板下载等信息详细告知学生，并把以往实践报告撰写中易出现的问题向学生讲明，明确各项具体要求。

②第二阶段

通常在第一学期国庆节后、第二学期五一节后第一周提交实践报告提纲。根据辅导员意见和要求修改实践策划，并完成实践报告。

③第三阶段

这个阶段往往集中在学期末，一般在教学日历的第11—15周，学生进行提交报告与成果展示，并请辅导员验收。针对学生提交的调查报告或论文，在教学班级上组织相应的交流或报告会。辅导员应对社会实践及调研情况进行总结、分析、评价，以深化学生对调研取得结果、问题的认识。

（7）教学特色

与其他学科相比，大学生社会实践课程教学有其特殊性，它既进行能力的培养，又注重思想品德的教育；学科本身具有鲜明的时代性，与社会主义现代化建设的实践活动密切相关，是一门国情教育的课程。它是高校人才培养与社会服务体系的重要组成部分，是广大青年向实践学习、向人民群众学习的重要载体，也是师生深入基层、了解国情、服务社会、增长才干、坚定信仰的有效途径。并为学生树立以人民为核心的价值追求和精神信仰，形成以厚重为核心的意志品质和创新能力，掌握以理论联系实际为核心的方法论搭建坚实平台。因此，大学生社会实践课程教学必须首先突出社会实践活动，在进行实践性教学过程中，应始终遵循针对性、时效性原则，使学生在社会实践活动中得到感知、认知，直至理性认识。

（8）结语

社会实践是当代大学生按照学校培养目标的要求，有计划、有组织地参与社会政治、经济、文化生活的教育活动。马克思在《资本论》中明确指出："生产劳动同智育和体育相结合，不仅是提高社会生产的一种方法，而且是造就全面发展的人的唯一方法。"让学生参加社会实践，是解决理论脱离实际、知识远离生活、厘清为何而学和学而为何等问题的有效途径，是完善知识与技能，丰富情感和体验，磨炼品质和意志，增强学习使命感和社会责任感，提高思想修养和理想抱负水平，培养完满个性的人的过程。因此，全面和深入开展大学生社会实践成为高等教育的重要组成部分，也是全面贯彻党的教育方针、推进大学生素质教育、培养高素质创新型人才的重要途径和必要环节。

在当前全面实施素质教育和人才强国战略、深入贯彻以人为本的教育理念以实现人的全面和谐发展的条件下，传统的应试教育模式下的重理论轻实践、重课堂内单向灌输轻课堂外自主探索、重共性塑造轻个性化发展等弊端进一步凸显。近年来，虽然大学生社会实践的形式和内容不断得到改进，但教育资源严重不足，社会实践的延续性和稳定性差；虽然进行了课程化建设的有益探索，但针对性和灵活性不足，可操作性不强。社会实践总体上仍处于一种零散、无序、多变的状态，急需社会各界统一认识，集聚社会力量创造条件，建立相应的运作机制和保障体系，推动实践教育向规范化、制度化和系统化发展。站在系统论和协同论的角度，结合大学生成长成才规律和教育规律，在对各类社会实践活动进行梳理整合的基础上，将社会实践进行了系统地分类并据此形成各自独立的实践课程，在此基础上，构建了针对性、多样化、柔性化的课程体系，并将其全面纳入学校教育教学计划总体框架中，强化对大学生实施全过程、全方位、立体式的实践育人模式，为造就与知识经济相适应的个性化的高素质创新型人才提供制度性保障。

第六章　大学生就业指导及职业教育课程化研究

即将离开学校或初入职场的大学生难免会对就业产生一定的彷徨或憧憬情绪，他们想要实现自己的人生价值或者想要将充分发挥自己的所学专业，又担心未来职业道路上的风险，这也正是辅导员的职业价值所在。本章将以大学生职业教育与就业方面的指导课程为主要内容，分析高校辅导员在教育课程化方面的具体表现。

第一节　大学生职业教育课程化与就业指导

即将进入职场的大学生对于未来的职业生涯一定会充满憧憬和好奇，甚至也会出现一定程度的彷徨情绪。而辅导员的一个重要职责就是对大学生的就业进行适当指导，让他们认清当前的社会现状，也认清当前的就业形势，并且就业指导相关内容对大学生就业具有重要的指导作用。

一、大学生就业课程化指导的内容概述

大学生的就业指导直接影响高校大学生的意识形态和核心价值观，而随着教育体制的改革，高校的就业指导呈现越来越多的新特征。

（一）大学生就业指导的含义

高等学校通过一定方式对大学生进行就业政策教育、就业形势分析、择业心理调适以及择业技巧等的培训，帮助大学生规划职业生涯，并树立正确的价值观和择业观的一项活动就是大学生就业指导教育。其实质是，高校通过就业指导帮助学生在对自我充分认识的基础上，引导大学生树立正确的世界观、人生观、价值观和就业观，确定最适合自己的职业，进而实现自我价值和社会价值。

（二）大学生就业指导的特征

随着高等教育体制的不断改革和高校就业体系的不断完善，时代赋予高校就业指导以新的特征。

1. 政策性

高校的就业指导工作政策性极强。就业指导教育必须要根据国家和有关部门制定的有关就业的政策、规定、办法，来指导大学生就业。目前，我国高校大学生就业的基本政策文件主要有：原国家教委 1997 年制定的《普通高等学校毕业生就业工作暂行规定》、国办发〔2002〕19 号《国务院办公厅转发教育部等部门关于进一步深化普通高等学校大学生就业制度改革有关问题意见的通知》、中办发〔2005〕18 号《中共中央办公厅、国务院办公厅关于引导和鼓励高校毕业生面向基层就业的意见》、国办发〔2007〕26 号《国务院办公厅关于切实做好 2007 年普通高等学校毕业生就业工作的通知》、国发〔2008〕5 号《国务院关于做好就业促进工作的通知》、国发〔2009〕4 号《国务院关于做好当前经济形势下就业工作的通知》等。

2. 时效性

大学生就业、社会经济发展状况、国家的就业政策、从业人员的素质四者之间是密切相关的。因此，高校就业指导就必须以一定时期国家的就业政策规定为依据，按照当时社会经济发展形势及对从业人员的基本要求对学生进行教育引导，具有时效性。

3. 引导性

高校的就业指导主要针对择业观念、职业与自我认识、心理健康教育与调适、择业方法与技巧、就业形势等方面对大学生进行教育，帮助学生认清当前就业形势，树立正确和健康的择业心理，戒骄戒躁，克服就业过程中可能遇到的焦虑、攀比、自负或自卑、盲目从众等各种心理，因此具有很强的引导性。

4. 系统性

大学生就业指导教育已经发展了一定的年限，其教育内容日趋完善，随着社会的发展与进步，就业指导教育的系统和科学性也在不断完善，高校的就业指导教育由择业技巧指导转向心理调适，以引导学生树立正确的价值观和择业观为重点，同时对学生进行政策讲解、就业形势分析、择业技巧指导、敬业爱业的系统指导教育。

二、辅导员就业课程化指导的基本内容

我国大学生就业指导的内容从近几年的发展来看，经历了一个从就业教育指导向就业实践指导的不断扩充完善的过程。

（一）就业思想指导

就业思想指导教育是高校就业指导教育的重要内容。当前，受社会不良风气的影响，大学生在择业过程中凸显目的性、功利性的特点，盲目地效仿事业成功人士，择业标准脱离实际，因此，加强就业思想指导能够帮助学生正确处理个人和社会、奉献与索取的关系，从而树立正确择业标准。同时，就业思想指导能够帮助学生树立诚信意识，确立高尚的职业道德、良好的道德修养和个人信誉，对大学生的成才和发展极为重要。

（二）就业心理辅导

当前社会中，即将毕业的大学生面临着比较严峻的就业形势，随之而来的就是众多大学生因为择业而逐渐出现心理方面的问题，这种情况进而会对他们的就业造成严重影响，这样的恶性循环对于大学生是非常不利的。因此，高校的就业心理指导应从以下几个方面入手。

（1）择业心理的辅导。帮助大学生完成从学业到职场的转变，而良好的择业心理，是成功实现这一转变的前提。

（2）心理承受能力辅导。培养大学生自信、自强的心理品质，拥有良好的心理承受能力，指导大学生正确对待挫折。

（3）心理健康的辅导。及时的、有效的心理健康教育辅导，有助于学生心理问题的预防和解决。

（三）就业政策指导

1. 对就业政策进行解说

使学生掌握国家制定的全国性就业政策，有关部门和行业性、区域性的就业政策以及学校制定的有关具体实施意见，按有关规定引导高校大学生顺利就业。

2. 对劳动法规进行学习

让学生了解《中华人民共和国劳动法》《社会保险费征缴暂行条例》《国家公务员暂行条例》《国家公务员录用面试暂行办法》等相关的法律法

规，让学生了解在就业过程中如何充分保护自身的就业权利。

（四）就业信息指导

通过加强就业信息指导，使学生掌握获取就业信息的主要方法，包括两个方面。

（1）国家、省市相关劳动就业部门或劳动力市场供需情况。具体主要是提供大型的人才招聘会信息或者是某一类专业或人才市场招聘的供需情况。

（2）具体就业信息的指导情况。帮助毕业生提高搜集、获取、利用信息的能力，提高信息筛选的有效性，分辨真伪信息等，进而做好就业信息指导。

（五）就业技巧指导

大学生由于初入社会，相关的就业技巧和实战经验相对比较欠缺，在就业的过程中自然就会遭遇到校对的挫折。因此，辅导员在进行就业指导教育的时候就要适当对这些方面进行教育和指导，通过培养和锻炼增加学生的就业信心。高校可以通过以下两方面来增加学生的就业技巧：通过模拟训练和案例分析，让学生体验实战经验；从商务礼仪、面试技巧等方面进行综合演练、提高，并请专业的礼仪教师和竞聘成功的同学来进行评价，让学生在实践中学会求职的基本技巧。[1]

第二节 大学生职业教育课程化与职业生涯规划教育

所谓的职业生涯规划教育，就是通过详细而系统的教育，让学生掌握一定的求职或规划人生的科学技巧，在未来的职业或事业道路上能够尽可能减少弯路，最终实现自己的职业目标。

一、职业生涯规划的内容概述

良好的职业生涯规划能够帮助学生树立正确的择业观，辅导员在对大学生进行职业教育或就业指导的时候要让学生要有一个良好的职业规划，

[1] 王幸．大学生就业指导研究［D］．河海大学硕士学位论文，2008.

将影响职业生涯规划的主要因素传授给学生。

（一）职业生涯规划

职业生涯规划这一概念由著名管理学家诺斯威尔最先提出。职业生涯规划是指一个人对其一生所有与职业相关的活动与任务的计划或预期安排，它涉及两个方面的内容。

（1）个人对于人生理想、职业价值观、兴趣爱好、个性特征、能力状况等主体方面的认识。

（2）个人对其一生中职业发展、职位变迁及工作理想实现过程的设计。

职业生涯规划是一个人结合自己的兴趣、专长，并考虑外在条件影响的情况下，为了发挥自身优势，追求最符合自身综合素质因素的事业。职业规划是一个系统工程，主要取决于两个方面。

（1）社会发展的客观需要，特别是社会职业的现实要求。

（2）大学生自身的实际情况。

职业生涯规划是一种个性化的职业设计方案，是在个人职业目标的统领下，结合自己的专业、社会职业岗位要求和就业形势等，根据自身综合能力、职业技能制定的个性化的实施方案。

（二）大学生职业生涯规划

大学生职业生涯规划就是指大学生在对主、客观因素与环境等条件进行分析的基础上，进行自我定位，设定自己的职业生涯发展目标，选择实现既定目标的职业，制订相应的教育、培训、工作开发计划，并按照一定的时间安排，采取各种积极的行动去达到职业生涯目标的过程。辅导员在对大学生的职业生涯规划进行指导的时候，要让学生做到以下几点。

（1）全面客观地认识自身和外在环境。

（2）确定个人的职业生涯发展目标。

（3）做好理想职业目标的确定、自我评估和环境分析、选择职业生涯路线、制订行动计划以及反馈调整等五个步骤。

（4）必须遵守循序渐进的时间安排。

（5）最终目的是要实现最初的职业目标。

（三）大学生职业生涯规划的要素

每个人经历不同，在职业生涯规划的构成中所考虑的因素也就不同。我国人事科学研究者罗双平用一个精辟的公式总结出了职业生涯规划的三大要素，如图 6-2-1 所示。

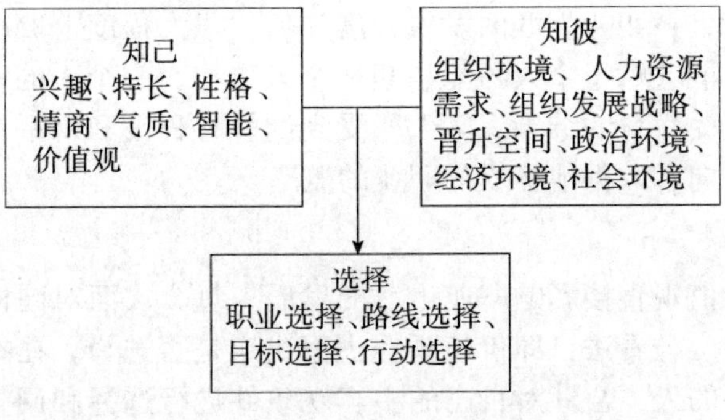

图 6-2-1　大学生职业生涯规划要素之间的关系

通过上图我们可以知道，在知己知彼的基础上推导出选择，而所谓的职业生涯规划=知己+知彼+选择，只有这样才能在职业生涯中少走弯路，尽快实现自己的人生价值。

在职业生涯中，所谓“知己”也就是对自己个性和能力的认知与了解；“知彼”也就是对周围环境的熟悉程度，特别是与生涯目标发展有关的工作世界。知己、知彼相互关联，确定的个人生涯目标要符合现实，而不是一厢情愿地对从事的工作发挥专长，利用个人的强项，对工作的环境能够适应，而不是感到处处困难，难以生存。也就是说要想正确规划自己的职业生涯，一定要做到在“知己”“知彼”的基础上，做出正确的“选择”。

二、大学生职业生涯规划的课程化研究

辅导员在进行职业教育或就业指导的时候，要因人而异。不同的人，其职业生涯规划也是不尽相同的，要受到诸多因素的影响，其中影响较大的因素有家庭、社会背景等。因此，要让大学生在规划自己的职业生涯时，要根据自己的实际情况，综合各方面因素，找出最有效发展方向和方法，做出有利于自己的最合适的职业规划。每个人的职业生涯都会受到家庭、社会等多种因素的影响。

（一）影响职业生涯的主要因素

职业发展是个极其复杂的过程，任何一种因素的改变，都会对职业规划和发展造成不同程度的影响，以下，我们将对影响职业生涯的主要因素进行阐述。

1. 受教育程度

一定程度上，职业生涯的发展程度如何，很大程度上取决于他的受教育程度。教育能够赋予个人才能、塑造个人人格。一个人的知识结构、能力、才干是接受教育的结果，某人所受到的教育程度和水平，直接影响他的职业选择方向和取得他喜欢的职业的概率。

2. 价值观

个人的价值观直接影响职业生涯的发展。每个人面对同样的工作都会存在不同的态度与看法，即价值观，进而决定是否选择。在择业时，不同年龄段和阅历的人，会针对自己的主客观条件进行选择和调整，每个人都不尽相同。

3. 性格

不同的人拥有不同的性格，而不同的性格将会对人的职业规划选择和未来的职业发展造成较大程度的影响。一个人性格主要取决于他的生长环境，人们只有从事与自己性格相符的工作，才能充分展现自己的才华，全心全意地投入到工作之中，进而实现自我价值。

4. 身心健康状况

大学生在对自己的未来职业进行规划的时候，不仅要考虑到自己的专业和能力，身体健康情况也是非常重要的一方面因素。身心健康是工作的最基本前提，直接影响到个人的职业生涯发展，几乎每个职业都需要健康的身心，这是走向职业成功的一个基本条件。当然，在职业的发展过程中，身体健康是充分条件，但并不是必要条件，如果一个人有坚定的信念和充足的能力，照样也可以完成伟大的事业，最具代表的任务就是霍金、张海迪、海伦凯勒等，他们虽然在健康因素中与常人相比稍逊一筹，但他们的事业与健康的人相比毫不逊色，甚至更高一筹。

5. 机遇

机遇在很大程度上直接决定这个人的职业生涯，它虽然是一个偶然性因素，但有时候却能起到至关重要的作用，很有可能改变人的一生。然而，机会总是留给有准备的人，也就是说，机会出现时，有准备的人更容易掌握主动权。

6. 社会环境

社会环境也是影响职业生涯的主要因素。社会的经济形式、就业形势、文化与习俗等决定了社会岗位的数量与结构，直接影响到人们的价值观以及对职业的基本看法。

（二）大学生职业生涯规划的原则

大学生如果采取正确的方式对自己的职业进行规划，并结合自己的专业和能力，在职业的进程当中自然就会事半功倍，相反，不正确的职业生涯规划也可能使一个人误入歧途。正确制定职业生涯规划应遵循下列几项原则。

1. 可行性原则

职业生涯规划要以客观事实为依据，综合考虑个人特点、企业和社会发展的需要来制定，形成能够实现和落实的计划方案，而不是没有依据或不着边际的幻想。

2. 具体性原则

由于每个人所处的职业发展阶段不同，在能力、职业发展愿望等特点上存在差异，因此，每个人都应该制定符合自身职业发展的规划，应做到具体可行，而不是照搬他人。

3. 目标性原则

目标是指在一定时间内达到具有一定规模的期望值。正确的职业生涯必须以职业目标作为导向，以目标来促进行动，引领未来。

4. 阶段性原则

个人进行职业生涯设计时，要充分考虑自身所处的不同阶段，结合自身状况以及外界因素有计划、有目的、有步骤地调整安排各个阶段的职业生涯规划。

5. 长期性原则

大学生在对自己的职业生涯进行规划的时候，一定要目光长远，要将自己的人生追求目标作为自己职业规划的重点。职业生涯规划应贯穿人生发展的每一个阶段，通过调整与持续的职业活动安排，最终实现职业生涯发展的目标。

（三）大学生职业生涯规划的步骤和方法

一个完整有效的职业生涯规划应包括自我评估、外部环境分析、目标确立、实施策略和反馈评估五个环节。

1. 自我评估

大学生在对自己的职业生涯进行规划的时候，一定要对自己的专业和能力有一个清晰的认知，对各种因素进行全面分析之后，并以此为基础做出最佳的抉择和正确的判断。

2. 外部环境分析

外部环境对个人职业生涯发展有着巨大影响，有效的职业生涯规划需要对社会政治环境、经济发展环境和企业组织等外部环境进行分析，认清职业在社会大环境中的发展状况，进而时刻调整自己，以适应环境的要求。

3. 目标确立

职业生涯目标的确立是职业生涯规划的核心，是在完成自我评估和环境分析后进行的，即确立能够实现的最长远目标，包括人生目标、长期目标、中期目标和短期目标。

4. 实施策略

确定职业生涯目标后，就要制订相应的行动计划，制定具体可行，容易评价，包括职业生涯发展路线、教育培训安排、实践计划等方面的措施。

5. 反馈评估

任何一个人的职业生涯规划都不是一成不变的，随着时间的推移，不同的人会遭遇不同的境况，因此他的职业规划也就会发生相应改变。一个有效的职业生涯规划要求不断反省和修正目标及策略方案。由于受到外界种种不确定因素的影响，职业生涯的目标有所偏差无可避免，所以反馈评估是一个再认识再发现的过程，进而对规划的目标和方案做出调整，保证实现人生最高理想。

第三节　大学生职业教育课程化与创业教育指导

自主创业是就业的一种形式，所不同的是自主创业是为自己创造就业岗位，是对所从事工作的不断超越。创业者需具备一些特殊的素质和能力，因此，大学生要不断培养自己的创新意识，为将来的创业之路做好准备。这些也是辅导员职业教育和就业指导的一个重要内容。

一、何为创业

辅导员在职业教育的课程当中，首先就要让学生明白什么是创业。上海辞书出版社出版的《辞海》将创业定义为：“创业，创立基业。”《孟子

·梁惠王》云："君子创业垂统，可为继也。"诸葛亮《出师表》曰："先帝创业未半，而中道崩殂。"这里的创业意为"基业"，是广义的"事业的基础、根基"既可以是帝王之业、霸王之业，也可以是百姓的家业和家产。创业应具备以下几点特征。

（1）创业是创造的过程。创造某种有价值的新事物，不仅对企业家，而且对其开发的产品、服务的某些目标对象都是有价值的。

（2）创业必须承担风险。包括市场风险、技术风险、财务风险、管理风险、精神风险、社会风险等。从某种意义上讲，创业就是风险投资。

（3）创业以获得报酬为目的。对于企业家来说，获得利润是永远的动力；当然，对于创业者来说，获得独立自主和个人满足也是必要和重要的。

（4）创业是一个决策过程。创业现象的发生，首先基于风险和机会认知，进而形成创业行为和组织创业精神，创业者面临一个不断判断、选择的过程。

二、创业者的基本素质与主要能力

创业者就是通过自主创业，在追求个人富足和自身价值实现的同时，创造社会财富和吸纳劳动力，切实为国家经济发展和社会进步做出积极贡献的群体。而自主创业是极具挑战性的，所以创业者必须具备以下素质和能力。

（一）创业者的素质构成

在知识经济时代，创业是一项具有挑战性的人生选择，因此，创业者应具备的素质包括以下几个方面。

1. 政治思想素质

政治思想方面的素质包括政治态度、政策法规水平、思想道德品质三大部分。创业者必须努力提高思想道德觉悟、提高政策法规水平，在个人利益与国家利益和集体利益相冲突时，服从国家和人民利益的大局，并且应具备爱岗敬业、诚实守信、遵纪守法等基本的职业道德。

2. 科学文化素质

创业者是企业的管理者、组织者，优秀的创业者不仅需要具备一定的专业技术，还应该掌握以下几方面的科学文化知识：基本的科学文化知识，外语、计算机等工具性知识；经济管理方面的知识，包括国家宏观经济发展趋势、有关政策法令，企业经营管理知识等，如领导学、人力资源开发、生产管理、市场营销、企业融资理财等；创业企业行业知识、产品和服务知识以及与所创企业生产经营有关的政策动向等。

3. 心理素质

良好的心理素质是创业者成功的重要前提，创业者应具备坚强的意志、较强的自信心、创造性思维、创业意识，具有独立性、敢为性、坚韧性、克制性、适应性特点的创业心理品质以及承担风险的意愿。

4. 自身修养

创业者只有加强自身修养，在知识、能力、心理、道德修养等各方面具备持久的先进性和持续的影响力，才能获得追随者，才能获得企业的持续发展。

（二）创业者的能力构成

创业能力是综合能力，是多种能力的集合体。通过对创业人群进行性格和技能方面的调查发现，作为创业者，至少要有以下几方面的基本能力。

1. 领导协调能力

领导行为的核心在于影响和推动，其特征在于能够担负目标使命并使其他成员贯彻实施。创业者必须具备通过激发他人跟随其一起工作，以达到共同目标的领导能力，这种能力完全是一种主观性的东西，无法客观测度出来，也不能通过学习获得，完全是通过日常积累形成的，因此，在创业过程中，创业者更多的是靠个人感召力来吸引他人。领导者不能单纯告诉别人如何去做，势必要起到模范带头作用，要为其他人树立一个榜样。真正的领导才能不是表现在告诉别人如何完成工作，而是使得别人有能力完成工作，并且能够充分了解并满足小组中每个成员的需求，满足员工的需求，进而使得小组成员更忠诚、更有聚合力、更有活力。

2. 与人沟通的能力

良好的沟通能力是经营管理的桥梁和翅膀，不仅能够准确传达领导者意见、要求、决策，同时，还能广泛传播领导者的影响力。良好的沟通能够体现领导者的影响力。领导者通过与组织成员进行平等交流、协商，显示合作意愿，着眼于共同开创前景的同时，大大增强了组织成员的参与感和认同感，能够持续增加领导者影响力。

3. 观察能力

成功的领导者应具有敏锐的洞察力。成功的领导者具有广泛获取信息的能力，并且能够从全局的角度进行分析，进而确立目标，帮助组织成员建立信心，形成组织的信仰和价值观。在组织目标的确立过程中，领导者能够准确地观察业界的发展方向，形成独立的组织风格，确立企业的发展方向和服务范围，在这个过程中，直接体现领导者的洞察力。

4．学习能力

随着社会的高速发展，信息更新的速度越来越快，导致产品、市场、人才、资源的竞争加剧，并且新的思想、概念、工具层出不穷，这就要求领导者时刻反省、不断学习，逐渐促使组织向开放的学习型转变。

5．组建团队的能力

创业团队在创业过程中发挥着至关重要的作用。创业团队对创业成功的重要作用业已得到风险投资家的广泛认同。优秀的创业团队具有较高的团队素质、先进的管理理念，因此，组建优秀的创业团队是创业者能力的体现。

三、新时代大学生自主创业所面临的机遇与挑战

随着经济全球化的到来，大学生自主创业迎来前所未有的机遇和挑战。因此，辅导员在对大学生进行职业教育和就业指导的时候，要将其中的利害关系讲解清楚，让大学生在对自己有充分了解的情况下展开创业上的职业追求，这也就对当代的大学毕业生提出的新的要求。

（一）大学生自主创业需求增加

随着高等教育普及化趋势的加强，大学毕业生数量急剧增加，2000—2009 年，中国大学生毕业人数从 107 万增加到 611 万。受金融危机的影响，一些实力薄弱的中小企业停产甚至破产，而其他企业也在不同程度上受到冲击，利润下降，因此，大部分企业都采取裁员来维持企业的发展。在 2008 年，广东破产的企业约有 4900 多家，直接造成约 59 万人下岗，导致大学生就业越发的困难。因此，大学生自主创业的需求不断增加，根据西方经济学基本原理，需求创造供给，当大学生自主创业需求不断增加时．社会给大学生自主创业的机会也将随之增加。

（二）有利于大学生自主创业的政策支持

为了支持和帮助大学生开展自主创业，国家、各级政府和各所高校都制定了一系列相应的政策。2003 年 5 月国务院办公厅在《关于做好 2003

年普通高等学校毕业生就业工作的通知》中规定："凡高校毕业从事个体经营的，除国家限制的行业外，自工商部门批准其经营之日起一年内免交登记类和管理类的各项行政事业性收费。有条件的地区由地方政府确定，在现有渠道中为高校毕业生提供创业小额贷款和担保。"同年，为鼓励高校毕业生自主创业和灵活就业，财政部、国家发改委联合发出通知，提出六项有利于高校毕业生自主创业的政策规定。劳动与社会保障部明文规定："各地劳动保障部门要积极组织面向高校毕业生的创业培训，并与就业指导、咨询服务、后续扶持有机结合起来，充分利用各级劳动保障部门远程创业培训网络和创业培训的项目，集中开发一批创业信息，为高校毕业生创业提供帮助。"国家工商行政管理局还就高校毕业生从事个体经营、灵活就业和自主创业制定了一系列有关收费优惠政策，促进高校毕业生自谋职业、自主创业。

如今，高校毕业生创业将享受到四项优惠政策，包括免交行政事业性收费、提供小额的担保贷款、享受职业培训补贴和享受更多的公共服务。针对大学生创业初期资金难的问题，国务院的通知明确要求，在当地公共就业服务机构登记失业的自主创业高校毕业生，自筹资金不足的，申请不超过 5 万元的小额担保贷款；对合伙经营和组织起来就业的，可按规定适当扩大贷款规模；从事当地政府规定微利项目的，可按规定享受贴息扶持。

根据中央精神，各地方政府也采取了相应的措施。例如，某市工商局对高校毕业生举办的注册资本 500 万元以下的有限责任公司实行零首付注册；高校毕业生申办个人独资企业、合伙企业不受资金数额限制；高校毕业生从事食品、饮料、日用品、书报刊零售和居民服务等暂不具备行政许可申办条件的，可申请相关证件，开展试营业实践活动，在一年内免于个体工商户登记。

某省政府也制定了简化审批手续、免征所得税等措施，还规定凡高校毕业生从事个体经营的，除国家限制的行业外，自工商行政管理机关批准其经营之日起，一年内免交个体工商户登记注册费、个体工商户管理费、集贸市场管理费、经济合同鉴证费、经济合同示范文本工本费等 17 项收费以及国务院、省人民政府及其财政、价格主管部门批准的涉及个体经营的其他登记类和管理类收费项目。对毕业生新办从事咨询、信息、技术服务及商业、物资业、对外贸易业、旅游业、仓储业、居民服务业、饮食业、教育文化事业的独立核算企业或经营单位，自开业之日起，免征所得税二年；对毕业生新办从事交通运输、邮电通信的独立核算企业或经营单位，自开业之日起，第一年免征所得税，三年内减半征收所得税；对毕业生创办的农业生产产前、产中、产后服务的企业，对其提供技术服务和劳务所得收入免征所得税；广州举办“创业培训走进大学校园”系列活动、开展形式多样的自主创业指导、开辟创业服务绿色通道等，为大学毕业生自主创业提供优质便捷服务。

（三）金融危机带来的机遇

金融危机不仅对中国国内的投资和消费产生影响，而且还使中国的进出口遭到冲击。以某沿海省份为例，2008 年该省货物出口总额为 14285 亿美元，增长率为 17.2%，低于 2007 年 22.2%的增长率；2008 年该省对外直接投资额 121394 万美元，环比增长率为 36.41%，低于 2007 年的 56.02%。从以上数据可见，金融危机对该沿海省份的经贸产生的冲击是很大的。

对于普通的民众或上班族来说，金融危机可以说是一场灾难。但对于刚毕业的大学生来说则不一定，机会往往存在于危机当中，只要大学生能抓住机遇，在困难中找到适当的商机，自然也就能化危机为转机，成为创业的机遇。其机遇主要表现在以下三个方面。

（1）小企业的生存是与其生产或经营成本息息相关的。大学生自主创业，通常是创立小型企业，低成本对其生产和持续发展十分重要。在金融危机条件下，各种成本如原材料、劳动力成本等都会不同程度地下降，这有利于大学毕业生自主创业，扩大其利润空间。

（2）行业内很多企业在金融危机的冲击下难以维持或者倒闭，这就使市场竞争激烈程度下降，有利于大学毕业生创业入市。

（3）在金融危机的爆发过程当中，市场经过优胜劣汰，一些落后的企业或产能得到清洗，有利于大学毕业生更清楚地认清市场形势，冷静地做出分析❶，进而找到创业点，抓住创业机会，实现自己的人生价值。

❶ 吴丽清，林少峰．大学生自主创业利弊的 SWOT 分析［J］．教育导刊，2010（2）．

参考文献

[1] 冯刚. 辅导员队伍专业化建设理论与实务 [M]. 北京：中国人民大学出版社，2010.

[2] 郭念锋. 心理咨询师基础知识 [M]. 北京：民族出版社，2005.

[3] 张再兴. 高校辅导员队伍建设理论与实践 [M]. 北京：人民出版社，2010.

[4] 许玫. 大学生如何进行生涯规划 [M]. 上海：复旦大学出版社，2006.

[5] 冯刚，沈壮海. 中华人民共和国学校德育编年史 [M]. 北京：中国人民大学出版社，2010.

[6] 张大均. 大学生心理健康教育 [M]. 北京：科学出版社，2010.

[7] 尹忠恺. 高校学生工作导论 [M]. 沈阳：东北大学出版社，2013.

[8] 扈中平. 现代教育学 [M]. 北京：高等教育出版社，2010.

[9] 张耀灿，郑永廷，吴潜涛. 现代思想政治教育学 [M]. 北京：人民出版社，2006.

[10] 黄希庭. 大学生心理学 [M]. 上海：上海人民出版社，2002.

[11] 陈万柏，张耀灿. 思想政治教育学原理 [M]. 2 版. 北京：高等教育出版社，2007.

[12] 叶玉清. 大学生入学适应状况调查与分析 [M]. 北京：当代世界出版社，2002.

[13] 王秀彦，高春娣. 高校学生事务管理概论 [M]. 北京：高等教育出版社，2009.

[14] 叶玉清. 大学生团体辅导的理论与实践 [M]. 北京：教育科学出版社，2007.

[15] 郑日昌. 大学生心理健康 [M]. 上海：华东师范大学出版社，2009.

[16] 顾明远. 教育大辞典（第 6 卷） [M]. 上海：上海教育出版社，1992.

[17] 刘贵芹. 高校辅导员工作手册 [M]. 北京：知识出版社，2009.

[18] 齐明. 高校辅导员职业化建设的要求 [J]. 思想政治教育研究. 2008 (01).

[19] 陈永华，叶玉清. 工作课程化模式下高校辅导员的活力提升 [J]. 高校辅导员. 2014 (06).

[20] 杜爱霞. 法治视角下的高校辅导员工作 [J]. 华北水利水电学院学报（社科版）. 2012 (01).

[21] 董延彪. 论高校辅导员法治思维的养成 [J]. 湖北师范学院学报（哲学社会科学版）. 2015 (04).

[22] 李维. 人在职场如何定位谈大学生职业定位 [J]. 企业家天地. 2011 (03).

[23] 李忆华. 大学生职业定位误区分析 [J]. 职业圈. 2007 (18).

[24] 刘淑仪. 高职院校辅导员队伍建设的问题与对策分析 [J]. 湖北函授大学学报. 2017 (15).

[25] 姚株灿，张镜怀. 高校学生工作课程化：必要性、可行性与体系构建 [J]. 长江工程职业技术学院学报. 2017 (03).

[26] 叶玉清，肖文学. 高校辅导员工作课程化模式下绩效评价论 [J]. 新远见. 2011 (05).

[27] 黄枢. 论高职院校辅导员班级管理的方法与策略 [J]. 汉字文化. 2017 (09).

[28] 叶霁，沙从丽. 学生公寓安全管理研究 [J]. 教育现代化. 2017 (11). [29] 黄德亮. 山东普通高校学生公寓管理模式的研究 [D]. 济南：山东师范大学，2010.

[30] 谢青. 香港高校学生事务管理研究 [D]. 上海：上海师范大学，2008.